mit Martina Meuth
und Bernd Neuner-Duttenhofer

das Begleitbuch zum

W0055227

Ratgeber
Essen + Trinken

Herausgeber

Peter Meimeth

im Auftrag des

Text

Martina Meuth und Bernd Neuner-Duttenhofer

Kochen
mit Martina Meuth und Bernd Neuner-Duttenhofer
ARD-Ratgeber Essen + Trinken
© 1992 by Walter Rau Verlag, Düsseldorf
Titelbild: format Photographie, Köln
Illustrationen: Waltraud Berger, Icking
Umschlaggestaltung: Stephan Boeder, ARD-Design, Köln
Fotos: Martina Meuth
Gesamtherstellung: Rasch Druckerei, 4550 Bramsche
Printed in Germany
Alle Rechte vorbehalten
ISBN: 3-7919-0468-X

VORWORT

Liebe Leserin,
lieber Leser,
ein guter Freund, der von erlesenem Wein mindestens ebensoviel versteht wie von gutem Essen, sagte mir unlängst: „Laß dir nicht von Experten vorschreiben, was du wie und in welcher Kombination essen und trinken sollst. Entwickle Mut zum eigenen Geschmack! Entscheide selbst, indem du ständig probierst, was du selbst für dich am besten findest."

Sicher richtig – aber warum dann überhaupt noch ein Kochbuch? Die Antwort ist einfach. Sie wurde mir mehr als einmal klar in der Zeit, als ich als Redakteur die Entstehung der meisten in diesem Buch zusammengefaßten Sendungen begleitete. Selbst eine im landläufigen Sinne „gute Köchin" oder ein „guter Koch" brauchen nämlich von Zeit zu Zeit neue Anregungen, um altbekannte Rohstoffe wie Linsen, Zucchini oder Kartoffeln anders, überraschend und in ungewohnten Kombinationen zuzubereiten. Solche Anregungen zu geben ist der tiefere Sinn des ARD-Ratgebers Essen + Trinken und dieses Buches. Es enthält unsere Rezepte aus den letzten vier Jahren. Deshalb finden Sie neben vielem anderen nach dem Motto „alle Jahre wieder" eben auch drei Weihnachts- und zwei Ostermenüs.

Betrachten Sie dies alles als Spielmaterial für Ihre Phantasie und Ihre Lust am Kochen. Während Sie über den Wochenmarkt oder durch die Lebensmittelabteilungen schlendern, versuchen Sie sich vorzustellen, wie dies oder jenes so oder so zubereitet wohl schmecken mag. Komponieren Sie im Geiste Ihr ganz subjektives Menü für sich und vielleicht für Ihre Freunde. Es wird dann immer ein Festtagsessen!

Dazu, nur dazu wollten wir Sie anregen, und glauben Sie mir: Es geht! Auf gutes Gelingen!

Ihr

Peter Meimeth

Martina Meuth und Bernd Neuner-Duttenhofer leben und arbeiten seit 1985 als freie
Journalisten und Autoren auf ihrem Gut
am Nordrand des Schwarzwalds, vorher als
angestellte Redakteure auf kulinarischem
Gebiet in München, sie als Ressortleiterin
bei „freundin", er als stellvertretender
Chefredakteur bei „Meine Familie & ich",
beide im Burda-Verlag.
Sie schreiben Bücher (zum Beispiel die Reihe „Kulinarische Landschaften" für den
Droemer Knaur Verlag) und Beiträge für
die verschiedensten Zeitschriften über kulinarische und gastronomische Themen und
Reisen. So wurden sie mit der italienischen,
schweizerischen, französischen und spanischen Küche ebenso vertraut wie mit der
chinesischen und bayerischen.
Seit 1988 konzipieren und moderieren sie
beim WDR die Fernsehsendung
ARD-Ratgeber Essen + Trinken.

INHALTSÜBERSICHT

INHALTSVERZEICHNIS

**Ein festlicher Vogel, ein schnelles Menü
und passende Weine**

Das Menü – Seite 213–215

Bunter Wintersalat mit Garnelen
*
*Gebratene Ente mit Ofenkartoffeln
Bayrisch Kraut*
*
Amarettospeise

I. Lamm und Kräuter

*Ein festliches
Frühlingsmenü mit Gästen*

Mit den ersten warmen Tagen zog früher, als man noch nicht unabhängig von der Jahreszeit alle möglichen Dinge importieren konnte, eine neue, kaum mehr geahnte Würze in die Küche ein: Vor allem die ersten Kräuter, die den Stoffwechsel anregen und deren aromatische Bitterstoffe entschlackend und reinigend wirken, brachten die langersehnte Frische. Auch die ersten Eier gab es einst erst jetzt wieder; und die köstlichen kleinen Lämmer – Ostern läßt grüßen . . .

Wir haben ein ganz dieser Jahreszeit angepaßtes Menü zusammengestellt, das besonders den Anforderungen des Körpers nach dem Winter gerecht wird, mit vielen Kräutern, aus Garten und Flur. Erleben Sie nach, wie man sich einst auf Frisches freute, genießen Sie die Schlemmereien des Frühjahrs, und machen Sie mit uns einen Streifzug durch den Kräutergarten der Natur!

Vitamindrink

ZUTATEN FÜR VIER PERSONEN:

2 Becher Vollmilchjoghurt
Salz
frisch gemahlener Pfeffer
1 EL Zitronensaft
eine Handvoll gemischte Kräuter, zum
Beispiel: Liebstöckel, Schnittlauch,
Zwiebellauch, Kerbel, Sauerampfer,
Brunnenkresse, Taubnessel,
Pimpinelle, Minze, Bärlauch usw.
1/4 l eiskaltes Wasser

Vollmilchjoghurt, Salz, Pfeffer, Zitronensaft und geputzte Kräuter im Mixer glatt pürieren. Dabei nach und nach das Wasser zufügen.

Wer will, kann, damit der Drink wirklich eiskalt ist, ein bis zwei Eiswürfel mitmixen. In Longdrinkgläsern servieren – als Aperitif.

Kerbelsuppe

ZUTATEN FÜR VIER PERSONEN:

1 Zwiebel
125 g Butter
1 kleine rohe Kartoffel
3/4 l Fleischbrühe
2 gute Handvoll entstielte Kerbelblättchen
Salz
Pfeffer

1. Die Zwiebel in sehr feine Würfelchen schneiden.

2. 25 g Butter in einem passenden Topf zerlassen und die gewürfelten Zwiebeln darin andünsten.

3. Die Kartoffel würfeln und zufügen, mit Brühe auffüllen. Zehn Minuten ohne Deckel kochen, damit die Brühe ein wenig einkochen, also etwas Flüssigkeit verdampfen kann.

4. Die Kerbelblättchen mit der restlichen, zimmerwarmen Butter im Mixer pürieren. Nach und nach die heiße Suppe zufügen, glattmixen und abschmecken.

5. In Suppentassen oder tiefen Tellern servieren.

Salat von Brunnenkresse mit Speck

1. Den Speck in schmale Streifen schneiden und in einer Pfanne sanft ausbraten – die Streifen sollen dabei knusprig werden, aber nicht trocken.

2. Das ausgebratene Fett aus der Pfanne wegkippen, den Bratensatz mit Essig ablöschen und alles kräftig pfeffern. Einen Schuß frisches Öl zufügen und mit den Speckstreifchen sofort über den Kresseblättern verteilen.

3. Gründlich mischen und noch warm servieren – nicht mehr stehenlassen, weil die Blätter sonst zusammenfallen.

Lammkeule im Wurzeljus mit Blattspinat und Ölkartöffelchen

1. <u>Die Lammkeule</u> mit den im Mörser zerstoßenen Gewürzen rundum einreiben. Auf ein tiefes Blech oder in einen passenden Bräter setzen.

2. Möhre und Sellerie schälen, auf dem Gemüsehobel in streichholzfeine Streifen, dann mit einem Messer quer in winzige Würfel schneiden. Den Lauch waschen, längs mehrfach einschneiden, dann quer ebenfalls winzig würfeln. Knoblauch hacken.

3. Diese Würzgemüse rund um die Keule streuen. Alles mit Olivenöl begießen. In den auf 250 bis 300 Grad vorgeheizten Ofen schieben.

4. Nach etwa 15 Minuten den Wein angießen. Nach weiteren 10 Minuten, wenn alles richtig angebraten ist, den Ofen auf 100 Grad herunterschalten.

5. Nach gut zwei Stunden ist die Lammkeule fertig: durch und durch rosa, zart und saftig. Es schadet ihr auch nicht, wenn sie noch eine weitere Stunde im Ofen ruhen kann.

6. <u>Die Kartoffeln</u> sollte man etwa eine Stunde vor dem Essen aufsetzen: Mit einer Bürste kräftig schrubben, damit sie wirklich ganz sauber sind.

7. In einem flachen, möglichst breiten Topf, in dem sie fast alle Bodenkontakt haben können, das Öl stark erhitzen, bis es zu rauchen beginnt. Die Kartoffeln zufügen – Vorsicht: Es spritzt mächtig, deshalb einen Spritzschutz bereithalten – und rundum kräftig anbraten. Dabei immer wieder am Topf rütteln, damit sie sich drehen.

8. Erst wenn die Kartoffeln schön knusprig wirken, salzen und eine kleine Schöpfkelle Wasser angießen. Blitzschnell den Deckel auflegen, damit kein Dampf entweicht. Die Kartoffeln etwa 15–20 Minuten auf nunmehr mildem Feuer garen.

9. <u>Den Spinat</u> mehrmals waschen, die Stiele abknipsen.

10. Die Blätter in reichlich sprudelnd kochendes Salzwasser werfen, nur eben zusammenfallen lassen, dann unverzüglich wieder abgießen und in eiskaltem Wasser abkühlen: Dadurch werden die Vitamine stabilisiert, und die schöne Farbe bleibt erhalten.

11. Knoblauch und Zwiebel im heißen Öl weich dünsten, ohne Farbe nehmen zu lassen. Die leicht ausgedrückten Spinatblätter darin schwenken, dabei salzen und pfeffern sowie großzügig mit Muskat würzen.

12. <u>Zum Servieren</u> die Lammkeule auf einem großen Brett (möglichst mit Saftrille!) mit einem gut geschärften Fleischmesser und Tranchiergabel zu Tisch bringen.

13. Den Wurzeljus abschmecken und in einer Sauciere getrennt dazu reichen.

14. Ölkartöffelchen und Spinat können auf einer Platte miteinander angerichtet sein.

Tranchieren

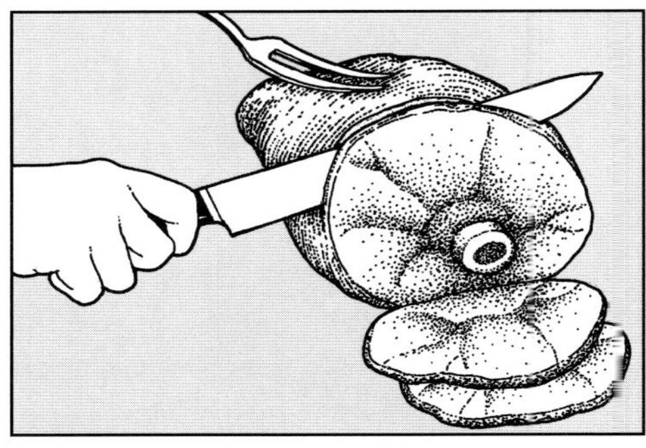

1. Die Keule mit der Tranchiergabel auf das Brett drücken und die rundere Seite des Fleisches leicht schräg zum Knochen in möglichst dünne Scheiben schneiden – wichtig ist ein langes, wirklich gut geschärftes Messer.

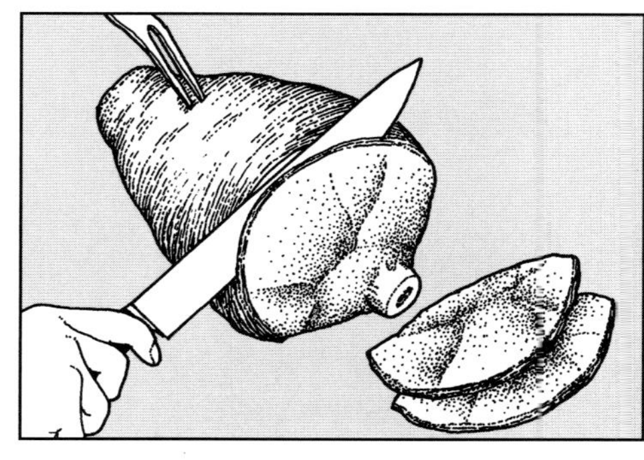

2. Die Keule mit der angeschnittenen Seite nach unten auf das Brett legen und fast parallel zum Knochen auch die flachere Seite aufschneiden. Mit der Gabel nicht zu oft ins Fleisch stechen, sonst läuft der Saft aus.

Pannacotta mit Rhabarberkompott
(Toskanisches Sahnedessert)

1. Sahne und Milch mit Zimt, Zitronenschale und Zucker einige Minuten ohne Deckel köcheln. Dabei soll die Sahnemilch etwas einkochen und den Geschmack der Gewürze aufnehmen. Durch ein Sieb filtern.
2. Die in kaltem Wasser eingeweichte, gut ausgedrückte Gelatine darin auflösen.
3. In Portionsförmchen oder in Tassen verteilen. Abkühlen und fest werden lassen.
4. Für das Kompott den geputzten und abgezogenen Rhabarber in etwa 3 cm lange Stücke schneiden.
5. Mit Zucker bestreuen und eine halbe Stunde Saft ziehen lassen.
6. Den Zitronensaft und das Lorbeerblatt zufügen und den Rhabarber zugedeckt fünf bis zehn Minuten ganz sanft dünsten, ohne ihn zu kochen, denn sonst zerfällt er.
7. Zum Servieren die Creme aus den Förmchen lösen und auf Dessertteller stürzen. Mit dem Rhabarberkompott umgießen.

Frühlingskräuter

Der kulinarische Frühling beginnt, wenn die ersten Kräuter auf den Wiesen und an den Wegrändern zu finden sind und im Garten der Schnittlauch seine grünen Spitzen zeigt. Lange Zeit waren die Kräuter in unserer Küche geradezu zur Bedeutungslosigkeit verurteilt. Schuld daran war die Aufklärung, die mit einer wissenschaftlichen Medizin die Kräuterbücher des Mittelalters ablöste. Jetzt, wo eine naturnähere und gesündere Ernährung wieder in das allgemeine Bewußtsein gerückt ist, gibt es einen wahren Kräuterboom. Nicht nur in Spezialgeschäften und Alternativläden, sondern auch auf den Märkten und in Gemüsehandlungen findet man endlich wieder mehr als nur Schnittlauch, Petersilie und Dill.

Von besonderem Reiz sind die wildwachsenden Kräuter, die sich jeder auf einem Spaziergang leicht pflücken kann. Die Voraussetzung ist natürlich, daß man sich ein wenig auskennt. Aber es gibt heute von mehreren Verlagen kleine, praktische Taschenbücher, die über die wichtigsten Kräuter informieren. Längst nicht alle sind natürlich von Bedeutung für die Küche, sondern wurden „nur" wegen ihrer Heilwirkung gesammelt. Hier diejenigen, deren Aroma Gerichten zugute kommt, die wir im Frühling besonders gern essen: Salate, Eier, Suppen und Quark.

Bitte Kräuter nicht an Straßen, auf von vielen Hunden besuchten Wiesen und in der Nähe von Industrieanlagen pflücken. Aufpassen, daß die Felder nicht mit chemischen

Mitteln abgespritzt oder die Wiesen mit Jauche gedüngt wurden. Die Blätter stets gut waschen!

Brunnenkresse: Jetzt sind die Blättchen am zartesten. Sie finden Kresse vorzugweise in sauberen kleinen Wald- und Wiesenbächen, sollten sie jedoch nicht in der Nähe von Kuhweiden pflücken.
In Deutschland wird Kresse kaum mehr gewerblich angebaut – einst waren die „Klingen" genannten Wasserbeete von Erfurt berühmt. Es gibt Brunnenkresse gebündelt aus Frankreich in guten Feinkostgeschäften und Märkten.
Brunnenkresse hat lediglich eine gewisse Schärfe mit der in Kästchen überall erhältlichen Gartenkresse gemeinsam. Ihr Aroma ist wesentlich feiner, gleichzeitig kräftiger ausgeprägt, und die Bitterkeit beschränkt sich auf die Stiele. Wenn Sie ein wirklich feines Gericht mit Kresse zubereiten wollen, sollten Sie sich deshalb stets die Mühe machen, die einzelnen Blättchen von den Stengeln zu zupfen. Dies freilich ist nur nötig, wenn die Kresse erwärmt wird zu einem Gemüse oder für ein Püree. Für einen Salat ist das nicht so wichtig. Kressesalat ist eine klassische Begleitung zu rosa gebratenem Fleisch; am besten schmeckt er, wenn er nur mit wenig Essig und wenig Öl angemacht wird. Kressesalat muß stets sofort nach dem Umwenden serviert und gegessen werden, denn er fällt außerordentlich leicht in sich zusammen. Einzelne Kressepflänzchen können Sie zu Roastbeef oder Filetsteak und zu Lammkoteletts legen, wie in Frankreich und England üblich. In gemischten Salaten, vor allem mit Endivie, Radicchio und Tomaten, schmecken Kresseblätter ganz hervorragend.

Taubnessel: Die Blätter der jungen Taubnessel haben ein sehr ausgeprägtes Aroma, das an Walnußkerne erinnert. Sie schmekken vorzüglich in Salaten aus gemischten Wildkräutern und in Kartoffelsalat. Man findet die Taubnessel besonders häufig an Waldrändern, im Gebüsch und an Hecken.

Brennessel: Junge Brennesselpflanzen kann man ebenso wie Spinat zubereiten, entweder in ganzen Blättern oder durch den Fleischwolf gedreht. Eine sehr feine Variante: Die Blätter kurz in Butter dünsten, im Mixer pürieren und mit etwas Sahne zu einer breiartigen Sauce vermischen. Schmeckt hervorragend zu gedünstetem oder gekochtem Fisch, zu gekochtem Fleisch (Tafelspitz, Wellfleisch, Siedfleisch) und Geflügel.
Pflücken sollte man Brennesseln allerdings stets mit einem Handschuh bewehrt, denn die Pflanze trägt ihren Namen wahrlich nicht umsonst . . .

Schafgarbe: Die kleinen, gefiederten Blättchen findet man auf trockenen Wiesen und an Wegrändern. Man pflückt sie einzeln und ohne Stiel, so daß man sie zu Hause nur noch zu waschen, nicht aber mehr zu verlesen braucht. Schmeckt sehr „grün", besonders geeignet zu gemischten Wildkräutersalaten, in Rühreiern oder Kräuteromeletts.

Sauerampfer: Seitdem einige große Köche Frankreichs den Sauerampfer wiederentdeckt haben, erfreut er sich auch bei uns wieder zunehmender Beliebtheit. Im allgemeinen handelt es sich dabei freilich um den Gartensauerampfer, der sehr zarte und große Blätter bildet. Kleiner, aber im Aroma ebensogut sind die ersten Blättchen des

Wiesensauerampfers. Die Blätter werden nach dem Waschen für Saucen einfach aufeinandergeschichtet und in Streifen geschnitten, im Salat ganz verwendet – besonders gut im Kartoffelsalat, unbedingt nötig in gemischten Wildkräutersalaten. Als Gemüse kann wilder Sauerampfer etwas aufdringlich schmecken. In Süddeutschland ißt man ihn am liebsten in einer Suppe. Hierzu werden meist 3/4 des Sauerampfers in Streifen geschnitten und zusammen mit Zwiebeln angedünstet, dann wird die Brühe aufgegossen, und wenn alles durchgekocht ist, kommt der restliche Sauerampfer frisch hinein (oder wie die Kerbelsuppe bereiten). Ein klassisches Gründonnerstagsessen, wobei in Ostpreußen und Schlesien ein pochiertes Ei als Einlage üblich war.

Pimpinelle: Diese kleine Pflanze mit den zunächst in ihrem Jugendstadium noch zusammengerollten Blättchen, die sich dann wie Wedel ausbreiten, findet man an Wegböschungen und auf trockenen Wiesen. Die Gartenform bildet nur unwesentlich größere Blätter, im Geschmack sind sich Wildpflanze und Gartenpimpinelle praktisch gleich. Ihr Aroma ist leicht nußartig, hinzu kommt eine charakteristische, auf der Zunge ein pelziges Gefühl hinterlassende Säure, die sehr erfrischend wirkt. Pimpinelle schmeckt ausgezeichnet zu allen Eiergerichten, in Wildkräutersalaten, in Fisch- und Fleischsalaten und eignet sich auch sehr gut als Brotbelag.

Dost: Er führt bei uns ganz unverständlicherweise ein Leben im verborgenen! Die italienische Variante dagegen ist berühmt: Es handelt sich um nichts anderes als um den wilden Majoran: *Origano*. Allerdings läßt sich nicht leugnen, daß sein Aroma weit weniger stark ausgeprägt ist als im heißen Italien. Dennoch erkennt man deutlich den Origanogeschmack, der durch einen Hauch von Pfefferminz bereichert wird. Der Dost wächst an sonnigen Hängen auf kalkigen Böden. In allen Salaten, zu Aufläufen, in Saucen und zu Fleischgerichten.

Wilder Schnittlauch: In lehmigen Wiesen findet man ab und zu schnittlauchartige, lange Röhren, die in losen Büscheln wachsen. Sie schmecken sowohl nach Schnittlauch als auch kräftig nach Knoblauch. Fein geschnitten als Würze wie Schnittlauch, Knoblauch oder Zwiebeln.

Minze: Vor allem in feuchten Niederungen und an Rändern von Bächen und Gräben wachsen verschiedene Minzen. Es gibt solche mit beinahe runden, nur am Stengelansatz eingebuchteten Blättern, die einen weißlichen Schimmer aufweisen, andere, die längliche, gezackte Blätter besitzen, deren Unterseite violett gefärbt ist. Wilde Minze hat keinen so ausgeprägt feinen Geschmack wie im Garten angebaute Pfefferminze, sie ist aber dennoch eine köstliche Würze in Salaten und Saucen. Ungekochte Blätter schmecken zu Fleisch, Suppen und Gemüsegerichten.

Giersch: Ein äußerst unbeliebtes, weil niemals aus dem Boden zu bekommendes Unkraut, dessen zarte Frühlingsblätter gut im Salat schmecken, noch besser aber als Suppe oder wie Spinat zubereitet.

Bärlauch: In feuchten Laubwäldern und unter Gebüschen findet man im Frühling diese stark nach Knoblauch duftenden, hohen und hellgrünen Blätter. Man kann sie wie Spinat zubereiten, Saucen damit anreichern oder roh im Salat essen. Viel zu wenig bekannt!

Löffelkraut: Es wächst in feuchten Senken und an Bachrändern. Die kleinen, langstieligen, fast herzförmigen Blätter schmecken durchdringend scharf, manchem unangenehm. Nur kleine Mengen an Salate geben.

Löwenzahn: Vom Löwenzahn ißt man nur die zarten, hellen, gelbgrünen Innenblätter der Rosetten. Eine besonders feine Form kann man stechen, wenn man nur die Pflanzen nimmt, über die ein Maulwurf Erde gehäuft hat: Die Schäfte der Blätter sind dann sehr lang, weißlichgelb, weil kein Licht an sie gelangen konnte, und außerordentlich zart. Sie schmecken fast so gut wie die Blätter des gebleichten Winterlöwenzahns.
Wilden Löwenzahn kann man als Salat anmachen, gibt dann gebratene Speckwürfel mit dem ausgelassenen Fett an die nur mit Essig, Salz und frisch gemahlenem Pfeffer umgewendeten Blätter. Man kann ihn auch dünsten und wie Spinat zubereiten, einzelne kleingehackte Blättchen würzen Joghurt- und Essig-Öl-Saucen zu gekochtem Fleisch.

Wegwarte: Die zarten Frühlingsrosetten der wilden Urform von Chicorée und Endiviensalat, der auch Zichorie genannten Wegwarte, werden über der Wurzel abgestochen und passen in alle Wildkräutersalate.

Blumen: Fast in Vergessenheit geraten ist auch die schöne Sitte, Salate mit den Blüten von Blumen zu schmücken. Freilich müssen diese eßbar und wohlschmeckend sein. Auf dem Markt in Salzburg findet man im Frühjahr, ebenso wie auf der italienischen Seite der Alpen in Udine, in den gemischten Wildkräutern die Blätter und Blüten von Schlüsselblumen, Veilchen und von Lungenkraut. Auch Gänseblümchen werden mitsamt der Blattrosette gerne gegessen.

Gartenkresse: Jeder kennt die Kästchen, und in manchen Gegenden ist inzwischen gar nicht mehr bekannt, daß man diese Kresse auch in normaler Gartenerde zieht. Tatsächlich ist diese Kresse viel würziger und hat auch größere Blätter als die in Kunstnahrung gezogene, „abgepackte" Standardware. Man muß sie nur gründlich waschen, damit die anhaftenden Samenschalen entfernt werden. Man kann Gartenkresse auch blendend in Kästen oder Blumentöpfen heranziehen.
Kressesalat schmeckt am besten, wenn eine nur schwach mit gutem Weißweinessig gesäuerte, mit wenig Olivenöl vermischte und stark gesalzene Sauce mit dem nicht völlig abgetropften Waschwasser der Kresse eine unaufdringliche Begleitung bildet. Schon wenige Kresseblättchen genügen, um aus einem Tomatensalat oder einem Salat von grünen Bohnen ein Gedicht zu machen.

Senf: Ebenso wie die Gartenkresse kann man kleine Senfpflänzchen heranziehen. Sie wachsen sogar noch schneller, weshalb man früher auf dem Lande in einigen Gegenden Deutschlands den Namen seiner Geliebten mit Senfsamen vor das Haus streute. Bereits nach 4 bis 5 Tagen – je nach der herrschenden Witterung keimen die Pflanzen natürlich mehr oder weniger schnell – konnte man im Beet den Namen deutlich lesen und nach 10 bis 20 Tagen die Keimblättchen ernten.

Senfsalat wird angemacht mit einer kräftigen Sauce, denn die Blättchen enthalten schon im hohen Maße dieselbe Schärfe wie die Senfkörner. Der Salat paßt besonders gut zu Innereien und zu blutig gebratenem Fleisch. Freilich kann man die Blättchen auch mit einer milden Sahnesauce besänftigen oder dünsten und in einer Sauce oder als kleine Gemüseportion verwenden.

Radieschen: Wie Senf kann man Radieschen ziehen und die Blätter verwenden, ehe sich die Radieschen selbst bilden. Ein solcher Salat fällt praktisch von ganz allein an, wenn man die Pflänzchen an einer zu dicht gesäten Stelle aus dem Radieschenbeet zieht. Auch Radieschenblätter kann man wenige Tage nach der Aussaat ernten. Da sie zarter als Senfblätter sind, sollte man die Sauce für einen Salat etwas leichter halten. Besonders gut auch die größeren Keimblätter der japanischen Rettichvariante, *Daikon* genannt.

Mit den jüngeren Innenblättern von Radieschen können Sie genauso verfahren oder eine Suppe bereiten – siehe Seite 65.

Liebstöckel: Das auch Maggikraut genannte, hocharomatische Gewächs ist für den Feinschmecker eigentlich nur jetzt im Frühjahr interessant. Im Sommer ist die Würzkraft so stark ausgeprägt und wird von einer kräftig bitteren Note begleitet, so daß die Blätter nur noch zum Auskochen in der Fleischbrühe taugen. Jetzt im Frühling aber kann man mit den zarten Blättchen auch Salate würzen (den ersten Kopfsalat aus dem Mistbeet oder vom Anbau unter Fo-

lie!) und Saucen einen ungewohnten Geschmack verleihen. In Quark oder Schichtkäse allein mit dem ersten Schnittlauch verwendet, schmeckt er ganz vorzüglich. Und wenn man sich den Luxus von neuen Kartöffelchen aus Sizilien oder Marokko leistet, dann kann man an das Kochwasser einige Blättchen geben und den sauber geschrubbten Kartoffeln ihren Geschmack mitteilen lassen.

Kerbel: Wer im zeitigen Frühjahr Kerbel ernten will, muß ihn im Herbst säen – die Pflänzchen haben je nach Strenge des Winters mehr oder weniger gelitten, doch beginnen sie, sowie die Sonne etwas länger scheint, rasch wieder zu wachsen. Wenn es warm und trocken ist, schießen sehr schnell die Blütenstengel hervor, die unbedingt sofort ausgeknipst werden müssen, wenn man weiterhin Blätter ernten will. Außerdem reichlich gießen! Falls Sie Kerbel auf dem Balkon haben, am besten an einen schattigen Ort stellen.

Kerbel ist in fast ganz Deutschland die Grundlage für die Gründonnerstagssuppe – siehe unser Rezept. Weiterhin würzt er Saucen zu Fisch oder Fleisch, schmeckt köstlich in Salaten, zu Eiern und im Quark.

Schnittlauch: Er ist zwar hinreichend bekannt, doch möchten wir nachdrücklich darauf hinweisen, daß die ersten Freilandtriebe etwas völlig anderes darstellen als die Treibhausware oder die im Zimmer gezogenen Stielchen, mit denen man sich bis dahin begnügen mußte. Der erste Quark mit Freilandschnittlauch ist der endgültige Abschied das Winters!

II. Spargel

*Rund um unser feinstes Gemüse
und was dazu am besten paßt*

Vom Spargel

Vor einigen Jahren waren wir Anfang Mai im Trentino. Bei einem Spaziergang am Ufer der Etsch entdeckten wir im Schwemmsand, zwischen Gras und Sträuchern wachsend, wilden Spargel. Die Stangen waren teils besenstieldick, teils spindeldürr, alles was herausschaute aus der Erde, war grün, zart, saftig und außerordentlich aromatisch.

Nach zwei Stunden Suche hatten wir etwa vier kg Spargel zusammen. Er wurde nur ganz kurz gekocht, dann mit luftgetrocknetem Speck, der in kleine Würfelchen geschnitten und in Olivenöl ausgelassen war, garniert, mit Zitronensaft übergossen und sofort verspeist. Noch niemals hat uns Spargel besser geschmeckt.

Grünen Spargel kann man heute auch auf dem Markt immer häufiger finden, es ist allerdings kein wilder. Aus Kalifornien kommt ein recht dicker, gelblichgrüner Spargel mit stark gefiederten Köpfen, aus Ungarn ein eher dunkelgrüner mit weißen Stielansätzen, meist recht kurz und nicht sehr dick.

Aus Italien wird immer häufiger ein ebenfalls dunklerer, leuchtender Spargel importiert, zur Gänze grün, in angenehmer Stärke, aus Frankreich gelegentlich eine Sorte, deren Köpfe grün sind, die ebenfalls eßbaren Stiele aber weiß. Es handelt sich um eine Mischform von grünem und weißem Spargel, was auf die Art des Anbaus zurückgeht:

Grüner Spargel wird nämlich nur einige Zentimenter in sandige, aber warme und düngerreiche Erde gesetzt, die Spargeltriebe wachsen oberhalb der Erdoberfläche. Und sobald der Spargel mit Licht in Berührung kommt, bilden sich zunächst violette Spitzen, die schließlich eine grüne Farbe annehmen. So erhält man eine von oben bis unten grün gefärbte Stange. Sitzt der Spargelstock etwas tiefer in der Erde bzw. häuft man den Sand über den Pflanzen auf und sticht den Spargel einige Zentimeter unter der Oberfläche, so sind die Spitzen zwar grün, der Schaft jedoch bleibt weiß.

Beim weißen Spargel werden über den Spargelpflanzen Sandwälle in langen Reihen aufgeschichtet, so daß die Spargelstangen bis zu 30 Zentimeter lang werden können, ohne die Oberfläche des Sandes zu durchstoßen – die gesamte Stange bleibt weiß. Diese Anbauform ist natürlich sehr arbeitsintensiv.

Während man bei uns auf absolut weiße Spitzen Wert legt und deshalb gezwungen ist, zweimal am Tag zum Stechen zu gehen, läßt man in Frankreich den Spargel einen, zwei oder sogar bis zu vier Tage Licht sehen, so daß sich die Spitze je nach Sorte violett oder grün färbt. Die deutsche Methode verlangt, daß man den Spargel regelrecht suchen muß, nämlich in der glatten Oberfläche des aufgehäufelten Sandes jene Risse aufspüren muß, die andeuten, daß an dieser Stelle bald eine Spargelspitze durchbrechen wird.

In vielen Gegenden zieht man heute den weißen Spargel unter dicker schwarzer Folie, die kein Licht durchläßt, so daß die Suche einfacher wird, die aus der Erde lugenden Spitzen können sich unter dem Lichtschutz der Folie noch nicht verfärben – sehr feine Zungen stellen allerdings bei dieser Methode Mängel fest, der Spargel schmeckt etwas muffig.

Welche der verschiedenen Spargelsorten und Spargelformen am besten ist, bleibt wohl dem persönlichen Urteil überlassen. Der eine wird den etwas nach Erbsen, also sehr gemüsig schmeckenden grünen Spargel vorziehen, der andere den weißen, der sicherlich ein ausgeprägteres Spargelaroma besitzt. Es stimmt im übrigen nicht, wie man früher oft behauptete, daß weißer Spargel mit violetten Spitzen oder grüner Spargel unbedingt bitter schmeckt. Nur wenn eine Spargelsorte, die eigentlich als weißer Spargel gezogen worden ist, als violetter oder grüner Spargel angebaut wird, kann man unangenehme Überraschungen erleben. Die im Ausland angebauten grünen und violetten Sorten dagegen sind bitterfrei.

Wer einen eigenen Garten besitzt und an Spargelzüchtung denkt, muß viel Arbeit auf sich nehmen, wenn er weißen Spargel ziehen will. Vor allem ist ein leichter, sandiger, aber nährstoffreicher Schwemmboden nötig. Grüner Spargel dagegen ist absolut problemlos, wächst in jedem gut gedüngten Garten an sonniger Stelle. Jungpflanzen werden inzwischen von Gartenspezialisten, im Gartenversandhandel und in Gartenmärkten angeboten.

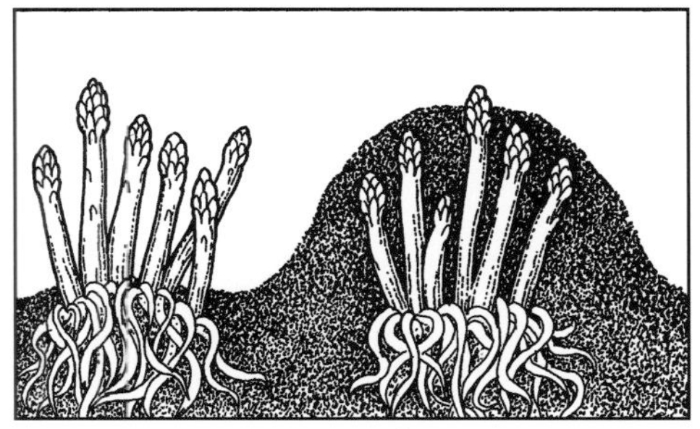

Grüner und weißer Spargel

Vorbereitung des weißen Spargels:

Die Spargelstangen müssen grundsätzlich geschält werden, und zwar schält man stets von oben nach unten, fängt etwa 2 cm unter dem Kopf mit dem Schälen ganz dünn an und schneidet die Schale nach unten hin immer dicker von der Stange. Schließlich muß das möglicherweise verholzte Ende des Spargels abgeschnitten werden.

Vorbereitung des grünen Spargels:

Immer wieder wird gesagt, daß grüner Spargel nicht geschält zu werden braucht. Das ist bedingt richtig, denn der obere Teil eines grünen Spargels ist auf einem breiteren Stück zarter als ein weißer. Das kommt daher, daß die Spitze des grünen Spargels nach dem Durchbruch durch die Erde wesentlich schneller gewachsen ist. Der untere Teil allerdings ist auch beim grünen Spargel nicht selten verholzt. Vor allem wenn es sich um solchen Spargel handelt, dessen unterer Teil weiß ist, der also sehr dicht über den Wurzeln abgestochen wurde. Diesen Spargel sollte man stets schälen, wenn man einen reinen Genuß haben will.

Die Idee, daß grüner Spargel nicht geschält zu werden braucht, hat ihren Grund in der anderen Art, wie man in den romanischen Ländern Spargel ißt: Die Stangen werden mit den Fingern am unteren Ende gegriffen, die Spitze zum Munde geführt. Während man nun bei uns gewöhnt ist, den ganzen Spargel auf diese Weise zu verspeisen, ißt man in den Nachbarländern nur die zarten Köpfe; den holzigen Strunk sowie die „ausgezuzzelte" Schale des mittleren Teils dagegen legt man auf dem Tellerrand ab.

Für die Hausfrau ist das höchst praktisch, denn sie hat keine andere Arbeit mit dem Spargel, als ihn zu waschen, zu kochen und später die Abfälle wegzuwerfen. Schält man jedoch den grünen Spargel an den unteren Enden, dann bietet auch er wie der weiße in seiner ganzen Länge ungetrübten Genuß. Im übrigen darf man ja heute Spargel ruhig mit Messer und Gabel verspeisen – früher aus gutem Grund verpönt, denn die damals üblichen Eisenmesser liefen beim Schneiden an, der Spargel bekam dunkle, bittere und nach Eisen schmeckende Stellen –, und daher empfiehlt sich das Schälen ohnehin. Es bleibt einem auch erspart, daß spelzige Teile der Spargelschalen zwischen den Zähnen hängenbleiben.

Das Kochen des Spargels:

In guten Haushaltsläden findet man jetzt wieder die altbewährten Spargelkochtöpfe: Schmale, hohe Töpfe, die in einem Siebeinsatz die Spargelstangen in ihrer ganzen Länge aufnehmen können. Man braucht nur wenig Wasser, die Spargel garen eher im aufsteigenden Dampf. Für dickere Spargel verwendet man etwas mehr Wasser, so daß der untere Teil des Spargels in kochendem Wasser schneller gart als die zarteren Köpfe oben im Dampf. Diese Methode garantiert, daß die Köpfe des Spargels nicht zu weich werden und zerfallen. Denselben Effekt kann man erreichen, indem man die Spargel zu Bündeln zusammenschnürt. Diese Bündel stellt man in einen normalen hohen Topf und bindet die Bündel mit einer Schnur an den Topfgriffen fest, so daß sie nicht umfallen können. Hat man relativ dünnen Spargel, so läßt man ihn liegend in einem Topf in nicht zu stark wallendem Wasser gar kochen. Dabei muß man jedoch darauf achten, daß die Spargelköpfe nicht an die Topfwand stoßen und dabei zerdrückt werden.
Gart man die Spargel im Dampf, ist es

Hoher Topf mit Siebeinsatz: Besonders praktisch sind solche Töpfe, in denen man den Spargel sehr schonend kochen kann – auch zum Dämpfen bestens geeignet, so daß das Gemüse keinesfalls auslaugt und seinen vollen Geschmack sowie einen besonders angenehmen Biß bewahrt.

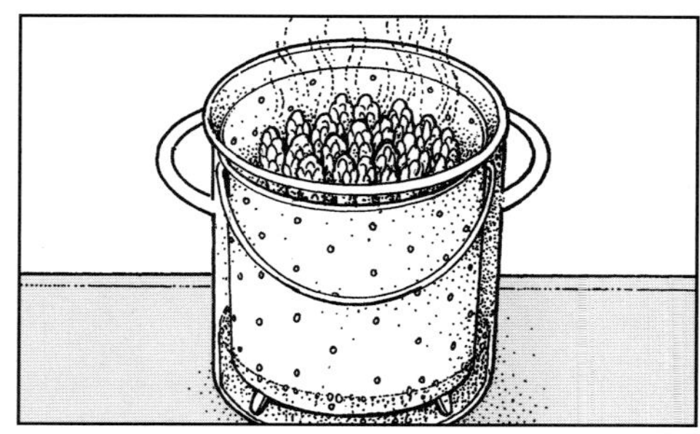

Spargelbündel stehend kochen: Wenn man den Spargel mit einer ausreichend langen Küchenschnur bündelt, kann man deren Enden so an den Griffen eines genügend hohen Topfes befestigen, daß das Bündel perfekt steht – aber den Spargel nicht so weich kochen, daß er einknickt!

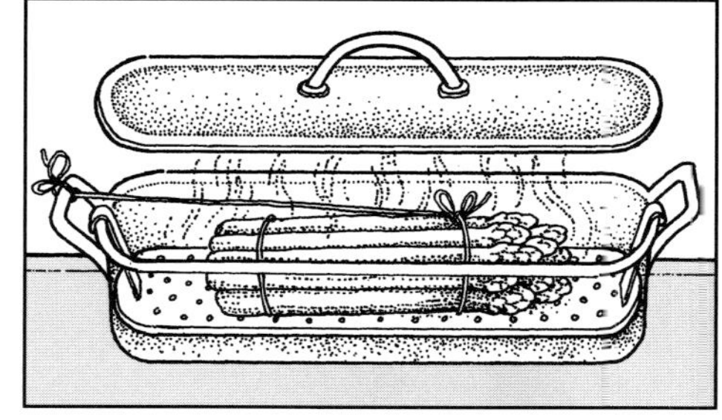

Spargel liegend kochen: Der Topf muß hier nicht hoch sein, aber einen großen Durchmesser haben. Noch besser eignet sich ein Fischkochtopf, der auch über einen Einsatz zum Herausheben verfügt. Möglichst das Bündel an den Griffen so befestigen, daß die Köpfe beim sprudelnden Kochen nicht anstoßen.

selbstverständlich gleichgültig, ob das Wasser gesalzen ist oder nicht. Liegen die Stangen ganz im Wasser, sollten Sie eine gute Prise Salz hineingeben, eventuell auch ein wenig Zucker. Manche schwören auch auf ein kleines Stück Butter oder einen Schuß Olivenöl. Sicher ist, daß man mit Fett die Oberfläche des Wassers für Sauerstoff undurchlässig machen kann, was bei den früheren Garzeiten des Spargels vielleicht eine Bedeutung hatte. Da man, wie wir in einem alten Kochbuch gelesen haben, Spargel bis zu einer Stunde kochte, nahm er am Ende leicht eine gelbliche oder braune Färbung an, was auf eine Reaktion mit Sauerstoff zurückzuführen ist. Heute kocht man Spargel nur so lange, daß er noch Biß behält und im innersten Kern noch eine Spur rohen Geschmacks aufweist. Spießt man eine Spargelstange in der Mitte auf eine Gabel, so dürfen Schnittstelle und Spitze nicht traurig herabhängen, der Spargel darf sich bestenfalls leicht biegen. Eine genaue Kochzeit läßt sich natürlich nie angeben – dicke Spargel brauchen selbstverständlich länger als dünne (weshalb man beim Einkauf darauf achten sollte, daß alle Stangen den gleichen Durchmesser haben!), frische sind eher gar als ältere.

Haben Sie ganz frischen Spargel zur Verfügung, dann sollten Sie einmal probieren, wie er roh schmeckt. Sie werden feststellen, daß der Spargel wesentlich knackiger und saftiger ist als nach dem Kochen. Gleichzeitig werden Sie bemerken, daß die Stangen selbst roh besser schmecken als die Spitzen, die Sie lieber kurz kochen sollten. Diese sollten Sie dann für eine feine, elegante Anrichtung zurücklegen, die Stangen vielleicht in Stücke geschnitten in einem Salat servieren.

Das Servieren des Spargels:

Gut ausgestattete Haushalte mögen über eine Spargelplatte verfügen, wo der Spargel auf einem Sieb liegt und das überflüssige Wasser nach unten abtropft. Auch gibt es spezielle Halter, in die man den Spargel einlegen kann – ähnlich wie Langholz auf einem Güterwagen. Ansonsten aber wird man sich mit der klassischen Methode am besten behelfen: Auf eine vorgewärmte Platte eine mehrfach gefaltete Serviette oder ein weißes Küchentuch legen, die Spargel darauf und mit der einen Seite der Serviette zudecken. Diese Methode hat zudem den Vorteil, daß sich der Spargel gut warm hält. Außerdem bleibt er in einer feuchten Atmosphäre, kann aber trotzdem ein wenig ausdampfen. Spargel, der einige Minuten so geruht hat, wird beim Servieren die Sauce oder die zerlassene Butter annehmen. Gleich nach dem Herausheben ist die Oberfläche zu naß, und die Butter wird abgestoßen. Läßt man ihn dagegen zu lange ausdampfen und trocken werden, bildet sich eine undurchlässige Schicht oder dünne Kruste, die die Sauce gar nicht mit den Zellen des Spargels in Berührung kommen läßt, sie gleitet ab.

Das Essen des Spargels:

Es gibt hierzu die verschiedensten Theorien. Besonders ältere Herren belieben davon zu schwärmen, wie sehr es sie entzückt, wenn ihre junge, charmante Tischgenossin den Spargel mit den Fingern anfaßt und den Kopf genüßlich zwischen die Lippen nimmt. Um mit Brillat-Savarin zu sprechen: „Es gibt kaum einen erfreulicheren Anblick als eine hübsche Schlemmerin bei ihrer Tätigkeit." Der unvergessene Ulrich

Klever hat dem gerne hinzugefügt: „Besonders wenn sie Spargel ißt." Und Alfred Walterspiel: „Bei einer Dame mit gepflegten Händen und einem schönen Mund kann dies sogar ein ästhetischer Anblick sein."

Spargeleinkauf:

Da gilt die alte Maxime: Spargel schmeckt dort am besten, wo er gewachsen ist. Leider läßt sich das natürlich heute längst nicht mehr durchhalten. Erstens gibt es in Deutschland nicht genügend Platz, um soviel Spargel anzubauen, wie wir gerne essen möchten, und zweitens wird der Anbau bei uns zunehmend lohnintensiver. Es wird vor allem immer schwieriger, sich zur Erntezeit die nötigen und auch sorgfältig arbeitenden Hilfskräfte zu besorgen. Wir sind deshalb mehr und mehr auf Importe angewiesen. Die heimischen Spargelbauern haben es verstanden, eine gute Organisation auf die Beine zu stellen, so daß frischer Spargel allerspätestens zwei Tage nach der Ernte auf dem Markt ist. Für ausländische Spargel kann das natürlich längst nicht immer zutreffen. Klimatisierte Kühlwaggons (Lastwagen und Bahn) verringern freilich die Risiken des Transports. Häufig werden die unteren Enden der Spargel auch mit nassem Papier umwickelt, um sie vorm Austrocknen zu schützen. Das hat allerdings nicht selten den Nachteil, daß die Spargelenden zu schimmeln beginnen. Außerdem muß man in diesem Fall auf ein deutliches Indiz zur Feststellung, ob der Spargel wirklich frisch ist, verzichten: Ist die Schnittstelle nämlich sehr ausgetrocknet, haben sich in ihrer Umgebung Schale und Fruchtfleisch des Spargels zusammengezogen und bilden sogar Riefen – *dann ist der Spargel zu alt.*

Auch stumpfe Flecken auf der Schale, die eigentlich einen gleichmäßig seidigen Glanz haben muß, deuten auf zu lange Lagerung hin. Weiterhin sollte man, ehe man sich zu einem größeren Kauf entschließt, wenigstens bei einem Spargel prüfen, ob der untere Teil verholzt ist oder nicht: Dazu drückt man mit dem Daumennagel 1 bis 2 cm oberhalb der Abschnittstelle in die Schale. Der Nagel muß dann leicht eindringen können, wobei frischer Spargel ein wenig spritzt. Ganz allgemein ist zu sagen: Kaufen Sie Spargel nur bei einem Händler, dem Sie vertrauen können. Und kaufen Sie nur Spargel bester Qualität.

Die Spargelqualitäten:

Wir wollen Sie nicht mit Handelsklassenbestimmungen, den erforderlichen Längenmaßen und Durchmessern langweilen. Beim Händler sind die Spargel ohnehin korrekt ausgezeichnet – Ausnahmen bestätigen höchstens die Regel. In manchen Jahren aber, wenn die Witterung sehr stark schwankt und die Spargel dazu neigen, nicht kerzengerade, sondern immer wieder leicht gekrümmt zu wachsen, wird gemauschelt. Dann gibt es auch in der Extraklasse „krumme Dinger", die sich eigentlich nicht darin befinden dürfen. Krumm gewachsener Spargel hat immer auch verholzte Stellen, außerdem bricht er beim Schälen leicht ab. Wir haben uns einmal die Mühe gemacht, von jeder Handelsklasse ein Kilo zu kaufen und so dünn wie möglich zu schälen. Abgesehen davon, daß wir beim Spargel der Extraklasse und der ersten Klasse am schnellsten mit der Arbeit fertig waren, gab es hier am wenigsten Abfall. Genaue Berechnungen des Verhältnisses von zu verwertendem Spargel und Schalen sowie holzigen Teilen ergaben, daß der im Einkauf teuerste Spargel im Grunde der preisgünstigste war, weil am meisten übrigblieb.

Ist es feucht und kalt, bekommt der Spargel rostige Flecken – eine Beeinträchtigung, die in gut sortierter Qualität nicht auftauchen darf. Wurmige Stangen (die Maden der gefürchteten Spargelfliege) und solche mit „aufgeblühten", schon unter der Erde geöffneten Spitzen haben erst recht nichts darin zu suchen.

Wieviel Spargel soll man rechnen?

Diese Frage taucht immer wieder auf, kann aber nie gültig entschieden werden. Im Elsaß, wo man den Spargel einfach mit Butter und Schinken serviert bekommt, reicht man pro Person ab einem Kilo aufwärts jeweils in 500-g-Stufen. Andererseits bekamen wir in einer Spargelgegend als Hauptgericht schon einmal sechs (allerdings sehr dicke) Spargelstangen zum Sattessen zugemutet. Schon seitens der Gastronomen wird man als Esser also verschieden eingeschätzt. Aber als Faustregel kann man sagen, daß pro Person 500 g Spargel mit einer leichten, 350 g mit einer schweren Sauce ausreichend sind, um ein anständiges Spargelessen zu zelebrieren – der Spargel dann allerdings geschält gewogen!

Der reine Genuß:

Spargel einfach gekocht, dazu als Beilagen alles mögliche: Butter (frische, vielleicht auch zerlassene – mehr Spaß macht es und feiner schmeckt es, die Butter auf dem heißen Spargel zerlaufen zu lassen), gehackten Schnittlauch (der sich besonders gut mit dem Spargelaroma verträgt), eine Vinaigrette aus Weißweinessig (am liebsten aus der Champagne) oder Zitronensaft, gutem Olivenöl, Pfeffer, Salz und gehackten Kräutern (hier kommt es auf den persönlichen Geschmack und das Angebot an – man kann mit einem einzelnen Kraut einen Akzent setzen oder mehrere Kräuter mischen, zum Beispiel Petersilie, Kerbel, Estragon, Borretsch, etwas Zitronenmelisse, Pimpinelle und ein winziges Blättchen Liebstökkel!), eine Sauce Hollandaise oder ein Weißwein-Sabayon. Sehr schön ist natürlich auch die klassische Art, junge Kartöffelchen dazu zu reichen. Aber mit einem guten, frisch aufgebackenen Weißbrot kann man sich auch begnügen.

Für viele gehört Schinken zu Spargel – warum nicht? Etwa gekochter *Beinschinken* (nicht dieser gepreßte Vorderschinken, der leider immer mehr überhand nimmt), roher, luftgetrockneter *Westfälischer* oder *Ammerländer* Schinken, ein zarter *Katenschinken* aus Schleswig-Holstein, aus Frankreich den süßlichen *Bayonne* oder den strengeren *Morvan*, aus Spanien den köstlichen *Serrano*, aus Italien nussigen Schinken aus *Parma*, dem *Veneto* oder *San Daniele*. Auch ein nicht zu intensives *Schwarzwälder Rauchfleisch* mag passen, ein würziger *Heidschnuckenschinken* oder getrocknetes Rindfleisch, sei es *Bündner Fleisch*, Veltliner *Bresaola* oder belgisches *Filet d'Anvers*.

Weiterhin passen ein saftiges Stück Fleisch (Schnitzel oder Filet von Schwein, Kalb oder Rind), Fisch (Filet von Steinbutt, St. Pierre, Lotte oder Lachs) oder Scampi.

Wein zum Spargel:

Besonders zu empfehlen ein schöner *Riesling* – speziell von Mosel/Saar/Ruwer und aus dem Rheingau, wobei diese Rieslinge nicht absolut trocken sein müssen, da auch der Spargel über eine gewisse milde Süße verfügt. Sehr gut passen auch *Badische Silvaner* und *Weißburgunder,* am besten *Spätlesen,* die trocken ausgebaut wurden. Des weiteren bieten sich an aus dem Elsaß *Tokay/Pinot Gris, Pinot Blanc, Silvaner* oder *Riesling,* aus Burgund die weichen, reifen Weißweine, aus der Schweiz ein mächtiger *Fendant,* aus Österreich ein *Grüner Veltliner* oder *Riesling.* Viel hat Italien zu bieten: *Pinot Blanc* oder *Chardonnay* aus dem Trentino, Südtiroler *Traminer, Terlaner, Sandbichler, Kreuzbichler* oder ein *Silvaner* vom Chorherrenstift in Brixen. Außerdem ein gut ausgebauter *Soave, Breganze* oder *Prosecco,* eigentlich alle trockenen Weißweine aus dem Friaul.

*

Hier unser **Spargelmenü**, wobei sich in einem gut komponierten Menü die Hauptzutaten ja nicht wiederholen sollen – oder ist das vielleicht in der kurzen Spargelzeit nicht doch erlaubt?

Spargelcremesuppe

1. Spargel waschen und großzügig schälen. Nur wirklich zarte Stücke verwenden.
2. Die Schalen mit mehr als einem Liter Wasser bedeckt eine halbe Stunde zugedeckt auskochen. Dabei Salz und eine Prise Zucker zufügen. Durch ein Sieb filtern, die Schalen wegwerfen.
3. Die Spargelstücke in Scheibchen schneiden, in diesem Sud zehn bis zwanzig Minuten richtig weich kochen.
4. Kerbel und Butter im Mixer pürieren. Spargelsud mit Stücken zufügen, kräftig durchmixen und nochmals abschmecken.
TIP: Die Suppe kann man übrigens fix und fertig machen, und wenn die Gäste da sind, nur noch einmal vorsichtig erhitzen und mit dem Mixstab aufschlagen. Aber nicht mehr lange ins Kochen geraten lassen, weil sich sonst die Butter absetzt und die Suppe nicht mehr binden kann.

Grüner Spargel mit Radieschen-Vinaigrette

1. Den Spargel sorgfältig schälen und in Stücke von etwa fünf Zentimeter Länge schneiden. Die Köpfe separat legen.

2. Zunächst die Spargelstücke fünf bis acht Minuten in Salzwasser sprudelnd kochen lassen, dann erst die Köpfe zufügen und mit den Stangen drei bis fünf weitere Minuten garen. Herausheben und gut abtropfen lassen.

3. Die Zunge in Streifen schneiden.

4. Die Radieschen sorgfältig waschen und in Stifte hobeln. Die schönsten Blätter auslesen und in feine Streifen schneiden.

5. Für die Marinade Essig, Salz, Pfeffer und Öl mit dem Schneebesen cremig rühren.

6. Erst unmittelbar vor dem Servieren die Radieschenstifte und -blätter zufügen. Mit Spargel und Zunge behutsam mischen und auf Tellern hübsch anrichten.

7. Jeweils mit drei Wachteleierhälften garnieren.

TIP: Wachteleier kann man fertig gekocht und geschält im Glas kaufen, besser schmecken frische, nicht ganz so hart gekochte Wachteleier, die immer häufiger in Feinkostgeschäften und Supermärkten angeboten werden. Rechnen Sie 5 bis 6 Minuten, die Eier gleich eiskalt abschrecken, damit sie sich besser pellen lassen.

Zum **Spargel als Hauptgericht** schmeckt, ganz klassisch:

Sauce Hollandaise

ZUTATEN FÜR VIER PERSONEN:

1 EL Weißweinessig
Pfeffer
4 EL Wasser
2 Eigelb
125 g erstklassige, frische Butter
Salz
Zitronensaft
eine Spur Cayennepfeffer

1. Den Essig in einen kleinen, möglichst dickwandigen, gußeisernen Topf geben. Aus der Mühle pfeffern (drei bis vier Umdrehungen!), das Wasser zugeben, und die gesamte Flüssigkeit um die Hälfte einkochen.

2. Die Eigelb zufügen und mit dem Schneebesen oder dem Handrührer dick und cremig schlagen. Dabei entweder im Wasserbad arbeiten oder auf mildem Feuer (was eben am besten und ohne anzubrennen in Gußeisen geht). Die Eigelb müssen heiß werden, damit sie ihre Bindungsfähigkeit entwickeln, dürfen aber nicht kochen, weil sie sonst gerinnen und die Sauce auseinanderfällt.

3. Schließlich den Topf vom Herd ziehen. Die Butter in Stückchen zufügen und einarbeiten. Mit Salz, wenig Pfeffer (ist ja schon drin!), etwas Zitronensaft und einem Hauch Cayennepfeffer abschmecken.

*

Als Variation kann man eine Sauce zubereiten, die zunächst fremd anmutet, in der französischen Hochküche zu Spargel aber sehr beliebt war und ihren eigenen Reiz besitzt:

Sauce Maltaise

Statt Essig und Wasser die gleiche Menge Orangensaft und einige blanchierte Orangenzesten (dünn abgeschnittene, in feinste Streifchen geschnittene Schale) nehmen. Die fertige Sauce mit Orangensaft und Zitrone abschmecken. Paßt besonders gut zu grünem Spargel.

Leichte Kräutersauce

ZUTATEN FÜR VIER PERSONEN:

1 ganzes Ei
1/2 TL Senf
1/10 l Öl
Saft einer halben Zitrone
eine Handvoll abgezupfter Kerbelblätter
4 EL süße Sahne
ein paar Tropfen Worcestershire-Sauce
eine Spur Cayennepfeffer
Salz
Pfeffer aus der Mühle
etwas frisch geriebene Muskatnuß
ein guter Schuß kochend heiße Spargelbrühe

1. Alle Zutaten, bis auf die Spargelbrühe, in einen hohen Mixbecher füllen und aufschlagen.
2. Erst wenn die Sauce mayonnaisenartig und dick cremig ist, so viel heißen Spargelsud zufügen, bis die Sauce eine angenehme Konsistenz hat.

*

Weiterhin gibt es zum Spargel **Schinken**, je nach Belieben und Region gekocht oder roh – oder gemischt. Und **neue Kartoffeln**, gut abgeschrubbt und in der Schale gekocht.

Eine gute Idee aus dem Badischen: Dort liebt man zum Spargel Flädle (beziehungsweise Pfannkuchen) oder Kratzede, einen dicken Pfannkuchenteig, der in der Pfanne ordentlich zerrissen, das heißt zerkratzt wird:

Kratzede

ZUTATEN FÜR VIER BIS SECHS PERSONEN:

400 g Mehl
3/4 l Milch
7 Eier
Salz
50 g zerlassene Butter
Butter zum Backen

1. Aus den Zutaten einen glatten Teig schlagen, der eine halbe Stunde ruhen muß, bevor er verarbeitet wird.
2. Dann jeweils einen Schöpflöffel davon in eine Eisenpfanne (es geht auch eine schwere, beschichtete) gießen, in der etwas Butter gerade aufzuschäumen beginnt.
3. Wenn die Unterseite eben goldbraun wird, den Pfannkuchen wenden und nun

mit zwei Gabeln so energisch zerrupfen und zerreißen, daß goldene Flocken entstehen.
TIP: Die Flöckchen werden noch lockerer, wenn man die Eiweiß erst zum Schluß steifgeschlagen unter den Teig zieht.

Dessert: Holderküchlein oder Salbeimäuschen

Holunderdolde

1. Die Zutaten für den Teig mit dem Schneebesen glatt rühren. Eine halbe Stunde ruhen lassen, damit sich der Kleber entwickeln kann.

2. Die Blütendolden oder Salbeiblätter gut ausschütteln, durch den Teig ziehen, etwas abtropfen und schwimmend in heißem Fett golden ausbacken.

3. Auf mehreren Lagen Küchenkrepp abtropfen, mit Puderzucker bestäubt servieren.

Dazu paßt eine Himbeersauce (aus eingezuckerten Himbeeren, die durch ein Sieb passiert wurden) oder Aprikosenkonfitüre.

Zum Abschluß noch eine Variante, die dem Spargel eine ganz neue Seite abgewinnt: Etwas Speck gibt ihm eine kräftigere Note.

Spargel mit italienischer Sauce

1. Für die Sauce die Eier in etwa zehn Minuten nicht zu hart kochen.

2. Den Speck fein würfeln, in einer kleinen Pfanne auslassen und knusprig braten.

3. Den geschälten Spargel in Salzwasser knackig-gar kochen.

4. Inzwischen Öl, Eigelb, Essig und Pfeffer mit dem Schneebesen dick quirlen. Zum abgekühlten Speck in das Pfännchen gießen und sofort mit dem Schneebesen rühren, damit das Eigelb nicht zu heiß wird und ausflockt. Einen Schuß Spargelwasser unterschlagen und vom Feuer ziehen.

5. Die Eier mit dem Eierschneider würfeln, die Petersilie hacken und beides in die Sauce mischen.

6. Den Spargel gut abgetropft auf eine vorgewärmte Platte legen, die Sauce über den Spargel geben und lauwarm verspeisen. Dazu ißt man kleine Kartöffelchen oder einfach krumiges Weißbrot.

III. ESSEN UND TRINKEN DRAUSSEN

Mit Tips, Tricks und Rezepten
zum Grillen und zum Picknick

ESSEN DRAUSSEN: DAS A UND O DER PLANUNG

Draußen geht es locker zu, es gibt nicht immer wiederkehrend die übliche Tischsituation, jeder kann herumgehen, mit diesem oder jenem plaudern, sich da oder dort hinsetzen. Allerdings ist ein reibungsloser, auch für die Gastgeber angenehmer Ablauf nur dann gewährleistet, wenn man sich im voraus ein paar Gedanken gemacht hat und alles gut geplant ist.

Gekühlte Getränke stehen bereit – Mineralwasser, beliebige Erfrischungsgetränke (von kaltem Kräutertee über Säfte bis zu den bekannten Markengetränken), Bier (bei einer größeren Personenzahl vom Faß) und Wein – aber nur leichte, erfrischende Weine, vorzugsweise trockene (oder halbtrockene) Kabinettweine, die wenig Alkohol, dafür ein elegantes Bukett haben: *Riesling* von Mosel-Saar-Ruwer, aus dem Rheingau oder vom Mittelrhein, *Silvaner* oder *Weißburgunder* aus Franken, Rheinhessen oder der Pfalz.

Während das Kühlen von Flaschen kein Problem ist – entweder mit Eis in einem großen Topf (vielleicht einem Einwecktopf, einem alten Waschzuber oder einem Krautfaß) oder in einer großen Kühlbox (auch praktisch: eine große Styropor-Kiste aus dem Lebensmittelhandel), kann ein Bierfaß mehr Probleme machen. Holen Sie es möglichst erst kurz vor dem Anstich vom Getränkehändler aus dessen Kühlraum, transportieren Sie es dann aber vorsichtig und ohne harte Schläge, damit es nicht zu sehr schäumt. Eine Wolldecke darüberlegen, die hält das Faß kühl. Zusätzlich können Sie auf das Faß einen größeren Eisklumpen legen, den Sie bei manchen Ge-

tränkehändlern oder Brauereien bekommen oder selbst herstellen: In einer großen Plastikschüssel im Gefrierschrank. Handliche Blöcke sollte man sich bei hochsommerlichen Temperaturen ohnehin herstellen, denn die kleinen Eiswürfel aus dem Kühlschrank sind rasch verbraucht – als geeignete Gefäße dafür haben sich die elastischen Tiefkühldosen erwiesen; zum Einfrieren stets verschließen, damit sich nicht zu viel Wasser als Eis an den Gefrierschrankwänden absetzt.

Gute Kühlung ist wichtig: Flaschen mit großen Eisblöcken

Selbstbedienung ist angesagt! Wir haben ein Büfett aufgebaut mit verschiedenen Salatzutaten, Radieschen, Blättern, geraspelten oder in Scheiben geschnittenen rohen Gemüsen. Dazu gibt es eine Vinaigrette, eine aus Essig, Öl, Salz und Pfeffer angerührte, mit etwas Senf gebundene Salatsauce. Sie können auch eine Joghurt-Sahne-Sauce mit Kräutern, mehrere selbstgemachte oder eventuell sogar Fertigsaucen bereitstellen.

Bei einer größeren Zahl von Gästen muß alles so angeordnet werden, daß die Selbstbedienung nicht zu einem Chaos führt. Denkbar: ein Brauereitisch, an dem man sich von zwei Seiten her bedienen kann, beginnend an einem Ende, wo Teller, Besteck und Servietten ausgelegt sind. Dann folgen die Gemüse und Salate, Brot und Brötchen oder Brezeln, schließlich die Getränke.

Um den Grill kümmert sich im allgemeinen der Hausherr, der freilich meist von vielen Feuerkundigen unterstützt wird. Es gibt verschiedene Möglichkeiten des Grillens:

– Auf einem waagerechten Rost über der Glut, die häufigste, aber leider auch problematischste Methode, denn es kann Fett in die Glut tropfen, was zur Entstehung von Benzpyren führt, das vom Fleisch wieder aufgenommen wird und als eine krebserregende Substanz gilt. Fette Dinge sollte man daher auf einer Unterlage von Aluminium grillen.

– Besser sind Grillgeräte, die man kippen kann, so daß Fleisch und Würste vor den von einem Rost gehaltenen glühenden Kohlen eingerichtet werden können – das abtropfende Fett wird in einer daruntergestellten Schale aufgefangen.

Größere Stücke, ganze Braten oder Geflügel, werden ebenfalls vor dem Grill eingerichtet und müssen ständig gedreht werden – ein kleines, batteriegetriebenes Motörchen für nicht einmal 20 Mark leistet hierbei einen hervorragenden Dienst.

Unbedingt Grillkohle verwenden, nicht mit frischem Holz arbeiten – die Gefahr ist groß, daß dann bei der Verbrennung ebenfalls entstehendes Benzpyren an die Speisen gelangen. Mit dem Grillen erst beginnen, wenn alle Kohle vollkommen durchgeglüht ist.

Was wird gegrillt?

Alles magere Fleisch ist geeignet, nur muß der Rost vorher geölt werden, damit nichts daran haften bleibt: Rindersteaks (Filet oder Roastbeef, auch Steaks aus der Keule), Hühnerbrüste, Kalbs-, Puten- und Schweineschnitzel. Eventuell auch Lammschnitzel, Wild und Entenbrüste. Gerne legt man all diese Fleischstücke zuvor in eine ölige, gut gewürzte Marinade. Beim Grillen selbst muß man aufpassen, daß die Hitze knapp dosiert wird, denn mageres Fleisch wird schneller gar und trocken als fettes.

Fettdurchzogenes Fleisch ist am besten geeignet: etwa Schweinenackensteaks, Lammkoteletts und Spareribs. Auch sie werden vorher mariniert, vorzugsweise in einer zuckerhaltigen Marinade, die beim Grillen karamelisiert und eine herrlich geschmackvolle Kruste bildet.

Würste sind besonders beliebt, weil billig und vom Grill am besten: Sie werden vorher mit einer spitzen Gabel eingestochen oder mit einem scharfen Messer eingeschnitten, damit sie nicht platzen. Allerdings: Vorsicht bei gepökelten (roten) Würsten, denn werden die zu heiß gegrillt, entstehen Nitrosamine, die ebenfalls als krebserregend gelten – und zwar schon ab 140 Grad, weshalb man auf solche Würste am besten ganz verzichtet (wie auch auf Speck, Schinken jeglicher Art oder Kassler).

Wichtig ist der richtige Abstand vom Gargut zur Glut – kleine Teile nah, große weiter entfernt: Daher die unterschiedlichen Einschubschienen.

Gut zu grillen ist auch Gemüse: etwa Paprikaschoten, Auberginen, Zucchini und

Zwiebeln in Scheiben auf dem Rost, Tomaten, Kartoffeln und Knoblauch eingepackt in Alufolie ebenfalls auf dem Rost oder direkt in der Glut – bedenken Sie, daß die Gemüse mehr Zeit zum Garen brauchen als Fleisch.

Eine Grillparty macht ja vergleichsweise wenig Arbeit, so daß man sich eine größere Zahl Leute einladen kann. Beliebt ist, vor allem unter jungen Leuten, die in England erfundene „Bread-and-Bottle-Party", zu der jeder Gast etwas mitbringt – aber was, muß genau abgesprochen werden, damit eine vernünftige Zusammenstellung herauskommt.

Picknick – Tips und Tricks

Grillt man nicht in der Nähe des Hauses, sondern in freier Natur, muß man die Vorschriften beachten – entweder dafür vorgesehene Grillplätze aufsuchen oder speziell ausgewiesene Gebiete. Man kann weiterhin beim Forstamt bzw. beim Amt für öffentliche Ordnung Auskünfte einholen.

Kühltaschen oder -boxen sind unerläßlich, damit die Zutaten frisch bleiben, Fleisch und Würste nicht verderben. Gute Vorbereitung ist dann noch wichtiger, denn man kann ja nicht schnell in die Küche rennen und das Fehlende ergänzen.

Deshalb eine Checkliste machen – die Harmonie so mancher Grillfeste blieb durch fehlende Flaschenöffner, Korkenzieher, Tranchiermesser, Salzstreuer, Dosenöffner, Grillbesteck, Fettpinsel, Streichhölzer etc. auf der Strecke!

Sorgen Sie für eine ausreichende Auswahl an Saucen, Senf, Meerrettich, Ketchup, Chutneys, sauren oder Gewürzgurken, Pickles usw. – das kostet nicht viel, macht aber Eindruck und erhöht den Genuß.

Das Anzünden des Grills

Fangen Sie rechtzeitig damit an! Und zwar am besten mit normaler, leicht und schnell entzündlicher Holzkohle und Trockenspiritus (Grillanzünder). Niemals flüssigen Spiritus verwenden! Neuerdings gibt es flüssige, schwer und nur in Verbindung mit poröser Kohle entflammbare Grillanzünder, die ebenfalls bestens geeignet sind, vor allem keine geruchlich-geschmacklichen Rückstände auf der Kohle hinterlassen. Auf die Windrichtung achten. Wenn es windstill ist, mit Föhn oder Autostaubsauger arbeiten. Später Grillbriketts darauflegen oder Stein-Holzkohlen, weil die besser die Glut halten.

Wenn Sie unserem Vorschlag folgen:

Der Salat muß gewaschen und trockengeschleudert sein, verpackt in eine Plastiktüte oder Plastikschüssel mit Deckel; die gehackten Kräuter gleich dazulegen. Die Sauce dazu in Flasche oder Twist-off-Glas abfüllen.

Tomaten, Gurken, Rettiche, Radieschen etc. waschen und verpacken wie den Salat, das entsprechende Schneidegerät (Riffelmesser, Gemüsehobel) gleich dazulegen. Kartoffelsalat vorbereiten, nur die Kräuter erst an Ort und Stelle zufügen.

Fleisch in Marinade einlegen und dicht verpacken, am besten in Plastikboxen mit gut schließendem Deckel oder in Gefriertüten – so nehmen sie am wenigsten Platz weg, und man kommt mit wenig Marinade aus, die dennoch das Fleisch umhüllt. Auch die Saté-Spießchen vorbereiten.

Saté-Spießchen vom Huhn

4 Hühnerbrüstchen (ausgelöst)
3 EL Soja-Sauce
3 EL Sherry Amontillado
1 EL Sesamöl
2 TL Zucker
1 TL Sichuanpfeffer (nach Belieben, ersatzweise normaler oder Cayennepfeffer)

1. Die Hühnerbrüstchen in Streifen schneiden und in einer Sauce aus den angegebenen Zutaten wenigstens 3 Stunden marinieren.
2. Dann die Streifen wellenförmig auf Holzspießchen stecken und auf jeder Seite nur ein bis zwei Minuten bei starker Hitze grillen, wobei der Zucker karamelisiert. Ab und zu mit der restlichen Marinade beträufeln, die das Fleisch schließlich völlig überzieht.

Salatsauce

3 EL normaler Weinessig (5% Säure)
Salz
weißer Pfeffer
2 EL Dijon-Senf
6 EL Sonnenblumen-, Maiskeimöl oder Olivenöl nach Geschmack

Essig mit Salz, Pfeffer und Senf verrühren, dann das Öl einschlagen und alles innig vermischen. Abfüllen, vor Gebrauch noch einmal kräftig durchschütteln.

Mit Kräutern gefüllte Tomaten

12 runde, nicht zu große Tomaten
500 g gemischte Kräuter (etwa Petersilie, Kerbel und Estragon; oder Petersilie, Basilikum, Bohnenkraut)
Salz
Pfeffer
12 TL Öl
Alufolie

1. Von den Tomaten gegenüber dem Stielansatz eine Kappe abschneiden, aber an einer Seite dranhängen lassen. Das wäßrige Innere mitsamt den Kernen mittels eines Teelöffels herauslösen, auch die Zwischenwände entfernen, aber dabei aufpassen, daß der Stielansatz nicht herausgelöst wird.
2. Kräuter waschen, Stiele entfernen. Mit kochendem Wasser übergießen, in eiskaltem Wasser abschrecken. Portionsweise herausnehmen, das Wasser leicht herausdrücken.
3. Tomaten innen salzen und pfeffern, die Kräuterpaketchen einlegen, Öl daraufgießen und die Kappen darüberschlagen. In Alufolie verpacken und bis zum Gebrauch verschlossen und kühl aufbewahren.
TIP: Nach Belieben auch mit Knoblauch und Zwiebel würzen.
Grillzeit: Bei nicht zu großer Hitze etwa 20 Minuten.

Gelbe Honigsauce für Spareribs

**1 Döschen oder Tütchen gemahlener
Safran
3 EL Sojasauce
3 EL Sherry Amontillado
2 EL Honig
1 EL Öl
reichlich frisch gemahlener Pfeffer
etwas Salz
1 guter Schuß Hühnerbrühe
1 gelbe Paprikaschote**

Alle Zutaten bis auf die gelbe Paprika aufkochen. 10 Minuten warm stehenlassen,
dann mit der entkernten Paprikaschote im
Mixer aufschlagen.

Lauwarm angemachter Kartoffelsalat

**1,5 kg gleichmäßig große, neue Salat-
kartoffeln (Sieglinde)
Salz
1 Tasse kräftige Fleischbrühe
Pfeffer
6 EL Estragon-Essig (5% Säure)
4 EL Oliven- oder 5 EL geschmacksneutrales Pflanzenöl
2 Zwiebeln
4 EL gemischte gehackte Kräuter (vorzugsweise Petersilie, Estragon und
Kerbel)**

1. Kartoffeln in Salzwasser gar kochen, abgießen und zugedeckt so weit abkühlen las-

sen, daß man sie schälen kann, ohne sich die
Finger zu verbrennen.
2. Die geschälten Kartoffeln sofort in
Scheiben aufschneiden und mit den angege-
benen Zutaten (Zwiebel gehackt) anmachen. Dabei zermatschen die Scheiben fast
vollkommen – die Kartoffelstärke hatte ja
noch keine Zeit zum Abbinden. Der Salat
befriedigt vielleicht nicht den Schönheits-
sinn der Hausfrau, schmeckt aber überaus
köstlich.
TIP: Soll der Salat nicht bald verspeist werden, Zwiebel und Kräuter getrennt verpak-
ken, erst an Ort und Stelle dazumischen.
Varianten: Mit Knoblauch würzen.
Mit Senf und/oder etwas Cayennepfeffer
abschmecken.
Eine reife Avocado untermischen und sehr
kräftig würzen mit einer im Mörser zer-
stampften Mischung aus 2 TL Salz und 1 EL
Pimentkörnern.

Rote Marinade für Schweinenacken

**1 Tasse Orangensaft
3 EL Tomatenmark
1 große weiße Zwiebel
2 Knoblauchzehen
6 EL Olivenöl
2 TL Anis
Salz
Pfeffer aus der Mühle
1 gute Prise Zucker
1 Bund Basilikum**

1. Orangensaft mit dem Tomatenmark verrühren.
2. Zwiebel und Knoblauch hacken und im
Öl bei geringer Hitze glasig dünsten. Ge-

würze zugeben, den Zucker karamelisieren lassen.

3. Dann mit dem Orangensaft aufgießen, kurz aufwallen und vollkommen abkühlen lassen. Mit dem Mixstab oder im Mixer pürieren, dabei das Basilikum einmischen.

Grüne Sauce zu Gegrilltem

> **2 Knollen Knoblauch**
> **250 g frische, rohe Peperoni (Pfeffer- oder Chilischoten, ganz nach Geschmack scharf oder mild oder gemischt)**
> **Salz**
> **1/4 l Olivenöl extra**

1. Knoblauch schälen, Peperoni aufschneiden und entkernen. Vorsicht: Mit nassen Händen arbeiten und sie anschließend gründlich unter kaltem Wasser abspülen!

2. Mit Salz im Mixer pürieren oder mit dem Pürierstab zu einem Brei verarbeiten und mit dem Öl wie Mayonnaise aufschlagen.

Mit Kräutern gespickte Würste

Hierzu eignen sich alle Arten von Würsten, am besten bekommt diese Behandlung aber den fetteren Sorten. Diese Würste sollte man ja ohnehin vor dem Grillen mit einer Gabel mehrmals anstechen oder mit einem Messer schräg einschneiden, damit das sich erhitzende Fett und das sich in Dampf umwandelnde Wasser die Würste nicht platzen läßt.

In diese Einschnitte kann man nun auch alles mögliche hineinstecken, vorzugsweise Kräuter und Gewürze, die das Fett verträg-

licher machen. Also Salbeiblätter, Thymianzweiglein, Rosmarinspitzen, Bohnen- oder Bergbohnenkrautzweige, Majoran, Ysop oder Beifuß, Knoblauchzehen oder Chilischoten. Man kann auch Senf darangeben und mit einem Stück Zwiebel in den Spalt drücken und vor zu großer Hitze schützen.

Würste einschneiden und Kräuter hineinstecken

Tips zum Grillen oder: Was immer wieder falsch gemacht wird

Oft beginnt man zu früh mit dem Grillen:

Die Kohle ist noch nicht vollkommen in Glut gebracht, die Hitzeabstrahlung ist unterschiedlich, das Grillgut bräunt nicht gleichmäßig.

Man ist zu ungeduldig:

Bei größeren Stücken geht man zu nah an die Glut heran, weil man meint, die Bräunung der Oberfläche müsse sofort beginnen. Das ist auch richtig: Deshalb auch große Stücke (es sei denn, sie hätten eine Schwarte rundum, wie etwa ein Spanferkel) nahe an der Glut rundum anrösten. Dann aber unbedingt von der Glut entfernen und bei milderer Hitze weitergaren. Andernfalls verbrennt die Oberfläche, ehe das Innere gar ist. Außerdem bildet sich ein Hitzestau, weil die rasch gerinnende Eiweißstruktur der Außenschicht die Hitze abschirmt, so daß sie überhaupt nur schlecht in das Innere gelangt: Das Äußere wird hart, das Innere bleibt kalt. Richten Sie also zum hauptsächlichen Garen das Fleisch weit vom Mittelpunkt der Hitze weg, gehen Sie lieber ein wenig seitlich über den Rand der Glut (was zudem den Vorteil hat, daß abtropfendes Fett nicht in die Glut fällt und sich entzündet, wobei die schädlichen – krebserregenden – Röstreizstoffe entstehen).

Kleine Stücke werden zu lange gegrillt:

Das bedeutet: Ein normales Steak von 2 cm Stärke benötigt etwa 2 bis 3 Minuten pro Seite – je nachdem, wie weit durchgebraten Sie es lieben – bei guter, aber nicht exzessiver Hitze, wenn, ja, wenn Sie es nachziehen lassen! Hierin liegt nämlich das A und O des hervorragenden Fleischs in den Steak-Häusern und natürlich guten Restaurants (freilich spielt auch die Qualität des Ausgangsproduktes eine Rolle, doch davon später). Heiß wird das Fleisch gegrillt, aber anschließend läßt man es noch ein wenig liegen. Hierbei hat das Fleisch Zeit, noch ein wenig weiter zu garen und zart zu werden.

Es wird zu früh gewürzt:

Das zu frühzeitige Salzen ist eine der Hauptsünden. Denn Salz zieht Flüssigkeit an, also Wasser aus dem Fleisch, das damit trockener und zäher wird. Grillen Sie also das Fleisch zunächst auf der einen Seite. Dann drehen Sie es um und salzen die gegrillte Oberfläche. Nach dem Grillen der zweiten Seite legen Sie das Fleisch mit dieser Seite nach oben an den zum Nachziehen ausgesuchten Ort und salzen erneut. Nach einigen Minuten haben Sie das herrlichste, mit Salz perfekt abgeschmeckte, zarteste Fleisch.

Vor und während des Grillvorgangs sollten Sie ansonsten gar nicht würzen (es sei denn, mit Marinade oder Öl – siehe unten). Gepfeffert wird immer erst am Tisch oder auf dem Teller, direkt aus der Mühle. Dann hat der Pfeffer noch seinen wahren Geschmack. Würzen Sie vor dem Grillen, verbrennt der Pfeffer und wird bitter, die leicht flüchtigen aromatischen Öle gehen sowieso sofort verloren, wenn sie der großen Strahlungshitze beim Grillen ausgesetzt sind. Dasselbe gilt natürlich für alle Arten von Kräutern und pulverisierten Würzen, die ja verbrennen müssen. Wollen Sie einen schönen Rosmaringeschmack beispielsweise, so lassen Sie das Fleisch auf einem Bett von Rosmarin nachziehen, das Sie zur Unterstützung der Aromaentwicklung auch über dem Grill erhitzen und zum leichten Rauchen bringen können. Oder Sie werfen in den letzten Sekunden vor dem Ende der Grillzeit einige Nadeln in die Glut, so daß die aufsteigenden Schwaden das Fleisch parfümieren – und die Luft, was unweigerlich den Appetit anregt! Oder Sie lassen etwas Rosmarin in gutem Olivenöl einige Tage oder Wochen ziehen und legen das Fleisch vorher in diesem Öl ein (wenn Sie die Möglichkeit haben, nehmen Sie hierzu frischen, nicht getrockneten Rosmarin)

Es wird zu wenig gefettet:

Das Fleisch von heute ist mager, deshalb nicht saftig. Grillt man so ein mageres Fleisch (oder bereitet es nach irgendeiner anderen Methode zu), so kann das Eiweiß ungehindert gerinnen. Denn nur Fett hat die Eigenschaft, das Eiweiß auch beim Festwerden unter Hitzeeiwirkung geschmeidig zu halten. Aber nicht nur, daß ein mageres Fleisch fast zwangsläufig hart wird, es hat auch weniger Geschmack, weil mit dem Fett auch der wichtigste Aromaträger fehlt. Deshalb sollten Sie stets darauf achten, daß Sie ein gut marmoriertes Fleisch, also ein mit Fettadern reichlich durchzogenes, kaufen. Und: Gut abgehangen muß es sein, wenn es vom Rind stammt. Das heißt: Gutes Rindfleisch muß 2 bis 3 Wochen ruhen. Seien Sie ebenso kritisch bei der Auswahl von Schweinefleisch, das Sie zum Grillen verwenden wollen: Es soll nicht abgehangen, sondern frisch sein. Das beste Fleisch haben Sie ein oder zwei Tage nach der Schlachtung.

Lammfleisch sollte nicht ganz frisch vom Schlachten kommen, aber ebenso wie Schweinefleisch auch nicht abgehangen sein.

Aber zurück zum Fett: Nach gut durchwachsenem, mit Fettäderchen marmoriertem Fleisch kommt lange gar nichts. Dann kommt unser übliches Fleisch, das man einige Stunden oder sogar Tage in Olivenöl eingelegt hat, dem man natürlich Aromaten (Würzkräuter) beigeben kann. Nehmen Sie dann eine Schale oder Schüssel, die das Fleisch möglichst genau aufnehmen sollte. Legen Sie auf den Boden die gewünschten Aromaten (Lorbeerblatt, Thymian, Rosmarin, Salbei, Estragon, Basilikum, Knoblauch, Suppengemüse usw.), beträufeln Sie sie mit etwas Olivenöl (dieses hält sich besser und gibt dem Fleisch einen unvergleichbaren Geschmack, wenn es sich um gutes, kaltgepreßtes Jungfernöl – *olio extra vergine, huile vierge extra* – handelt), legen das Fleisch darauf, drücken es ein wenig an und begießen es mit weiterem Öl. Vergewissern Sie sich nun, daß das Öl die gesamte Oberfläche des Fleisches abdeckt, denn sonst könnte es verderben. Der Witz der Ölschicht ist ja auch, daß das Fleisch nun unter Ausschluß von Sauerstoff nachreifen kann, während es gleichzeitig ein wenig Öl in sich aufnimmt. Decken Sie die Schale oder Schüssel ab und stellen Sie sie kühl. Am besten nicht in den Eisschrank, sondern nur in den Keller, ersatzweise nehmen Sie die Gemüseschale aus dem Kühlschrank und stellen das Fleisch an diese vergleichsweise wärmere Stelle. Lassen Sie es wenigstens einen, besser zwei Tage darin stehen, und wenden Sie es ab und zu um. Dabei aber nicht mit der Gabel einstechen, damit später kein Saft unnütz herausläuft.

Vor dem Grillen streichen Sie auch stets den Rost ein, damit das Gargut nicht daran kleben bleibt. Auch hier ist Olivenöl mit am besten geeignet, denn es hat einen hohen Rauchpunkt, verbrennt also nicht zu schnell.

Ja, und nun: Grillen Sie! Achten Sie dabei auf das, was Sie sehen: Bilden sich mächtige Blasen auf der Fleischoberfläche, spritzt es wie wild, dann ist die Hitze eben mit ziemlicher Sicherheit zu groß . . .

IV. Die Weihnachtsgans

Ein festliches Menü,
gut vorzubereiten, leicht und bekömmlich

RUND UM DAS WEIHNACHTSMENÜ

Weihnachten: Fest der Freude, der Besinnung – und des Konsums... Einerseits Krippenspiel und Weihnachtsmesse, andererseits der allgemeine Kaufrausch im Lichterglanz einer weihnachtlichen Kitschwelt, Geschenkorgien und idealisiert-standardisierte Luxus-Schlemmereien. Nutzlose Stunden auf verstopften Autobahnen oder vor dem Fernseher, kalorienreiche Tafeleien, Mastkuren mit Süßigkeiten, Plätzchen, Torten, Nüssen und alkoholischen Getränken aller Art. Und hinterher stöhnen alle, weil es wieder mal zu viel des Guten war... Nur wenige finden noch heraus aus diesem Zwang. Und viele denken, wenn sie sich nicht sogar daran erinnern können: Wie schön war es früher, als die Reihe von Festtagen noch ein Ritual hatte, als sich fröhliche und stille Momente abwechselten, besinnliche und freudige Stimmungen aufeinanderfolgten, karge Mahlzeiten den Genuß einer reich gedeckten Tafel unterstrichen. Man wußte noch:

„Nichts ist schwerer zu ertragen
als eine Reihe von guten Tagen."

Und dann wagen wir es, mit einer Weihnachtsgans zu kommen?! Gewiß: Einmal im Jahr – darauf freut man sich dann fast 12 Monate lang! – darf man eine Gans doch genießen. Richtig zubereitet und im Menü so eingerahmt, daß sie nicht zu einer Belastung des Magens wird, ist sie das köstlichste traditionelle Weihnachtsessen unseres Landes. Und warum sollte man ausgerechnet darauf verzichten? Zumal, wenn man

sich am Heiligen Abend mit einem Karpfen oder der nicht minder traditionellen Kartoffelsuppe mit Würstchen begnügt hat..

Das Menü

Unsere Vorspeise soll den Magen erfrischen, sozusagen auf den kommenden Genuß vorbereiten. Deshalb haben wir aus Frankreich den Gedanken der *Crudités* entlehnt, was nicht nur besser klingt als unser schnödes *Rohkost,* sondern auch hübscher präsentiert und besser dressiert, also mit einer kulinarisch wertvollen Sauce „angezogen" wird: rohes, vitamin-, mineralien- und ballaststoffreiches Gemüse.

Die Gans selbst wird so gebraten, daß viel von ihrem reichlichen Fett herausläuft und später anderweitig als Gänseschmalz verwendet wird. Dazu muß man ihre Haut einstechen. Was an Fett verbleibt, kann sich jeder auf seinem Teller noch wegschneiden – zum Braten selbst brauchen wir das Fett hingegen, denn es erhält das Fleisch schön saftig und geschmackvoll.

Wichtig ist auch die Füllung und die richtige Würze: Wir verwenden keinen Speck oder anderes Fett, sondern nur säuerliche, bekömmliche Äpfel und Lauch und würzen mit Majoran und Beifuß, die beide verdauungsfördernde Wirkungen haben.

Als Beilage gibt es Rotkohl oder Blaukraut (der Name ist von Region zu Region verschieden, doch bleibt der Kohl rot, wenn das Kochwasser weich ist, färbt sich blau, bei sehr hartem, kalkhaltigem Wasser – gibt man einen Schuß Essig hinzu, bekommt der Kohl seine rote Farbe zurück). Dieser Kohl ist, säuerlich angemacht und entsprechend gewürzt, nicht nur geschmacklich, sondern wegen seines Ballaststoffgehalts auch aus ernährungsphysiologischer Sicht eine ideale Ergänzung zum Gänsefleisch. Man kann mal wieder feststellen, daß die überlieferten Zusammenstellungen schon ihren tieferen Sinn haben und nicht so ohne weiteres geändert werden sollten!

Und zum Nachtisch dann eine Variante des italienischen Erfolgsdesserts *Tiramisu* – ein Teil der fetten Mascarpone ersetzt durch Apfelmus und daher leichter und frischer als üblich.

Wie sehr unser Menü traditionellen Vorstellungen auch einer ganz anderen Region entspricht, hat in unserer Sendung der Sizilianer Giuseppe „Pippo" Culoso, Gastronom in München („Ristorante Da Pippo") eindrücklich kommentiert:

„Am Heiligen Abend gab es kärglich zu essen, eigentlich immer nur wilde Gemüse, die auf den Feldern und Wiesen gesammelt wurden. Man aß sie teils als Salate, teils als gedämpfte, gekochte oder geschmorte Gemüse, nur mit Knoblauch, Zitronensaft und Olivenöl. Im Grunde genommen hatten sie so dieselbe Funktion wie die *Crudités* in diesem Weihnachtsmenü: Nämlich den Magen und den Organismus auf die reichlichen Freuden des folgenden ersten Weihnachtstages vorzubereiten.

Am ersten Feiertag nämlich hatten und haben sich die Tafeln zu biegen! Alles, was Garten und Stall im Laufe des Jahres hergeben, kommt jetzt auf die Tafel: Mittelpunkt bildet ein gewaltiger *Tacchino*, Truthahn oder Pute. Aber zuvor gab es die besten Nüsse und Mandeln, die extra ausgesucht wurden für Weihnachten. Auch die schönsten neuen Oliven; die letzten Äpfel, die sorgfältig in Stroh aufbewahrt wurden; die letzten Trauben, die einzeln im Dachboden an den ganzen Rebzweigen aufgehängt worden waren. Zu dampfenden Spaghetti oder, noch lieber, den dickeren Makkaroni dann das Höchste, weil man sie nun für sechs lange Monate entbehren mußte: eine Sauce aus den letzten frischen Tomaten, den allerletzten der kleinen, süßen und hocharomatischen Tomaten, die man an der südlichen Hauswand unter dem Schutze des Daches von unreifem Grün zu verschrumpeltem Rot hat reifen lassen... Welch ‚ah' und ‚oh' empfing die *Mama*, wenn sie mit der großen Schüssel hereinkam! Wie arm ist unsere Zeit geworden, die sich an diesen Dingen nicht mehr so freuen kann, weil sie immer alles zur Verfügung hat."

Crudités mit Knoblauchcroûtons und Pinienkernen

Da läßt sich eine ganze Menge vorbereiten. Gerade das geraspelte Gemüse nimmt eine gewisse Wartezeit in der Marinade nicht übel – verliert im Gegenteil dadurch etwas von seiner sperrigen Konsistenz. Empfindlicher Blattsalat bleibt natürlich bis unmittelbar vor dem Servieren ohne Salatsauce, damit er nicht zusammenfällt. Croûtons und geröstete Pinienkerne können ebenfalls fix und fertig bei Zimmertemperatur bereitstehen – sie bleiben auch so knusprig, und für den Feldsalat ist es ohnehin besser, wenn sie nicht frisch aus der Pfanne mit ihm in Berührung kommen: Die Hitze würde ihn zusammenfallen lassen.

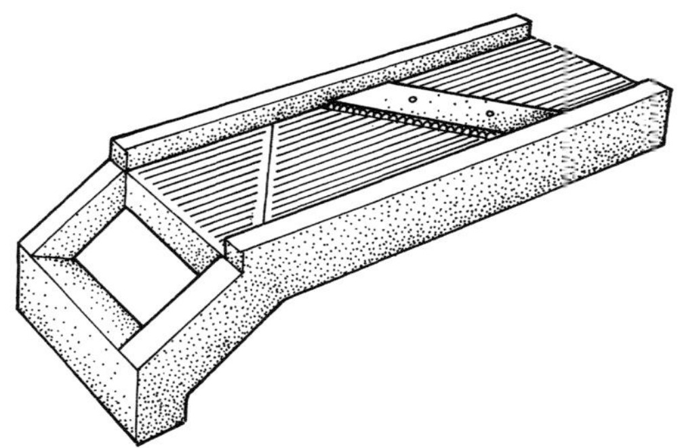

Mit einem Julienne-Schneider, das ist ein Gemüsehobel mit speziellem Einsatz, kann man diverse Gemüse schnell und einfach in feine Streifchen schneiden. Gibt es im gut sortierten Fachhandel (Haushaltswaren, Kaufhäuser), in ähnlicher, weniger stabiler Ausführung auf dem Jahrmarkt und, ganz robust für allerdings viel mehr Geld, als sogenannte Mandoline im Großküchen- und Restaurantbedarf.

1. Das Wurzelgemüse mit dem Sparschäler (Gurken- oder Kartoffelschäler) dünn schälen, dann jede Sorte getrennt auf einem Gemüsehobel oder in der entsprechend ausgestatteten Küchenmaschine in feine Streifen, in der Fachsprache *Julienne* genannt, raspeln.

2. Für die Marinade Senf, Essig, Öl, Salz und Pfeffer mit dem Schneebesen cremig aufschlagen.

3. Gerecht auf die drei Salatsorten verteilen und untermischen. Ein paar Stunden durchziehen lassen. Erst kurz vor dem Servieren die Kräuter unterrühren.

4. Zu den Möhren den Kerbel geben, zum Sellerie paßt Schnittlauch oder Petersilie und zur roten Bete frische Minze oder Frühlingszwiebel.

5. Den Feldsalat putzen, die Wurzelenden abschneiden, jedoch die Rosetten unversehrt lassen. Sie mehrmals gründlich in immer wieder frischem Wasser waschen, damit auch wirklich aller Sand herausgespült wird. Gründlich abtropfen.

6. Für die Salatsauce die fein geschnittene Schalotte mit Essig, Öl, Salz und Pfeffer verrühren. Den Feldsalat erst unmittelbar vor dem Servieren darin wenden.

7. Für die Knoblauchcroûtons das Weißbrot in zentimetergroße Würfel schneiden.

8. Die Knoblauchzehe schälen und in eine Knoblauchpresse mit feinem Sieb einlegen.
9. Die Butter in einer Pfanne zerlassen, den Knoblauch durch die Presse hineindrücken und darin andünsten.
10. Schließlich die Pinienkerne zufügen und beides miteinander golden und knusprig braten.
11. Alles gerecht und hübsch auf sechs Tellern anrichten – oder auf einer großen Platte, so daß sich jeder selbst nehmen kann.

Die Weihnachtsgans

Dreieinhalb bis fünf Kilogramm sollte eine rechte Weihnachtsgans auf die Waage bringen. Ein Leichtgewicht, das wesentlich unter drei Kilogramm wiegt, liefert weder den rechten Biß noch eine gut ausgeprägte, fleischige Brust, noch genügend vom köstlichen Gänseschmalz. Vor allem aber ist dann das Fleisch selbst mager, nicht von ausreichend Fett durchzogen, nicht *marmoriert:* Es wird beim Braten trocken und zäh, anstatt schön saftig zu bleiben.

Um einen solcherart gewichtigen Braten auch vertilgen zu können, sollte man sich zu sechst zu Tisch begeben. Für kleinere Runden wären Gänseteile angesagt: Man kann die Brust und Keulen extra kaufen – sie werden im Prinzip wie der Gänsebraten selbst zubereitet, haben jedoch ihrem geringeren Gewicht gemäß eine entsprechend kürzere Garzeit. Oder, falls die ganze Gans nicht doch bezwungen wird, macht man aus dem restlichen Fleisch Klößchen, wie für Ente auf Seite 215 beschrieben.

Eine frische, nicht länger als drei oder vier Tage vor dem Fest geschlachtete Gans ist natürlich das optimale – sie muß freilich vorbestellt werden: entweder beim Geflügelhändler, bei einem Metzger oder, falls Sie eine Adresse haben, bei einem Gänsemäster. Denken Sie aber daran, dies frühzeitig zu machen, bei einem kleinen Mäster schon im Frühsommer, auch beim Händler spätestens Anfang November – wenn der nämlich nicht genügend Tiere hat, kann er auf Ihre Bestellung schon im Sommer nicht mehr reagieren, und auch der Händler hat, je weiter das Jahr fortschreitet, immer weniger Möglichkeiten, wirklich gute Ware zu besorgen. Zumal bereits zu St. Martin, also am 11. November, ein „Gänsetag" ist!

Wer eine gefrorene Gans verarbeitet, sollte auch sie möglichst frühzeitig besorgen, denn erfahrungsgemäß hat man kurz vor Weihnachten nicht mehr die optimale Auswahl. Denken Sie weiterhin daran, daß die Gans genügend Zeit hat, um langsam aufzutauen: Je langsamer, desto schonender. Bei Außentemperaturen zwischen 4 und 10 Grad kann das bequem auf dem Balkon geschehen (damit der Kühlschrank nicht blockiert wird) und dauert etwa zwei Tage. Sollte draußen Frost herrschen, muß das Auftauen an einem möglichst kühlen Ort im Haus vor sich gehen.

Die Gans wird schließlich vorbereitet: Als erstes werden die Fettpolster am hinteren Ende der Bauchhöhle, der sogenannte Flomen, herausgelöst. Daraus bereiten wir das köstliche Gänseschmalz.

Dann werden die Flügelspitzen abgetrennt und zusammen mit dem Hals und den Innereien (außer der Leber) sowie der vom Fleisch befreiten Karkasse (wie das Knochengerüst in der Fachsprache der Köche heißt) und reichlich Wurzelwerk später zu einer kräftigen Brühe ausgekocht – so hat man gleich eine Vorspeise für den zweiten Weihnachtsfeiertag.

1. Das Gänseschmalz: Den Flomen grob zerkleinern und mit einem blättrig geschnittenen Apfel, einer in feine Ringe gehobelten Zwiebel und den gehackten Knoblauchzehen aufsetzen und auf milder Hitze etwa eine Stunde lang sanft köcheln. Salzen, pfeffern und durch ein Sieb in ein Vorratstöpfchen gießen.

Die gerösteten Zwiebeln und Äpfel, die im Sieb aufgefangen werden, schmecken übrigens am besten noch warm, auf frischem Bauernbrot!

2. Der Braten: Den Backofen auf 160 Grad vorheizen.

3. Die vorbereitete Gans innen und außen mit Salz, Pfeffer sowie je der Hälfte von Beifuß und Majoran einreiben.

4. Die Äpfel vierteln, vom Kerngehäuse befreien. Zwei der Lauchstangen putzen und in Ringe schneiden.

5. Äpfel und Lauch in einer Schüssel mischen, dabei salzen, pfeffern und mit den restlichen getrockneten Kräutern sowie den abgezupften Petersilienblättern würzen

6. Diese Mischung in die Bauchhöhle der Gans stopfen, die Öffnung zunähen oder mit Zahnstochern zustecken. Die Flügel unter dem Rücken verschränken, mit einem großen Stück Küchenzwirn die Gans *dressieren*, das heißt Flügel und Schenkel so an den Körper schnüren, daß nirgendwo etwas absteht und möglicherweise verbrennen kann. Die Haut mit einer Gabel überall dort einstechen, wo man eine dicke Fettschicht darunter vermuten kann – so kann das Fett besser ausbraten, und die Haut wird schön knusprig.

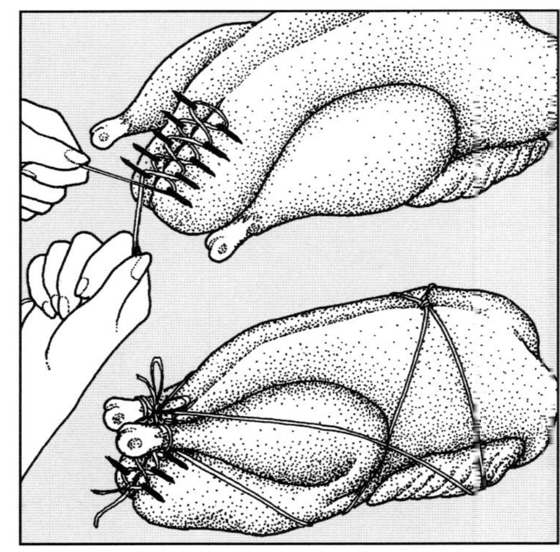

Gans dressieren

7. Die dritte Lauchstange, die Zwiebel, Knoblauchzehen, Möhre, Sellerie und Petersilienstengel waschen, kleinschneiden und vermischen. Auf die tiefe Fettpfanne des Backofens streuen.

8. Den Vogel mit der Brust nach oben daraufsetzen, und die Gans mit dem kochend heißen Wasser überbrühen. Für vier Stunden in den 160 Grad heißen Ofen schieben. Dabei braucht man sich eigentlich überhaupt nicht um den Braten zu kümmern, Begießen oder Umdrehen ist nicht nötig. Nur ab und zu überprüfen, daß genügend Wasser in der Fettpfanne ist, damit das Gemüse nicht anbrennt.

9. Nach Ablauf der vier Stunden die Gans auf den Rost setzen, diesen auf ein Blech stellen. Die Gans jetzt mit stark gesalzenem Wasser einpinseln und zurück in den ausgeschalteten Ofen schieben, bis die Sauce fertig ist und serviert werden kann.

10. Für die Sauce den Bratensaft durch ein Sieb in einen Topf mit Ausgießschnauze schütten, das Wurzelgemüse im Sieb gut ausdrücken. Den Saft eine Minute stehenlassen, damit sich das Fett an der Oberfläche sammelt und man es vorsichtig in eine Schüssel abgießen kann.

11. Den klaren Saft auf starkem Feuer sprudelnd einkochen. Dabei verbindet sich das restliche Fett mit dem Bratensaft wie zu einer Emulsion und ergibt eine gebundene, leichte Sauce.

TIP: Das in der Schüssel gesammelte Fett zum Gänseschmalz schütten.

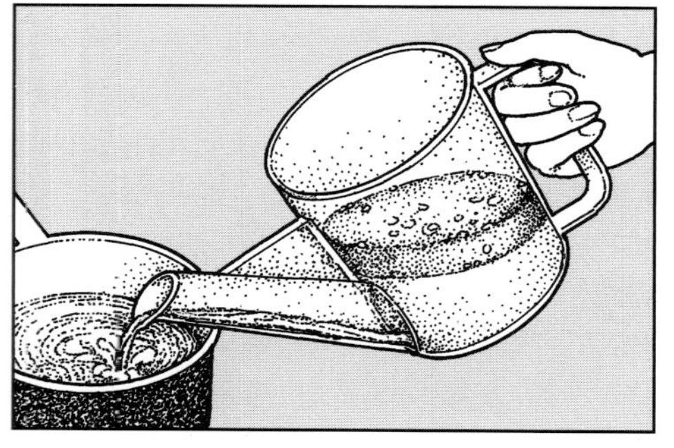

Fett-mager-Terrine: Bei solch einer Kanne kann der klare Saft unten abfließen, das Fett bleibt zurück.

Rotkraut

Man kann es bereits am Vortag zubereiten, wie Sauerkraut, für das so mancher besonders schwärmt, „wenn es wieder aufgewärmt". Ansetzen sollte man es sogar noch einen Tag früher:

1. Den Rotkohlkopf von welken, faulen und beschädigten Außenblättern befreien. Durch den Strunk vierteln und diese harten Mittelstücke so abschneiden, daß die Blätter gerade noch zusammenhalten.

2. Dann die Viertel auf dem Gemüsehobel in feine Streifen hobeln, zu dicke Blattrippen dabei herauslesen.

3. Apfel vierteln, vom Kerngehäuse befreien und mitsamt der Schale mittelfein raspeln.

4. Rotkraut mit Apfel, Rotwein, Zitronensaft und den zerdrückten Nelken kräftig mit den Händen durchkneten, schließlich zugedeckt über Nacht marinieren.

5. Anderntags den Zucker im Gänseschmalz in einem großen Topf sanft karamelisieren, bevor mit Essig abgelöscht wird.

6. Erst wenn dieser nahezu völlig verdampft ist, das Rotkraut mitsamt seiner Marinade zufügen. Salzen, pfeffern und mit im Mörser zerstoßenem Macis und Piment würzen.

7. Zugedeckt ganz leise köcheln lassen, und zwar knapp eine Stunde lang.

Kartoffelklöße

ZUTATEN FÜR ZWÖLF KLÖSSE:

1,5 kg rohe Kartoffeln (eine stärkereiche Sorte nehmen, zum Beispiel Bintje, Grata oder Desirée)
2–3 EL Kartoffelstärke
ca. 1/4 bis 3/8 l kochendheiße Milch
1/2 kg frisch gekochte, heiße, ebenfalls stärkereiche Kartoffeln
Salz
2 Scheiben Graubrot oder 1 große bzw.
2 kleine altbackene Semmeln
2 EL Butter

1. Die Kartoffeln fein zerkleinern. Das geschieht auf der Gemüsereibe, einfacher natürlich mit der Küchenmaschine oder in der elektrischen Saftpresse – das ist besonders praktisch, weil darin die Kartoffeln sofort durch Zentrifugalkraft auch richtig fest ausgedrückt werden. Wer mit Handbetrieb arbeitet, sollte die Kartoffeln direkt in eine Schüssel mit Essigwasser reiben, damit sie sich nicht verfärben. In der Küchenmaschine geht alles ein wenig schneller, deshalb kann man sich diese Prozedur sparen. Allerdings muß man tatsächlich fix sein: Die Kartoffelmasse muß unverzüglich in einem Tuch ausgepreßt werden – vorzugsweise mit Manneskraft!

2. Erst wenn absolut keine Flüssigkeit mehr herauskommt, die Masse in eine Schüssel geben und mit 2 EL Kartoffelstärke verkneten, bis sie bröselt. Eventuell noch etwas mehr Stärke zugeben, bis der Teig absolut trocken wirkt.

3. *Sofort* mit kochendheißer Milch benetzen – aber noch nicht alles zugießen! Das vermindert die Oxydation, die schuld an der unschönen Braunfärbung ist.

4. Die ebenfalls heißen, gerade eben gekochten und geschälten Kartoffeln durch die Kartoffelpresse hinzudrücken. Alles rasch mit dem Rührlöffel zu einem weichen Teig rühren, eventuell noch etwas Milch nachgießen. Dabei auch salzen.

5. Für die Füllung das Brot (Brötchen) in zentimetergroße Würfel schneiden und in der heißen Butter anrösten.

6. Aus dem Kartoffelteig mit feuchten Händen nicht zu große Knödel formen, dabei jeweils ein paar Croûtons in die Mitte stecken.

7. Die Klöße in leise siedendem Salzwasser etwa 20 bis 25 Minuten gar ziehen lassen. Nicht länger, sonst werden sie schwammig. Auch nicht mehr stehenlassen, bis sie serviert werden, weil sie sonst eine harte, ebenfalls dunkel gefärbte Haut bekommen.
TIP: Eine unangenehme Zähigkeit erlangen die Klöße, wenn man sie aufwärmt, zu fest werden sie, wenn man zu viel Stärke zu lange hineinknetet.

Tiramisu mit Äpfeln

Das Rezept zu diesem eigentlich nur für arme Leute gedachten Essen, so erzählt man sich in Venetien, kommt von den armen Wäscherinnen, die in den Dörfern der Po-ebene am Waschhaus ihre letzten Kräfte verbrauchten. Etwas Biskuit oder altbackenes Weißbrot, ein wenig Weinbrand und ein fetter, dicker Frischkäse waren hier immer im Haus – und so komponierte man das Ganze zu einem stärkenden und an kalten Wintertagen wärmenden Hauptgericht, das die armen Mädel wieder an die Arbeit brachte: „Zieh mich hoch!" lautet die genaue Übersetzung des Wortes *Tira mi su*.

> ### *Zutaten für sechs Personen:*
>
> **1 kg säuerliche Äpfel (zum Beispiel Boskoop oder Glockenäpfel)**
> **Saft einer Zitrone**
> **200 g Zucker**
> **50 g Mandelblättchen**
> **2 EL Calvados oder Apfelbrand**
> **3 Eigelb**
> **300 g Mascarpone (doppelfette, sahneartige Frischkäse-Creme aus Italien, inzwischen in jedem guten Supermarkt und Käsegeschäft zu erhalten)**
> **1 EL Vanillezucker**
> **200 g Löffelbiskuits (vom Bäcker)**
> **3–4 EL Kakaopulver**

1. Die ungeschälten Äpfel vierteln, Stiel und Blütenansatz herausschneiden, ansonsten nichts entfernen. Also mitsamt dem Kerngehäuse grob zerschneiden und mit dem Zitronensaft und etwa 80 Gramm Zucker in einen Topf füllen. Zugedeckt in 20 Minuten weich kochen.

2. Durch die Flotte Lotte (Passiersieb) passieren und abkühlen lassen, dann in den Kühlschrank stellen.

3. Unterdessen drei gehäufte Löffel Zucker in einem Löffel Wasser in einer Pfanne zum hellblonden Karamel kochen. Die Mandelblättchen zufügen und damit mischen, bis alles von goldenem Karamel überzogen ist.

4. Auf eine Marmorplatte oder einen großen Teller kippen und abkühlen lassen.

5. Jetzt erst einige Male mit dem Nudelholz (oder einer sauberen Flasche) darüberfahren, um den Mandelkaramel zu zerkleinern.

6. Für die Creme die Eigelb mit drei Eßlöffeln Zucker so lange schlagen, bis der Zucker vollständig aufgelöst ist und eine helle, dicke Creme entstanden ist.

7. Den Mascarpone zufügen und gründlich unterrühren. Mit Vanillezucker würzen.

8. Löffelbiskuits, Apfelmus, karamelisierte Mandelblättchen und Mascarponecreme in dieser Reihenfolge in eine hübsche, möglichst flache und weite Dessertschüssel schichten. Bis zum Essen kalt stellen.

9. Unmittelbar vor dem Servieren die Oberfläche dick mit Kakaopulver überpudern – am besten geht das mit dem Mehlsieb.

V. LINSEN

Eine unterschätzte Delikatesse –
Rezepte aus aller Herren Länder

Linsen gehören, wie andere Hülsenfrüchte auch, zu den wahrscheinlich ältesten Lebensmitteln, die die Menschheit kennt. Älter noch als Getreide, wird vermutet. Bereits in der Jungsteinzeit, rund siebentausend Jahre vor unserer Zeitrechnung, sollen Hülsenfrüchte das „täglich Brot" gewesen sein – Getreide wird erst etwa tausend Jahre später nachgewiesen. Sicher ist jedenfalls die Rolle, die ein Linsengericht im Zusammenhang des Erstgeburtsrechts von Esau gespielt hat. Zumindest die Tatsache ist im Alten Testament dokumentiert – leider nicht das Rezept. Wir wissen nur, daß es sich dabei um *rote Linsen* gehandelt haben muß. Bei Moses eindeutig nachzulesen.

Rote Linsen sind heute immer noch in Ägypten, vor allem aber in Indien und zunehmend bei uns – zum Beispiel durch vielgereiste Alternative – beliebt. Aber es gibt eine ganze Reihe verschiedener Linsensorten, die üblicher sind. Denn Linsen kennt man in fast allen Ländern der Welt – sie sind ein wahrhaft internationales Nahrungsmittel. Vor allem in armen und kargen Gegenden, wo man sich nur wenig Fleisch leisten kann, und in Ländern, in denen viel vegetarisch gegessen wird (zum Beispiel Indien), gehören sie zu den wichtigsten Eiweißlieferanten. So auch in den südlichen Mittelgebirgsregionen Deutschlands, wo man bis in den letzten Krieg hinein die Linsen als Zwischensaat in den Getreidefeldern ausbrachte – die Halme dienten dann als Kletterhilfe für die Schmetterlingsblütler, deren kleine Schoten zusammen mit dem Korn gedroschen wurden.

Ob von den Höhen der Alb, aus Oberschwaben, von der Baar oder aus dem Hekken- und Schlehengäu – man weiß nicht, woher es kommt, aber daß er das Schwäbische Nationalgericht ist, zweifelt niemand an: der Linseneintopf.

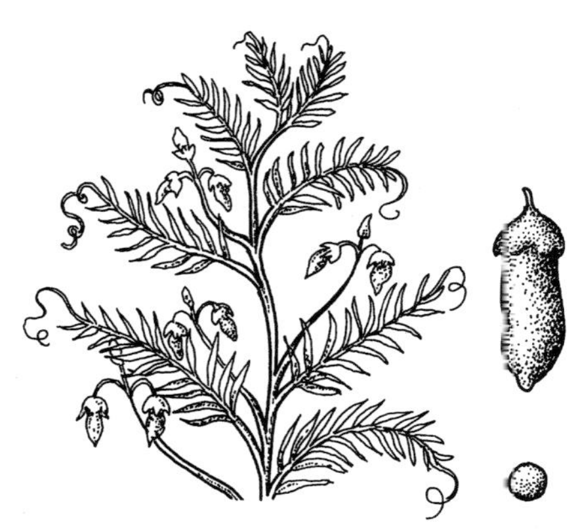

Ursprünglich waren das im armen *Ländle* fast breiig gekochte Linsen, mit Mehl gebunden und mit Salz kärglich abgeschmeckt, nur in verwöhnten Haushalten noch mit gedünsteten Zwiebeln oder etwas frischer Petersilie angereichert. Wir lieben die Linsen heute mit einem leichten Biß, und da wir es uns leisten können, fügen wir reichlich geschmacksgebende Gemüsewürfelchen hinzu. Außerdem binden wir nicht mit dem langweiligen Mehl, sondern mit der Sämigkeit verkochter Kartoffeln – also eine moderne, schlankere und wesentlich wohlschmeckendere Variante.

Manche bereiten den Eintopf auch mit Speck zu – aber darauf verzichten wir ebenfalls, denn wir schätzen dessen ausgeprägtes Aroma in diesem Falle nicht, außerdem macht sein Fett die Linsen mächtiger und schwerer verdaulich.

In ganz Württemberg ißt man außerdem **Spätzle** dazu, natürlich von Hand geschabt

– nur wer's eilig hat, darf auf gekaufte Spätzle zurückgreifen! Weiterhin gibt's dazu heiße Würstchen, die auf Schwäbisch *Saidewürschtle* heißen, weil sie im Natursaitling sein müssen (aber auch seidig glänzen, was ihre Frische anzeigt!). Anderswo nimmt man Wiener, Coburger, Halberstädter oder Frankfurter Würstchen.

Schwäbische Linsen mit Spätzle

1. Die Linsen mit der Brühe bedecken, das Lorbeerblatt und die kleingewürfelten rohen Kartoffeln zufügen. Zugedeckt etwa 25 bis 30 Minuten fast weich kochen. Ab und zu probieren: Die Linsen sollen noch Biß haben, dürfen auf keinen Fall zerfallen.

2. In der Zwischenzeit das Wurzelgemüse putzen und in linsengroße Würfel schneiden: Zunächst längs in feine Streifen (entweder erst in Scheiben hobeln und dann mit einem Messer längs zerteilen, oder mit einem Julienne-Schneider gleich in Streifen hobeln, vgl. S. 36), dann mit einem großen Messer quer in Würfel schneiden.

3. Diese Würfel in einer Pfanne andünsten, dabei salzen. Sie dürfen jedoch auf keinen Fall bräunen.

4. Zu den Linsen fügen, den Wein einrühren, leise etwa zehn Minuten köcheln lassen, damit sich die Aromen miteinander verbinden und die Kartoffelwürfelchen sich endgültig auflösen und die Suppe andicken können.

5. Mit Salz und Pfeffer abschmecken. Reichlich feingehackte Petersilie unterrühren.

6. Für die Spätzle Eier und Mehl mit einem Holzlöffel glattrühren, sofort salzen. So lange schlagen, bis der Teig seidig wirkt und Blasen wirft.

7. Von einem nassen Holzbrettchen in dünnen Streifen in kochendes Salzwasser schaben oder durch ein spezielles Spätzle-Sieb (Fachhandel) drücken. Portionsweise arbeiten.

8. Oben schwimmende Spätzle sind gar: Mit einer Schaumkelle herausheben. In heißem Wasser, das in einer großen Schüssel bereitstehen sollte, spülen, damit sie nicht zusammenkleben. Schließlich gut abgetrocknet auf einer Platte im Ofen warm stellen.

9. <u>Unterdessen</u> die Würstchen in leise siedendem Wasser erhitzen – nicht kochen, denn sonst würden sie aufplatzen.

<u>Bei Tisch</u> gibt es zwei Möglichkeiten: Alles in einer großen Terrine mischen, auch die rasch in Scheiben geschnittenen Würstchen. Oder alle Bestandteile der Mahlzeit getrennt zu Tisch bringen, wo sich die Gäste jeweils nehmen, was sie mögen. In diesem Fall werden zum Suppenlöffel auch Messer und Gabel gedeckt, damit man sich die Würstchen selber schneiden kann.

<u>Auf den Tisch</u> gehört Senf (für die Würstchen), außerdem ein guter, möglichst aromatischer Essig, mit dem man sich seinen Eintopf nachwürzen kann: Der Essig hilft mit seiner Säure der Verdauung.

TIP: Besonders gut und nicht zu sauer ist ein fast süßlicher Balsamico-Essig aus Italien, der aus eingekochtem Traubenmost hergestellt ist und durch jahrelanges Reifen ein besonderes Aroma entwickelt.

3. Nach etwa drei Wochen können Sie bereits ernten.

Garnelen putzen

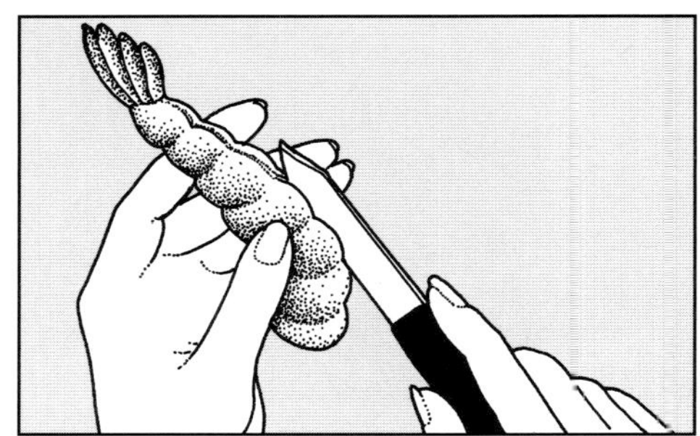

Auch wenn die Garnelen ohne Kopf, sogar bereits aus ihrer Schale gelöst angeboten werden, sind sie noch nicht küchenfertig – es muß noch der Darm entfernt werden. Dafür den Rücken längs mit einem Messer aufschlitzen . . .

Wie man Koriandergrün selber zieht:
1. Koriandersamen möglichst einzeln, mit etwas Abstand, auf die Blumenerde streuen.
2. Dann mit einer Schicht Erde knapp bedecken.

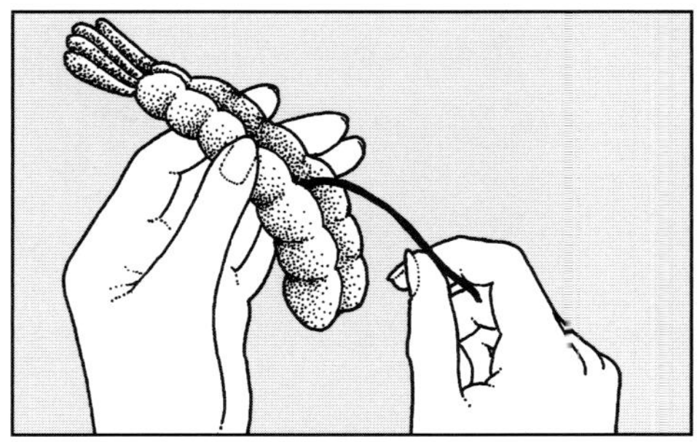

. . . und so den Darm freilegen: Er sieht aus wie ein schwarzer dünner Faden, den man leicht herausziehen kann.

Den Chinesen abgeschaut haben wir dieses Gericht, das durch seine gleichzeitige Einfachheit und Eleganz überzeugt:

Lauwarmer Linsensalat mit Linsensprossen und pfannengerührten Garnelen

1. Die eingeweichten Linsen in Salzwasser mit dem Lorbeerblatt weich kochen. Noch lauwarm zum Salat anmachen:

2. Dafür Ingwer und Knoblauch winzig fein würfeln. Das Weiße der Frühlingszwiebeln in sehr feine, das Grün in zentimeterbreite Ringe schneiden. Jeweils die Hälfte zu den Linsen geben. Ebenso die Hälfte der genauso klein gewürfelten, zuvor entkernten Chilischoten.

3. Mit je zwei Löffeln Öl und dem Essig, Salz und Pfeffer würzen und gut umwenden.

4. Die Garnelen längs des Rückens aufschlitzen, und den schwarzen Darm, der dann sichtbar wird, herausziehen und entfernen. Garnelen unter fließendem Wasser waschen und anschließend gründlich abtrocknen. Mit der Speisestärke überpudern, sie gründlich einmassieren. Dadurch bekommt das empfindliche Garnelenfleisch eine Art Schutzhülle, die es auch nach dem Anbraten schön saftig hält.

5. Die andere Hälfte des Ingwers, Knoblauchs und der Chilis in einer großen Pfanne oder in einem chinesischen Wok im restlichen Ernußöl sowie dem Sesamöl – beides sehr stark erhitzt – unter schnellem Rühren anbraten.

6. Bevor sich irgend etwas braun färbt, die Garnelen und die restlichen Frühlingszwiebeln zufügen. Zuckern, salzen, pfeffern, dabei unermüdlich in der Pfanne umherwirbeln. Etwa eine halbe Minute lang braten.

7. Sojasauce und Sherry angießen. Nochmals aufkochen, auf den Linsen anrichten und sofort servieren, denn der Reiz des Gegensatzes zwischen warm und kalt belebt den Geschmack.

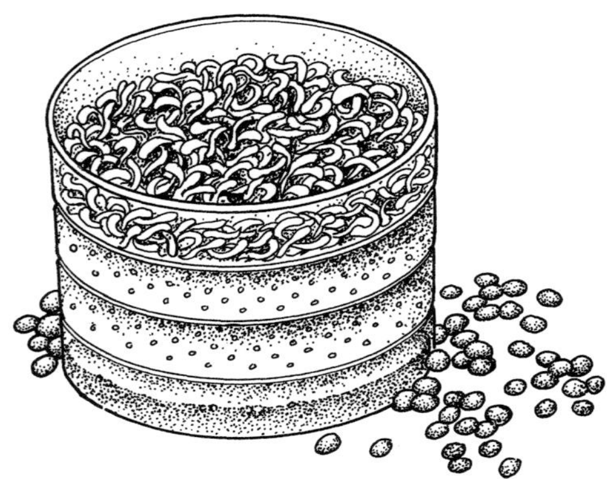

Linsensprossen in der Keimschale

Linsensprossen

Linsensprossen kann man nicht kaufen, man zieht sie sich selber. Man muß nur ein paar Tage vorher daran denken, sie rechtzeitig anzusetzen. Die Linsen werden zunächst einen Tag in lauwarmem Wasser eingeweicht. Sodann läßt man sie vier bis fünf Tage keimen – entweder in einem Einmachglas oder auf einer dicken Lage feuchtem Küchenpapier oder in einem speziellen Keimapparat. Täglich zwei- bis dreimal müssen die Linsen durchgespült werden, damit sie nicht muffig werden oder gar schimmeln. Nach drei Tagen etwa sind die Keime ein bis zwei Zentimeter lang und können verspeist werden. Sie färben sich an der Spitze grün, wenn sie hell stehen – durch Photosynthese entsteht Chlorophyll –, bleiben weiß, wenn sie im Dunkeln keimen.

Was ist der Vorteil der Linsenkeime, von Keimen überhaupt? Die Linsen werden durch das Keimen – wie die meisten Körner und Hülsenfrüchte – leichter verdaulich: Ihre Vitamine und Mineralstoffe werden nicht nur aufgeschlossen und besser verwertbar gemacht, sondern sogar angerei-

chert. Wichtig ist das natürlich vor allem im Winter, wenn Frisches selten und teuer ist. Aus einer Tasse Linsen bekommt man etwa sechs Tassen Linsensprossen.

*

Und nun ein Rezept für Linsen, wie man sie in Indien liebt:

Rote Linsen mit Knoblauch

Rote Linsen sind bereits geschält, das heißt, ihr bräunliche oder grünliche Hülle ist entfernt. Deshalb sind sie erheblich schneller gar. Das bedeutet aber auch, daß kaum zu vermeiden ist, daß sie zu Püree zerfallen. Das macht nichts, in der indischen Küche sind solche Pürees sehr beliebt. Dieses Rezept zeigt, daß es dafür gute Gründe gibt.

1. Die Linsen mit Kurkuma (Gelbwurz) und Kreuzkümmel in Salzwasser 20 bis 25 Minuten richtig weich kochen. Mit einem Schneebesen zum dicken Püree schlagen.
2. Die Knoblauchzehen in feine Scheibchen schneiden und im Butterschmalz vor-

sichtig anrösten, dabei dürfen sie nicht zu dunkel werden, weil sie sonst bitter schmecken. Mitsamt dem Bratfett über das Püree gießen und zum Schluß noch die feingeschnittenen Frühlingszwiebeln darüberstreuen.

TIP: Diese Linsen passen bestens als Beilage zu einem kurzgebratenen Stück Fleisch, zum Beispiel Lammkotelett, aber auch zu gebratenem Huhn oder Fisch.

Bleibt etwas übrig, kann man es am folgenden Tag kalt als Vospeise servieren, angemacht mit etwas gehackter Zwiebel, Zitronensaft und Öl.

Türkische Linsen-Köfte

Linsen sind in der Türkei, ebenso wie weiße Bohnen und Kichererbsen, uralte Volksnahrung. Rote wie grüne Linsen werden hauptsächlich in Anatolien angebaut, weil sie wenig Wasser und kaum Schatten brauchen, dort also problemlos wachsen.

Die Türkei exportiert rote und gelbe (geschälte grüne) Linsen vor allem nach Indien (1988: 800 000 t), wo Linsen ebenfalls ein Grundnahrungsmittel sind. In der Türkei gehören rund 50 verschiedene Linsengerichte zum alltäglichen Leben, am bekanntesten sind Suppen von roten und grünen Linsen – Linsen dienen aber auch als Fleischersatz in Pasteten, man kocht daraus Saucen zu Nudeln und füllt damit Gemüse, wie Auberginen, Zucchini und Paprika.

Linsen-Köfte, deren Rezept wir von Melek Renan Atalay-Balkan bekommen haben – einer Türkin, die seit 1963 in Deutschland lebt, dürfen in der Stadt Gaziantep auf keinem Vorspeisen-Büfett fehlen:

1. Die Linsen mit dem Wasser aufsetzen und gar kochen. Die Weizengrütze zugeben, untermischen und 20 Minuten stehenlassen, damit die Grütze ausquellen kann.

2. Unterdessen die Zwiebeln fein würfeln und in dem Öl goldbraun rösten.

3. Die Frühlingszwiebeln waschen und fein schneiden, eines der beiden Petersiliensträußchen ebenfalls hacken.

4. Die gerösteten normalen und die rohen Frühlingszwiebeln, Petersilie, Tomaten- und Paprikamark, Kreuzkümmel und Salz unter die vorbereitete Linsen-Weizengrütze-Masse mischen und kräftig durchkneten.

5. Walnußgroße Stücke abteilen und mit der Hand zu kleinen Frikadellen oder Bällchen formen. Auf einer Platte hübsch anrichten, mit Petersilie garnieren und kalt servieren.

Linsen – die wichtigsten Sorten

Bei uns üblich sind die sogenannten Tellerlinsen. Ein Begriff, der sich erst seit den

60er Jahren eingebürgert hat, wohl abgewandelt von dem bis dahin üblichen Wort *Hellerlinsen*. Man bezeichnete damit eine ganz bestimmte Linsengröße (von 6 bis 7 mm Durchmesser) – wahrscheinlich weil diese Sorte einstmals um einen Heller zu haben war. Heute noch versteht man unter *Tellerlinsen* diese Größe – sie sind ungekocht bräunlich-grün, werden beim Kochen etwas dunkler.

Die 5 bis 6 mm großen Mittellinsen und die stattlichen *Riesenlinsen* (alles, was größer als 7 mm ist) gibt es bei uns selten.

Immer häufiger findet man die winzigen, manchmal sogar fast nur stecknadelkopfgroßen Linsen bei uns. Sie kommen aus Frankreich, sind mittelbraun oder grün, manchmal sogar schwarzgefleckt. Weil die wichtigsten Aroma- und Geschmacksstoffe vor allem in der Schale stecken, schmecken Linsen um so „linsiger", je kleiner sie sind. Alfred Walterspiel, der große deutsche Koch und Gastronom der ersten Hälfte unseres Jahrhunderts, bevorzugte große Linsen. Die heutigen Köche schätzen dagegen mehr die kleinen *Linsen aus Le Puy*, einer eher kargen Gegend in Zentralfrankreich, oder aus dem Berry, westlich von Burgund. Aus der indischen, türkischen und ägyptischen Küche, wo man Linsen überaus schätzt, kommen die *roten*, beziehungsweise fast pinkfarbenen, oder *gelben Linsen*, die bis ins Orangefarbene leuchten können. Sie sind von der äußeren, in diesem Fall lilabläulichen Schale befreit, deshalb sind sie schon nach kurzer Garzeit weich und zerkochen leicht zu Brei.

Im Prinzip kann man für die verschiedenen Rezepte jede Art von Linsen verwenden, die man am liebsten mag. Man sollte nur die unterschiedlichen Garzeiten beachten.

Einweichen – ja oder nein?

In jedem Fall spart Einweichen Kochzeit. Das ist unbestritten, und deshalb hat man Linsen zu Zeiten, da man mit Energie sparsam umgehen mußte, immer eingeweicht. Lediglich bei den roten oder gelben Linsen kann man sich das Einweichen wirklich sparen – sie haben schließlich keine Schale mehr, die man normalerweise durchs Einweichen „knacken" will.

Die kleinen Le-Puy-Linsen sind auch ohne Einweichen in etwa 30 Minuten gar. Und sogar die großen Tellerlinsen brauchen heutzutage nicht mehr so lange Garzeiten, wie man das alten Kochbüchern entnehmen kann. Dort ließ man sie auch nach dem Einweichen zwei Stunden und länger kochen. Offenbar handelte es sich immer um Früchte aus lange zurückliegender Ernte. Denn je älter Hülsenfrüchte sind, desto länger brauchen sie, um gar zu werden.

Trotzdem, auch heute haben wir allen Grund, in der Küche energiebewußt zu sein. Wenn genug Zeit ist, also ruhig einweichen – es schadet nie!

Und noch eins: Es streiten sich die Fachleute, ob das Einweichwasser als wertvoll angesehen und daher mitverwendet oder lieber weggekippt werden sollte. Die einen glauben, es seien jede Menge Inhaltsstoffe ins Einweichwasser gelangt und es sei daher eine Schande, wenn man sie in den Ausguß schüttete. Die anderen fürchten Schadstoffe, die sich möglicherweise gelöst haben. Da Linsen jedoch in einer Schote wachsen, sind sie vor Schadstoffen aus der Luft geschützt, können sie allenfalls mit der Nahrung aus dem Boden aufnehmen. Und diese Stoffe lösen sich nicht einfach durch Einweichwasser.

Manche empfehlen auch, die Linsen zunächst im Einweichwasser vorzukochen, dann abzugießen und mit frischem Wasser, besser noch mit Brühe, erneut aufzusetzen. Wir weichen ein, wenn genug Zeit ist. Das Wasser wird dann weggekippt, die Linsen mit Fleisch- oder Gemüsebrühe gekocht, wenn eine Suppe oder ein Linsengemüse daraus werden soll. Für Salat kann man die Linsen im Einweichwasser garen – es wird ohnehin anschließend weggeschüttet, weil man es im Salat nicht brauchen kann.

Welches Getränk zu welchen Linsen?

Es ist selbstverständlich, daß jeder zum Essen trinken kann, was er mag, vielleicht auch gar nichts dazu zu trinken gewöhnt ist. Wasser paßt schließlich immer. Dennoch, es gibt bestimmte Harmonien zwischen Speisen und Getränken, die man in vielen Proben, durch viele Versuche erfahren hat und die jeder selbst überprüfen kann – hier einige Hinweise.

Zu den schwäbischen Linsen mit Spätzle empfehlen wir einen *Trollinger*, möglichst trocken. Der Wein soll eine frische Säure haben, die mit der Säure an den Linsen – durch den Rotwein beim Kochen oder durch den Essig beim Nachwürzen – harmoniert und den Wein nicht „durchfallen" läßt. Er darf und sollte also jung sein!

Weiterhin paßt zu dem deftigen Gericht ein säurebetonter *Weißherbst* oder ein *Spätburgunder* aus Baden, wenn er ganz trocken ausgebaut wurde auch von der Ahr oder vom Rheingau. Aus der Pfalz ein kerniger *Portugieser*, aus Franken ein *Frühburgunder,* aus Württemberg ein leichter *Lemberger* oder *Lemberger mit Trollinger*. Man kann auch vom Rotwein weggehen und sich dem Weißwein zuwenden, einem einfachen Qualitätswein (QbA), also mit ausreichend alkoholischer Unterstützung, aber durchaus simpler Struktur: nicht fruchtiger *Riesling, Kerner, Silvaner, Gutedel, Nobling, Weiß-* oder *Grauburgunder,* unbedingt trocken, ein wenig, aber nicht zu säurebetont. Schließlich paßt natürlich auch ein Bier dazu.

Einen ganz anderen Typ von Wein verlangt der Lauwarme Linsensalat mit Linsensprossen und pfannengerührten Garnelen – nämlich etwas Fruchtiges, Intensives, fast Parfümiertes, dennoch aber nicht Mildes oder gar Liebliches: Wir empfehlen einen trockenen *Muskateller* aus Baden oder Württemberg, eine trockene *Scheurebe* oder *Traminer,* auch *Morio-Muskat*. Möglichst aber eine *Spätlese*, denn deren abrundende Glyzerine, die ja auch Wein ein wenig süß schmecken lassen, ohne zuckrig zu wirken, passen besonders gut zur Süße der Garnelen.

Hier wäre es übriges fast gefährlich, einen nicht trockenen, lieblichen Wein zu nehmen: Die verbliebene oder mittels Süßreserve zugesetzte Traubensüße solcher Weine würde mit dem Essig, den Gewürzen und dem Aroma der Garnelen zu einem disharmonischen Geschmackserlebnis führen. Als Ausnahme könnte man sich allerdings eine betont fruchtige *Riesling Spätlese* aus Rüdesheim oder dem Ürziger Würzgarten vorstellen.

Zu den Roten Linsen mit Knoblauch sowie zu den Linsen-Köfte wird man sich nach der Speise richten, zu der sie gereicht werden. Es passen im Prinzip trockene, etwas säurebetonte Weine, von schweren Roten bis zu leichteren Weißen; ebenso auch Bier.

VI. Hähnchen und Spinat

Ein ideales Paar: vielseitig und köstlich,
gesund und wenig Kalorien

DAS HUHN IM TOPF

In einen großen Topf wird ein ausgewachsenes Brathuhn oder eine Poularde gelegt, der Topf wird mit kaltem Wasser aufgefüllt und die Poularde darin leise gesotten – pochiert, wie der Fachmann sagt. Das Wasser darf also nicht sprudelnd kochen, sondern muß sanft sieden, damit das Fleisch zart bleibt und nicht fest und faserig wird. Nach etwa einer halben Stunde ist das empfindlichere und zartere Brustfleisch gar und wird abgelöst. Nach einer weiteren halben Stunde löst man auch das Fleisch der Schenkel ab und kocht nun, um die Brühe zu konzentrieren, das Gerippe (Karkasse genannt) und die Haut noch weiter aus. Dabei lösen sich die gelatinösen Stoffe in Knorpel und Gelenken und verleihen der Suppe Geschmack und Konsistenz.

Für den Geschmack nicht weniger wichtig: Das Fett kocht heraus und gibt der Brühe einen Teil seines Aromas ab. Ein wichtiger Rest der Aromastoffe ist jedoch nicht wasser-, sondern nur fettlöslich – deshalb darf man eine Hühnerbrühe nie vollkommen entfetten. Eine gute Suppe muß „aus dem Teller herausschauen", sagen die Österreicher mit ebensoviel Liebe wie Kennerschaft und meinen damit die goldenen Fettaugen, die auf jeder guten Brühe schwimmen. Ein wenig aber wird man von einer Brühe immer abschöpfen müssen, wenn man ein fettes Hähnchen oder eine Poularde nimmt (bei einem Suppenhuhn, also einer Henne, die nicht mehr zum Eierlegen taugt, ist das nicht anders): Dieses Fett aufbewahren für schmackhafte Bratkartoffeln oder zum Anrösten von Gemüse, Brotscheiben etc.

Hat man die Brühe ganz langsam und korrekt gekocht, so ist sie ziemlich klar: Das herausgelöste Eiweiß hat zur Selbstklärung beigetragen. Das früher empfohlene Abschöpfen des Schaumes ist eine völlig überflüssige Maßnahme, so lange nur die Brühe nicht in heftige Wallungen gerät. Sollte dies passieren und die Brühe trüb werden, so muß man sie klären.

So wird eine trübe Brühe klar

1. Die kalte Brühe mit einem Eiweiß verquirlen.

2. Langsam erhitzen und Schaum entwickeln lassen.

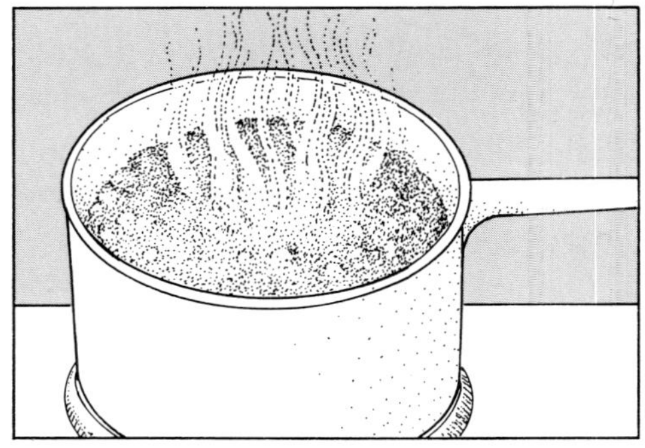

3. Ohne richtig zu kochen, ein paar Minuten ziehen lassen, bis die Schaumbildung aufhört.

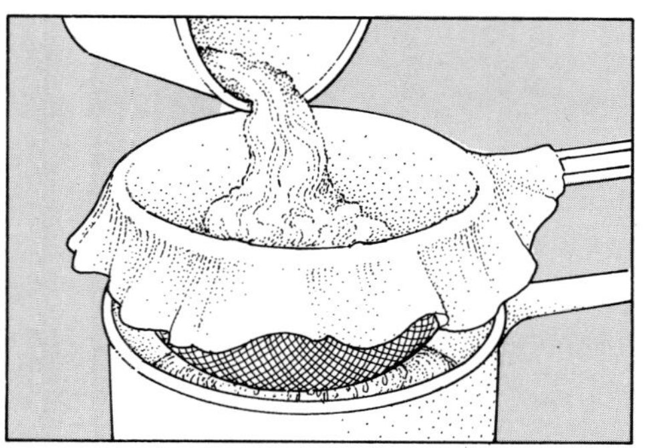

4. Durch ein mit einem Tuch ausgelegtes Sieb abgießen.

Will man nur eine Brühe haben, so sollte man freilich ein ausgewachsenes Suppenhuhn nehmen, das einen kräftigeren Geschmack liefert. Auch hier gilt: je größer, desto besser. Man bekommt im allgemeinen die besten Suppenhühner frisch vom Eierlieferanten, weniger große und gute Exemplare gibt es auch tiefgekühlt im Supermarkt.

Hühnerbrühe kann Basis für viele Suppen, Gemüsezubereitungen, Saucen sein. Man wird sie nicht zu stark würzen, vor allem nicht zu kräftig salzen, wenn man sich über die weitere Verwendung noch nicht ganz im klaren ist.

Allerdings sollte man immer die üblichen Suppengemüse, das Wurzelwerk, mitkochen: Zwiebel, Lauch, Möhre, Sellerie und Petersilie. Um eine schöne kräftige Farbe zu erzielen, raten wir Ihnen, eine Zwiebel zu halbieren und die Schnittflächen, auf Alufolie gelegt, auf der heißen Herdplatte anzurösten. Dieser Röstgeschmack kommt übrigens jeder Fleisch- und Gemüsebrühe zugute.

Ganz nach persönlicher Vorliebe kann man weiterhin Thymian, Rosmarin, Lorbeerblatt, Muskatnuß, Piment, Chili, Pfeffer, Wacholder, Kardamom, Sternanis, Zitro-

nengras, Ingwer oder sogar ein Nelkennägelchen zugeben.

Auch ein ordentlicher Schuß trockener Weißwein, ein paar Knoblauchzehen, einige Blättchen Kerbel, Estragon, Liebstöckel (Maggikraut) oder Basilikum passen ausgezeichnet.

Aber wie gesagt: Je offener Sie die Verwendung der Suppe halten wollen, desto weniger ausgeprägt sollten Sie würzen – das können Sie schließlich später noch aus vollen Händen nachholen, wenn Sie etwa den einen Teil der Brühe zu einer würzigen Suppe und den anderen zu einer hocharomatischen Sauce verkochen.

Hühnerbrühe

Grundrezept:
Ungefähr 2 l Wasser
1 größere Zwiebel
1 große oder 2 mittelgroße Möhren
1/2 Lauchstange
2 Stengel oder 1/4 Knolle Sellerie
einige Stengel Petersilie (wenn möglich mit Wurzel)
1 gehäufter TL Salz
10 weiße Pfefferkörner
1 Lorbeerblatt
1 großes, möglichst fettes Hähnchen
oder
1 mittelgroße Poularde
Weiterhin:
Kräuter und Gewürze nach Belieben

1. Wasser zum Kochen bringen, die gründlich gewaschenen und geputzten Gemüse zufügen, würzen und den sorgfältig gereinigten Vogel einlegen. Ohne Deckel langsam wieder fast, aber nicht ganz zum Kochen bringen. Hitze herunterschalten und nach ein paar Minuten den Deckel auflegen.

2. Langsam köcheln lassen und nach 1/2 Stunde die Brüste, nach 1 Stunde das Schenkelfleisch ablösen. Das Fleisch jeweils mit etwas Brühe beträufeln, zudecken, abkühlen lassen und in den Kühlschrank stellen.

3. Nach insgesamt 2 bis 2 1/2 Stunden Garzeit die Brühe durch ein möglichst feines Sieb abgießen, das Gemüse leicht auspressen und dann wegwerfen. Die Brühe abkühlen lassen, zudecken und bis zur weiteren Verwendung in den Kühlschrank stellen.

TIP: Wenn Sie ein Suppenhuhn zur Brühe auskochen, so geben Sie ein wenig mehr Würze zu und kochen das Tier so lange, bis das Fleisch so zart wie möglich geworden ist, ohne schon zu zerfallen. Nicht zu alte und ausreichend durchtrainierte und fette Suppenhühner bekommen dann ein festes, knackiges, trotz der langen Kochzeit nicht trockenes oder faseriges Fleisch, während weniger gute Qualität leider oft eher ungenießbar zähe Fasern liefert.

Entfetten: Ist die Brühe vollkommen abgekühlt, kann sie gelieren, wenn ein junges Tier verwendet oder eine sehr konzentrierte Brühe mit nicht zu viel Wasser gekocht wurde. Das Fett hat sich an der Oberfläche abgesetzt, ist erstarrt und kann nun ganz einfach abgehoben und so vollkommen entfernt werden, wie man es wünscht.

Klare Hühnerbrühe mit Spinatblättern

Das einfachste Rezept der Welt: Etwa ein Liter der Hühnerbrühe wird entfettet, erhitzt und fast kochendheiß in Suppenteller verteilt, in denen einige ganze, gut gewaschene und sorgfältig abgetropfte Spinatblätter liegen – entweder die sehr zarten Blätter von jungen Pflänzchen oder die gelblichen Innenblätter von Winterspinat.

Hühner-Frikassee in Spinatsauce

1. Den Spinat waschen, verlesen und von den Stielen befreien. Die Zwiebel fein hacken, ebenso den Knoblauch.

2. In einem ausreichend großen Topf in der Butter die gehackte Zwiebel glasig dünsten, zum Schluß den Knoblauch zufügen und noch ein wenig mitdünsten. Dann den Spinat in den Topf pressen, die Brühe angießen, den Deckel auflegen und den Spinat zusammenfallen und weich werden lassen – bei Treibhausspinat genügen 2 Minuten, Winterspinat braucht bis zu 4 Minuten.

3. Jetzt die Kochbrühe durch ein Sieb abgießen und auffangen.

4. Das im Sieb zurückbleibende Gemüse mit etwa der Hälfte der Kochbrühe in den Mixer geben oder mit dem Pürierstab pürieren. Dabei nach und nach die Sahne und so viel Brühe angießen, bis eine Sauce von angenehmer Konsistenz entsteht. Kräftig mit allen Gewürzen abschmecken und wieder erhitzen.

5. Die Hühnerbrüste und das Fleisch der Schenkel in mundgerechte Bissen schneiden und in der Sauce heiß werden lassen. Sofort servieren, nicht stehenlassen.

Dazu passen Reis oder Salzkartoffeln, als Getränk ein spritzig-frischer, trockener Weißwein, vorzugsweise ein deutscher Riesling Kabinett, der nicht zu schwer ist.

Pfannengerührte Hähnchenbrust mit Spinat

Das zarte Fleisch der Hähnchenbrust eignet sich ganz besonders gut für diese Zubereitungsart, wenn man es vorher entsprechend behandelt. Da man heute die Hähnchenbrust als Geflügelteil (mit Knochen „Brust" genannt, ohne Knochen im allgemeinen als „Filet" bezeichnet) kaufen kann, muß man nicht die Brüste aus einem ganzen Tier auslösen. Ein praktisches, schnelles Essen! (Das Rezept kann ebenso mit Pute, Schweine- oder Kalbfleisch zubereitet werden.)

1. Die Hühnerbrüste in zentimeterschmale Streifen, diese in Würfel schneiden und in eine Schüssel geben. Eiweiß und Speisestärke zufügen und alles intensiv miteinander vermischen, fast verkneten. Dann 1/2 Stunde ziehen lassen. Das Eiweiß bildet mit der Speisestärke später beim Braten einen Schutzfilm um das Fleisch, der es zart und saftig hält.

2. Gemüse und Gewürze vorbereiten und getrennt zur Verarbeitung bereitstellen; dabei das Weiße und das Grüne der Frühlingszwiebeln getrennt behandeln, das Weiße in feine, das Grüne in breitere Ringe schneiden. Knoblauch und Ingwer fein hacken,

ebenso die entkernte Chilischote. Spinat waschen, dicke Stiele abzupfen, gut abtropfen lassen.

3. Unmittelbar vor dem Servieren die beiden Ölsorten zusammen im Wok, der chinesischen Universalpfanne, erhitzen – ersatzweise nehmen Sie eine tiefe, die Hitze gut leitende Pfanne.

4. Wenn das Öl zu rauchen beginnt und Schlieren zieht, die Hälfte des kleingeschnittenen Fleischs hineingeben und mit der Hälfte des Ingwers und Knoblauchs bestreuen. Unter ständigem Rühren und Wenden hell anbraten. Das Fleisch herausheben und warm halten.

5. Die zweite Hälfte im verbliebenen Öl anrösten, restlichen Ingwer, Knoblauch und Chili hineingeben. Ebenfalls anrösten, eine Prise Zucker darangeben und leicht karamelisieren lassen. Wieder das Hühnerfleisch herausheben, zur ersten Partie geben und warm halten.

6. Den Bratensatz im Wok (in der Pfanne) mit Sojasauce und Sherry ablöschen, den Spinat zufügen und zusammenfallen lassen. Weiterrühren, zum Schluß noch ein wenig Brühe angießen.

7. Die Hühnerstücke samt dem inzwischen ausgetretenen Saft zugeben, wieder erhitzen, noch einmal abschmecken und unverzüglich servieren.

Dazu paßt Reis und ein aromatischer, trockener Weißwein, etwa *Müller-Thurgau, Scheurebe, Traminer* oder *Muskateller.*

Gefülltes Hähnchen mit Spinat

Dies ist nicht ein gefülltes Hähnchen im üblichen Sinn, bei dem die Fülle einfach und ausschließlich in den Bauch gepackt wurde.

Wir haben vielmehr den größten Teil der Fülle zwischen Brust und Haut geschoben: So bleibt das zarte Brustfleisch vor dem unmittelbaren Zugriff der Hitze des Backofens geschützt, während die Schenkel, die mehr Garzeit benötigen, schon garen. Erst zum Schluß wird nach der Füllung auch das Brustfleisch langsam und daher saftig-gar, ist zur selben Zeit fertig wie die Schenkel.

Und zugleich ist die Füllung noch eine herrliche „Beilage". Was nicht unter die Haut paßt, weil sie sonst zu stramm würde und beim Braten aufplatzen könnte, kommt allerdings auch in die Bauchhöhle.

1. Den Vogel auswaschen, mit Küchenpapier gut abtrocknen und nach Belieben innen und außen mit Salz und Pfeffer einreiben.

2. Brötchen in feine Scheiben schneiden und die Eier darüberschlagen.

3. Die Zwiebel in Würfelchen schneiden. Mit der Sahne in ein Schälchen geben, mit Klarsicht- oder Mikrowellenfolie überspannen und für 3 Minuten bei 450 Watt in den Mikrowellenherd stellen. Oder die Brötchen mit der heißen Sahne übergossen 10 Minuten quellen lassen und die gehackten Zwiebeln in etwas Butter glasig dünsten.

4. Den Spinat in sprudelnd kochendem Salzwasser zusammenfallen lassen (das dauert nur etwa eine Minute!), dann in eiskaltem Wasser abschrecken, partienweise herausheben, abtropfen lassen, auspressen, zu Bällchen formen und in feine Scheiben schneiden. Diese wieder auseinanderzupfen und damit zu unregelmäßigen Streifen lockern.

5. Brötchen-Sahne-Zwiebel-Masse mit den Eiern und einer guten Handvoll Spinatstreifen vermischen. Kräftig nach persönlichem Geschmack würzen und schärfen, jedoch nicht salzen, denn die Sojasauce ist schon salzig. Geben Sie etwas Kerbel dazu, wenn Sie dessen kräftigen Frühlingsgeschmack lieben!

6. Die Haut des Hähnchens mit den Fingerspitzen vorsichtig vom Fleisch lösen und in den entstehenden Zwischenraum soviel Füllung schieben wie möglich, ohne die

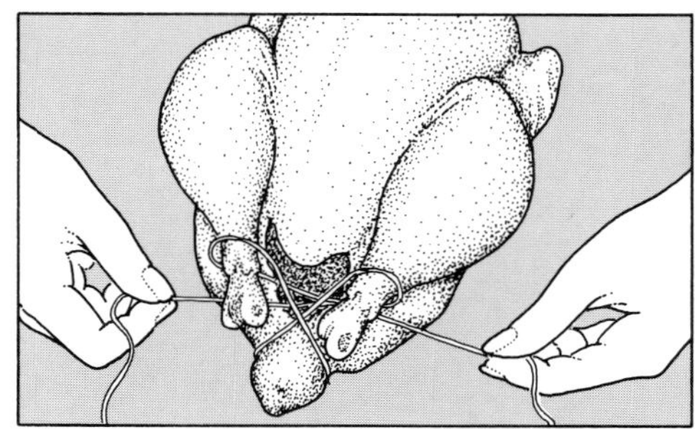

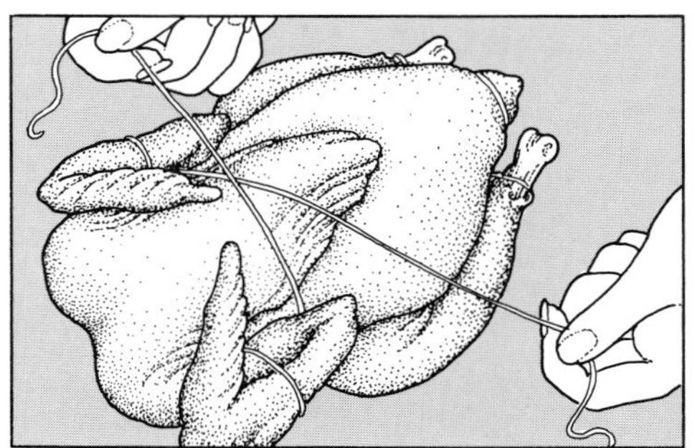

Haut zu zerreißen. Den Rest der Masse in den Bauch füllen.

7. Den Vogel zusammenbinden („dressieren"), damit weder Flügel noch Schenkel abstehen und zu schnell garen oder gar verbrennen.

8. Einen Bräter mit Öl, Butter oder Fett und dem kleingeschnittenen Suppengemüse vorbereiten. Das Huhn darauflegen, mit Öl einstreichen und in den 250 Grad heißen Ofen schieben. Nach 2 bis 3 Minuten wieder mit dem Fett beschöpfen.

9. Nach 15 Minuten die Hitze auf 180 Grad herunterschalten und das Tier unter häufigem Begießen 30 Minuten braten. Wenn sich die Haut zu stark bräunt und zu verbrennen droht, mit Alufolie abdecken. Danach den Herd ganz ausschalten und die Poularde weitere 10 Minuten bei spaltweit geöffneter Türe nachziehen lassen, damit sich die Säfte verteilen können.

10. Das Huhn aus dem Bräter heben und warm stellen. Den Bratenfond samt dem Fett mit etwas Weißwein, Brühe oder Wasser lösen. Die Fleischsäfte, die sich im Bauch der Poularde gesammelt haben, hineinschütten. Kräftig durchkochen, würzen, durch ein Sieb abgießen, dabei das Gemüse gut ausdrücken, dann wegwerfen. Den Fond wieder erhitzen und das Fett mit dem Mixstab so unter die Sauce schlagen, daß sich eine stabile Emulsion bildet, die nicht gleich auseinanderfällt.

11. Mit dem inzwischen in der Butter mit etwas Zwiebel und Knoblauch gedünsteten, kräftig mit Pfeffer und Muskatnuß abgeschmeckten und nach Belieben mit Pastis gewürzten Spinat servieren.

Dazu passen Salz- oder Pellkartoffeln, eventuell auch Kartoffelpüree, ein kräftiger Weißwein sowie eine fränkische Silvaner Spätlese, ein Chardonnay aus Italien oder Österreich, Chablis, Arbois oder Pouilly Fuissé aus Frankreich.

Von Hähnchen und Poularden

Die Hähnchenerzeuger der alten Bundesländer produzieren jährlich etwa 220 Millionen Tiere. Das klingt nach sehr viel, ist es aber nicht – damit kann noch nicht einmal der eigene Bedarf gedeckt werden, wir müssen aus allen möglichen Ländern noch Hähnchen und Hähnchenteile importieren. Dabei ist der deutsche Pro-Kopf-Verbrauch mit 6,5 kg Hähnchenfleisch im Jahr relativ gering, denn der Durchschnitt liegt in der EG doppelt so hoch, in Spanien bei fast 19 kg pro Kopf und Jahr, in den USA

sogar bei 27,5 kg. Hähnchenfleisch gilt als besonders hochwertiges Nahrungsmittel, liefert viel Eiweiß (über 20 g pro 100 g Fleisch!), jede Menge Vitamine (A, B_1 und B_2), Mineralstoffe und Spurenelemente (u. a. Calcium, Phosphor, Eisen). Dabei haben 100 g Hähnchenfleisch im Schnitt 145 Kalorien (600 Joule), schiere Hähnchenbrust nur etwa 75 Kalorien (33 Joule); das Fleisch ist leichtverdaulich und also bestens für schlankheitsbewußte Genießer geeignet!

Immer wieder Anlaß zu Klagen: die Haltung und – man muß es so drastisch ausdrücken – Produktion des Geflügels. Zwar werden Fleischhähnchen nicht wie Legehennen in Batterien gehalten, sondern in der sogenannten Bodenhaltung aufgezogen. Bei uns in Deutschland heißt das aber nicht, daß sie viel Platz haben – von Ausnahmen abgesehen, kann man sagen, daß die großen Mästereien ihren Hähnchen nicht mehr als einen DIN-A4-Blatt-großen Platz einräumen. Dabei handelt es sich hierbei stets um beheizte Hallen, freien Auslauf haben die Vögel nicht (das würde die Umsetzung von Futter in Fleisch beeinträchtigen, zuviel Energie verbrauchen). Anders in Frankreich – dort stehen jedem Hähnchen guter Qualität (z. B. *Label Rouge*) 2 m^2 Platz, meist auch freier Auslauf in die Natur zu (darf sich dann *Poulet fermier* nennen). Und dem Rolls Royce unter den Hühnern, dem mit einer Plombe kenntlich gemachten *Poulet de Bresse*, hat der Verband sogar einen Mindestplatz von 10 m^2 garantiert (zum Vergleich: der soziale Wohnungsbau räumt einem Kind 8 m^2 ein). Mit der artgerechten Haltung ist es bei uns also noch nicht weit her – wobei das freilich nicht nur an den Mästern liegt, sondern vor allem am Verbraucher, der bessere und damit teurere Aufzuchtmethoden anscheinend nicht zu bezahlen bereit ist.

Weil der deutsche Verbraucher Hähnchen vor allem über den Preis kauft, bringt er sich auch um den Genuß, den Poulets in anderen Ländern bieten können (es sei denn, er kauft ausländische Ware): Unsere normalen Brathähnchen werden bereits nach 5 bis 8 Wochen geschlachtet, ein französisches Poulet darf hingegen 12 Wochen leben und hat dann nicht nur mehr, sondern auch kernigeres, festeres und natürlich auch wohlschmeckenderes Fleisch angesetzt. Unsere Poularden können ihm im allgemeinen nicht das Wasser reichen – wobei eine Bresse-Poularde sehr viel schwerer ist und noch weit länger aufgezogen werden muß.

Allerdings ist ein Bresse-Huhn ebenso wie ein traditionell aufgezogener deutscher „Mistkratzer", also ein auf dem Bauernhof wenigstens 15 Wochen frei herumlaufender Hahn, in der Küche auch anders zu verwerten: Das kräftige Fleisch braucht etwa die doppelte Garzeit eines normalen Hähnchens. Außerdem sollte die Hitze beim Braten anfangs höher sein, zum Schluß niedriger, damit die gelatinösen Partien am Knochen ihre Saftigkeit abgeben können.

Die Fleischqualität hängt natürlich auch wesentlich vom Futter ab: Das weitgehend standardisierte Mastfutter für die deutsche Zucht besteht aus zwei Dritteln Futtergetreide und einem Drittel Soja-Schrot, wobei Mineralstoffe, Spurenelemente und Vitamine beigemischt werden. Hormone jedoch nach Versicherung der Leistungsgemeinschaft Deutscher Hähnchenerzeuger nicht, da die Tiere vor der Geschlechtsreife geschlachtet werden, so daß die Hormone

gar nicht erst zur Wirkung kommen können. Auch Fischmehl bekämen die Hähnchen in Deutschland seit über 10 Jahren nicht mehr gefüttert, weil es zu teuer sei.

In den romanischen Ländern, wo Hähnchen und Poularden nicht nur wegen der längeren Mastzeiten wesentlich teurer sind, bekommen die besten Qualitäten von Mais oder Weizen, was im allgemeinen auf dem Garantie-Etikett vermerkt ist. Die weißlich-hellen Tiere wurden mit Weizen, die gelben mit Mais gefüttert.

Es ist ganz allgemein zu empfehlen, möglichst schwere Tiere zu kaufen – denn erst ab etwa 1200 g weisen Hähnchen (bzw. Poularden) einen optimalen Geschmack auf. Außerdem hat man dann ein günstigeres Preis-Leistungs-Verhältnis: je schwerer das Tier, desto höher der Fleisch- und desto geringer der Knochenanteil.

Küken (Poussin): ganz junges Hähnchen, sehr zart, in Portionsgröße, 4 bis 5 Wochen alt. Früher bekannt als Hamburger Stubenküken, bei uns nur selten zu bekommen.

Hähnchen: junges, vor der Geschlechtsreife geschlachtetes Tier beiderlei Geschlechts, 750 bis 1150 g schwer, dessen Brustbein noch biegsam ist. Das übliche Brathähnchen, 5 bis 8 Wochen alt.

Hühnchen: dasselbe wie Hähnchen.

Poularde: Masthuhn – ebenfalls beiderlei Geschlechts – mit einem Nettogewicht von mindestens 1200 g (ohne Hals und Innereien ab 1000 g). Hat nichts mehr mit der früheren „Poularde" zu tun, unter der man ein kastriertes weibliches Tier verstand. Auch das männliche kastrierte Tier – das Kastrieren hat ein langsameres Wachstum und besseren Fettansatz zur Folge –, den „Kapaun", gibt es nur noch sehr selten (mindestens 1500, meist weit über 2000 g).

Junger Hahn: Masttier mit einem Nettogewicht ab 1800 g (ohne Hals und Innereien ab 1700 g), bis zu 3,5 kg schwer.

Suppenhuhn: nach der Geschlechtsreife geschlachtetes, weibliches Tier, immer über 12 Monate, oft 1 1/2 bis 2 Jahre alt, stets ehemalige Legehenne. Je nach Rasse 1000 bis 3000 g schwer – je schwerer und fetter ein Suppenhuhn ist, desto zarter sein Fleisch und desto besser der Geschmack – überflüssiges Fett abschöpfen und zum Braten (Bratkartoffeln!) verwenden.

len, Flügel) können günstig sein, vor allem für Singles.

<u>Wichtig:</u> Achten Sie darauf, daß die Pakkung geschlossen und nirgends ein Loch ist, auch kein Eis das Fleisch umgibt. Lassen Sie das Hähnchen im Kühlschrank langsam auftauen, und zwar ausgepackt in einer zugedeckten Schüssel. Gießen Sie die ausgetretene rötliche Flüssigkeit unbedingt weg (Salmonellengefahr!), waschen Sie das aufgetaute Tier, und trocknen Sie es vor dem Braten gründlich mit Küchenpapier.

Frisch oder tiefgekühlt?

Es ist selbstverständlich, daß frisches Geflügel dem tiefgekühlten vorzuziehen ist. Da die heutigen Kühlmöglichkeiten, Verpackung unter Luftausschluß und eine weit vorangetriebene Hygiene beim Schlachten die Haltbarkeit gegenüber früher stark verlängert haben, gibt es eigentlich kaum mehr Probleme. Absolut erstklassiges Geflügel wird kaum tiefgekühlt angeboten.

Andererseits haben neue Techniken bei der Tiefkühlung für eine deutliche Qualitätsverbesserung gesorgt – deutsches Geflügel wird nur noch sprühgekühlt: Die frisch geschlachteten Tiere werden einzeln mit nebeldurchsetzter Kaltluft gekühlt. Die Hähnchen nehmen kein Fremdwasser mehr auf, was sich bei der herkömmlichen Kühlmethode im gemeinsamen Wasserbad nicht vermeiden ließ. Beim Auftauen und Braten gibt's kaum Verluste, bessere Hygiene und guter Geschmack sind gewährleistet.

Der Vorteil tiefgekühlter Hähnchen ist unter anderem ihre allgegenwärtige Verfügbarkeit – auch Geflügelteile (Brüste, Keu

VII. Vollwert für Geniesser

*Ein erfrischendes Menü
mit viel Gemüse zum Sommeranfang*

Es ist etwas Dummes geschehen: Ein sinnvoller Begriff ist von einem anderen – nicht minder sinnvollen, aber von vollkommen anderer Bedeutung – so total usurpiert worden, daß er nicht mehr in seiner Wertigkeit erkennbar ist: Der Begriff *Vollwert* wird heute gleichgesetzt mit *Vollkorn,* ist besetzt von der alternativ-vegetarischen Szene.

Dabei heißt Vollwert doch tatsächlich nichts anderes als ein mit allen Werten der Natur ausgestattetes Lebensmittel. Das kann sein ein Fisch, frisch aus dem Meer, nicht keimfrei gemacht, nicht zu Tode gekühlt, nicht konserviert und nicht schockgefrostet. Oder ein sorgfältig und nach allen Regeln bäuerlichen Handwerks und landwirtschaftlichen Könnens erzeugtes Produkt, gleichgültig, ob es sich um Getreide, Gemüse, Obst, Wein oder Fleisch handelt. Anders ausgedrückt: ein so natürlich wie möglich erzeugtes oder ernährtes, nicht überdüngtes, nicht pestiziertes, nicht insektiziertes, nicht hormonisiertes, nicht betageblocktes, nicht codeinisiertes, sondern ein schlichtes und einfaches Produkt der Natur. Es soll auch ebenso einfach frisch und nicht verarbeitet sein – *processed* sagt der Amerikaner – nicht angereichert, nicht ausgezogen, nicht geschmacksverstärkt, nicht hydriert, nicht konserviert, kondensiert oder eben irgendwie denaturiert . . .

Wir brauchen viele „nichts", um etwas zu beschreiben, was eigentlich ganz normal sein sollte: ein gutes, gehalt- und geschmackvolles, unvergiftetes, naturbelassenes, eben vollwertiges Lebensmittel: etwas zum Essen und Genießen!

Solche Lebensmittel sind nicht einfach in jedem Laden zu bekommen – man muß danach suchen. Bei Öko-Bauern, auf Wochenmärkten, in Delikatessengeschäften und Naturkostläden. Gourmets und Ökologen: Vereint euch! Ihr habt – auch wenn ihr es nicht alle wißt – dieselben Ziele!

Radieschensalat mit Matjes-Tatar

Dieses Gericht steht und fällt natürlich mit der Qualität der Matjes. Ganz jung und klein müssen sie sein; falls sie tiefgekühlt waren, möglichst langsam, also im Kühlschrank auftauen. So entwickeln sie keinen fischigen Geschmack und bleiben fest, ziehen keinen Saft.

1. Die Radieschenblätter abknipsen, besonders zarte und kleine zur Dekoration für den Salat herauslesen, unschöne Blätter aussortieren und wegwerfen, alle intakten Blätter für die Suppe beiseite tun. Die Radieschen putzen, auf dem Gemüsehobel in feine Streifen schneiden.

2. Den Schnittlauch in Röllchen schneiden. Den Salatkopf in Blätter teilen. Die Herzblättchen zu den Radieschenstiften geben, mit den größeren Blättern vier Teller oder eine große Platte auslegen.

3. Die Zutaten für die Marinade verquirlen. Die Radieschen jedoch erst kurz vor dem Servieren damit anmachen, damit sie nicht unnötig Saft ziehen.

4. Die Matjes filieren – siehe Zeichnungen auf Seite 70.

5. Die Matjesfilets mit einem großen, scharfen Messer in winzig kleine Würfelchen schneiden. Nicht hacken, denn sie sollen deutlich gewürfelt wirken, nicht zermust.

6. Frühlingszwiebeln in feine Ringe schneiden und mit den Matjeswürfeln mischen.

7. Brotscheiben buttern, in Dreiecke teilen.

8. Zum Servieren je eine Portion Matjes auf Salatblätter gehäuft auf einen Teller setzen, den Radieschensalat daneben anrichten. Mit den Brotecken garnieren.

Radieschenblättersuppe

Das klingt ein bißchen verrückt. Aber es gibt keinen Grund, warum man die Blätter von Radieschen, wenn sie schön und frisch sind, wegwerfen sollte. Vorausgesetzt, sie stammen aus verläßlichem Anbau, wo mit Dünger, Pestiziden und Insektiziden so sparsam wie nötig umgegangen wird. Wer keine Radieschenblätter zur Verfügung hat, bereitet nach demselben Rezept eine Suppe aus Kräutern, Spinat oder auch Brennesseln zu.

1. Die Blätter verlesen, waschen und abtropfen; dickere Stiele entfernen.

2. Die geschälten Kartoffeln klein würfeln, ebenso die Zwiebel. In zwei Löffeln Butter andünsten, mit einer Tasse Brühe auffüllen, salzen, pfeffern und zugedeckt absolut weich kochen.

3. Die Blätter (oder Kräuter) zufügen, nur eben zusammenfallen lassen und schließlich im Mixer fein pürieren. Dabei die restliche Brühe und die restliche Butter zufügen. Mit Salz, Pfeffer und Muskat abschmecken.

4. In Tellern anrichten und mit in Stifte gehobelten Radieschen bestreuen.

Grünkernrisotto mit Frühlingsgemüse

Grünkern ist das grüne, noch unreif geerntete und dann nur leicht getrocknete (gedarrte) Dinkelkorn. Und Dinkel ist die Urform des Weizens. Er war in Süddeutschland, vor allem in unwirtlichen Regionen, lange Zeit weitaus mehr verbreitet als Weizen. Der anspruchslose Dinkel gedieh auch in Gegenden mit extrem rauhem Klima und brauchte nicht einmal richtig reif zu werden, um in der Küche Verwendung zu finden. Grünkern war schließlich in Vergessenheit geraten, gewinnt aber jetzt wieder langsam Freunde. Inzwischen wird der Anbau sogar staatlicherseits gefördert, und viele Bäckereien bieten Backwaren aus Dinkel an.

Die alternative Szene schätzt Dinkel besonders – einmal, weil man ihn nur ökologisch anbauen kann (er verträgt weder Kunstdünger noch Pestizide), zum anderen, weil er Abwechslung in die Körnerküche bringt. Früher hat man Grünkern vorwiegend zu Mehl oder Schrot zerkleinert und Grützen oder Suppen daraus gekocht, auch frikadellenähnliche „Bratlinge". Das ganze Korn schmeckt noch würziger, erinnert an Nüsse und ergibt einen wahrhaft herrlichen „Risotto".

Wer Zeit hat, weicht den Grünkern bereits zwei Tage lang ein, wobei das Wasser zwischendurch mehrmals gewechselt werden sollte.

Ansonsten wird der Grünkern etwa eine Stunde lang vorgekocht, bevor man mit der eigentlichen Zubereitung beginnt.

1. Den Grünkern ein bis zwei Tage einweichen oder weich kochen.

2. Die Zwiebel und Knoblauchzehen fein hacken, in 20 Gramm Butter andünsten. Den abgetropften Grünkern zufügen, mit Brühe knapp bedecken und zugedeckt leise eine Viertelstunde köcheln.

3. In der Zwischenzeit die restlichen Gemüse vorbereiten: Die Gemüse putzen und in möglichst gleich große Stücke, Würfel, Stifte oder Scheiben schneiden. Die Möhren zuvor mit dem Sparschäler dünn, den Sellerie mit einem Messer großzügig, den Kohlrabi nur wo nötig schälen. Die Dicken Bohnen aus ihrer Schale palen, die Bohnenkerne zusätzlich aus der ledrigen Innenhaut lösen. Die zarten Mairübchen müssen wahrscheinlich lediglich gebürstet werden.

4. Die Gemüse in der restlichen Butter andünsten, dabei auf die unterschiedlichen Garzeiten achten: Zuerst Möhren und Sellerie in den Topf geben, sie brauchen etwa zehn Minuten, um weich zu werden. Dann Rübchen, Erbsen und Bohnenkerne zufügen und noch zwei Minuten dünsten, bis alles gar, aber noch nicht zu weich ist. Sparsam salzen, das junge Gemüse ist würzig genug.

5. Zum Schluß reichlich gehackte Petersilie unterrühren. Das Gemüse mit dem Risotto vorsichtig mischen.

Rosmarinkaninchen mit Zitrone

Wenn er nett ist und Zeit hat, zerlegt vielleicht der Händler das Kaninchen für Sie. Falls nicht – es ist nicht weiter schwierig: Nieren und Leber herauslösen und auf einem Teller zugedeckt beiseite stellen.

Die Vorderläufe an der Schulter abtrennen, ebenso die Keulen im Gelenk vom Körper schneiden.

Jeweils wiederum im Gelenk durchtrennen, so daß portionsgerechte, kleine Stücke entstehen.

Den Rücken in zwei oder drei Stücke teilen, die Bauchlappen um das zarte Rückenfleisch wickeln und mit Küchenzwirn festbinden – so bleibt es vor zuviel Hitze geschützt und trocknet nicht so leicht aus.

ZUTATEN FÜR VIER PERSONEN:

1 mittelgroßes Kaninchen (ca. 1,8 kg)
4 EL Olivenöl
1 junge Knoblauchknolle
Salz
Pfeffer
einige frische Rosmarin-, Thymian- und Salbeizweige
je 1 Glas Weißwein und Fleischbrühe
2 Zitronen

---

1. Die Kaninchenstücke in einem großen, breiten Topf oder in einer entsprechend tiefen Pfanne im heißen Öl auf mittlerem Feuer langsam auf allen Seiten schön golden braten.

2. Dann die geschälten Knoblauchzehen drumherum streuen und ebenfalls golden werden lassen.

3. Salzen, pfeffern, die Kräuterzweige dazwischen legen, mit Wein und Brühe ablöschen.

4. Die beiden Zitronen filieren: zuerst wie einen Apfel schälen, dabei die weiße Innenhaut ebenfalls abschneiden. Dann mit einem kleinen, scharfen Messer die freiliegenden Filets aus den einzelnen Häuten schneiden. Über einer Schüssel arbeiten, damit der herabtropfende Saft aufgefangen wird.

5. Zitronensaft zum Kaninchen geben. Auf kleinstem Feuer zugedeckt etwa eine halbe Stunde ganz leise schmurgeln lassen. Die Rückenstücke jedoch bereits nach 10 Minuten herausheben und auf einem Teller zugedeckt beiseite stellen – sie trocknen nur aus, wenn man sie länger im Topf beläßt.

6. Nieren und Leber putzen, rasch in einem Löffel heißem Öl anbraten, salzen und pfeffern. Und am besten gleich – als Stärkung während des Kochens – verspeisen; sie schmecken köstlich und sind eine so winzige Portion, daß man kein schlechtes Gewissen haben muß, wenn man sie den Gästen vorenthält. Wer sich das nicht traut, gibt sie zum Schluß an das Ragout . . .

7. Zum Schluß sollten die Kaninchenstücke golden und durch und durch saftig sein, der Bratenjus so konzentriert, daß er das Fleisch dick überzieht. Dann werden auch die Rückenstücke wieder eingelegt.

8. Im letzten Moment die Zitronenfilets untermischen, alles auf einer vorgewärmten Platte anrichten und zusammen mit dem Risotto servieren.

Erdbeerquark

Ob Erdbeeren gut schmecken, kann man riechen: Sie verströmen dann einen so starken Erdbeerduft, daß über ihre Qualität kein Zweifel mehr besteht. Sie vertragen übrigens keinerlei Wartezeit, schmecken am allerbesten sonnenwarm gepflückt. Wer Erdbeeren nicht im Garten oder auf der Selberpflückplantage ernten kann, sondern aus südlichen Ländern importiert kaufen muß, sollte sie nicht erst lange in den Kühlschrank legen, sondern so schnell wie möglich servieren. Kühlschrankkälte mögen Erdbeeren im übrigen nicht besonders, sie verlieren darin Glanz und Duft (was man bei den über lange Strecken im Kühlwagen transportierten Früchten bemerken kann) – deshalb lieber bis zum Verzehren in der Küche aufbewahren.

Den Quark, beziehungsweise Schichtkäse oder Topfen, sollte man mindestens einen Tag lang gründlich abtropfen lassen, damit die Quarkcreme nicht zu flüssig wird: Einfach in einem engmaschigen Sieb oder einem Tuch über das Spülbecken hängen.

> ***ZUTATEN FÜR VIER PERSONEN:***
>
> **500 g reife Erdbeeren**
> **250 g Schichtkäse**
> **ca. 3 EL Zucker**
> **1/8 l süße Sahne**
> **ein paar Tropfen Zitronensaft**
> **1 EL Puderzucker**
> **Minze- oder Melisseblättchen zum**
> **Dekorieren**

1. Die schönsten Erdbeeren (etwa ein gutes Drittel) herauslesen. Allen Erdbeeren den Stielkelch abzupfen.

2. Die weniger schönen Beeren mit dem gut abgetropften Schichtkäse im Mixer oder mit dem Pürierstab glatt mixen, zuckern, dabei mit Zitronensaft würzen.

3. Die Sahne steif schlagen und gleichmäßig unterziehen.

4. Die zurückbehaltenen Früchte senkrecht in Scheiben schneiden, diese als Rund auf mit Zitronensaft eingepinselten Desserttellern anordnen und mit Puderzucker bestäuben.

5. Jeweils einen Klacks Erdbeerquark in die Mitte häufen und mit grünen Blättchen dekorieren.

Die passenden Getränke

Zugegeben: Es ist sehr schwer, für Matjes einen passenden Begleiter zu finden – dessen intensives Aroma dominiert eigentlich alles, und mit vielen Getränken verträgt sich der Geschmack überhaupt nicht. Keinen Fehler macht man, wenn man – wie die Holländer – einen Genever dazu reicht oder – wie die Dänen und Holsteiner – einen Aquavit. Ganz gewiß ist ein Schnaps aber wiederum in unserem Falle fehl am Platze – er kann eine Mahlzeit begleiten oder abschließen, darf aber nicht am Anfang stehen.

Eher bietet sich ein Wein an, der aber bestimmte Bedingungen erfüllen muß: Er darf weder zu säurebetont und spitz sein, weil die mit dem etwas breiten Aroma des umgewandelten Matjes-Eiweißes in Verbindung mit dem Fett einen ziemlich üblen Geschmack auf der Zunge erzeugen würde; noch darf er blumig-fruchtig sein, weil eine solche Note mit dem salzigen Fisch nicht harmoniert; er muß kräftig sein, nicht zu jugendlich, sondern gereift (wie ja auch der Fisch), muß Fülle und Körper haben, um dem Fett Widerstand leisten zu können; und er darf keine Restsüße besitzen, muß also absolut trocken sein. Damit ist die Auswahl schon sehr stark eingegrenzt – und es kommen im Grunde nur *Grauburgunder* aus Baden, *reifer Silvaner* oder *Weißburgunder* in Frage. Jeweils als Spätlese geerntet und wenigstens drei Jahre alt. Außerdem passen entsprechende *Elsässer* Weine, Weißweine aus dem *Friaul* und aus *Burgund.*

Immer wieder wird *Wasser* zu Matjes empfohlen, vor allem ja auch zu Salat. Unserer Meinung nach gehört Wasser immer auf den Tisch, ganz nach Geschmack still oder sprudelnd, in jedem Falle reichlich. Mit Matjes harmoniert es aber gar nicht so besonders gut, das Fett erscheint leicht etwas tranig, wenn die Matjes nicht allererste Sahne sind. Unbedingt vor dem Trinken den Mund mit der Serviette gut sauberwischen, denn auch kleine Fettreste schaden enorm, und wenn etwas Fett ans Glas kommt, so begleitet Sie der Fischgeschmack durchs ganze Essen.

Schließlich bietet sich *Bier* an, das vielleicht am besten zu Matjes paßt – ein frisches, leicht bitteres Pils. Auch hier gilt: Es darf nicht mit dem Fischfett in Berührung kommen, sonst fällt der Schaum zusammen und das Bier schmeckt metallisch-ranzig nach den Matjes.

Zur Suppe gibt es gar nichts, erst zum Hauptgericht wird wieder getrunken: vorzugsweise ein ganz trockener, aber etwas nach Kräutern und Macchia duftender, aromatischer, möglichst säurearmer und fülliger Weißwein aus südlichen Gefilden, etwa ein *Weißwein* aus der *Toskana,* aus *Umbrien* oder *Latium,* aus *Sardinien, Spanien* oder der *Provence.* Von hier darf's auch ein *Rosé* sein, wenn er nur frisch-fruchtig, trocken und etwas spritzig ist. Oder ein *Spätburgunder Weißherbst,* der kellerkühl am besten schmeckt. Schließlich paßt auch ein leichter, eleganter, ebenfalls kühl zu trinkender Rotwein – *Trollinger* aus Württemberg, deutscher *Spätburgunder* überhaupt, *Vernatsch* aus Südtirol, *Beaujolais* aus Frankreich, *Bardolino* oder *Valpolicella* aus Italien.

Zum Dessert kann man einen Roten weitertrinken oder geht auf einen Beeren- oder Obstbrand über.

Matjes – eine kleine Warenkunde

Matjes sind die ganz jungen, noch kleinen Heringe – sie reichen nicht über die Handfläche einer Frau hinaus! Der Name leitet sich von „Meisje" ab, so nennt man in Holland junge Mädchen. Jungfräulich sollen die Matjes sein, noch nicht gelaicht haben. Nur dann sind es welche! Handelt es sich um ausgewachsene Heringe, dürfen sie – falls sie wie Matjes nur sanft eingesalzen und mit den Innereien gereift wurden – allenfalls „nach Matjesart" genannt werden.

Matjes sind nahezu völlig naturbelassen, lediglich von ihren Kiemen befreit und äußerst sparsam gesalzen – deshalb sind sie auch nicht lange haltbar, müssen so schnell wie möglich verzehrt werden.

Echte Matjes sind eine rare Delikatesse. Es gibt sie ab Anfang Juni etwa vier Wochen lang. Den Rest des Jahres muß man auf tiefgekühlte oder eingelegte Ware zurückgreifen. Und das ist natürlich nicht dasselbe! Deshalb sollte man die kurze Saison nach Herzenslust genießen und ausnutzen.

Übrigens, es wäre eine Sünde, echte Matjes

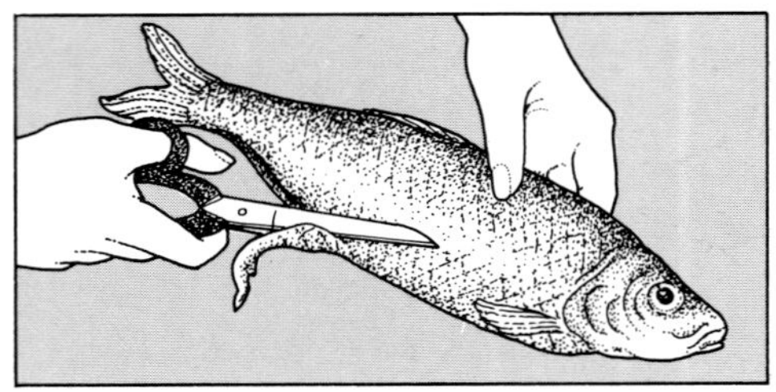

Das Filieren geht ganz leicht, indem man den Fisch mit der einen Hand am Rücken faßt und
1. mit der Küchenschere die Unterseite des Bauches längs gerade abschneidet.

2. Den Kopf mit der Küchenschere nach vorn abknikken, er läßt sich dann mitsamt allen anhängenden Innereien entfernen.

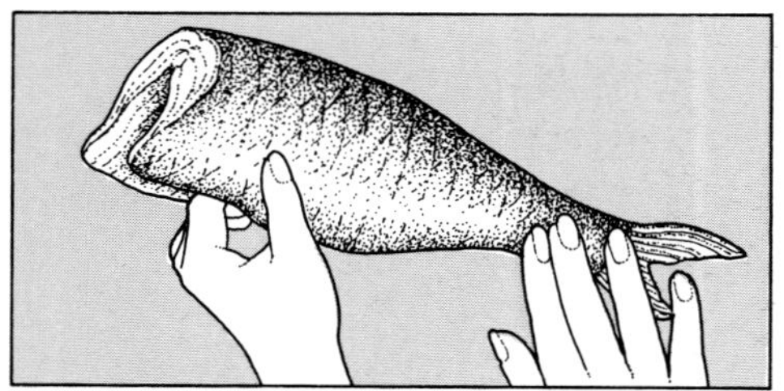

3. Den Fisch, Hautseite nach unten, auf das Arbeitsbrett legen, mit dem Finger innen die Rückengräte entlang streichen. Sie wird dadurch gelockert und läßt sich dann ganz einfach abziehen.

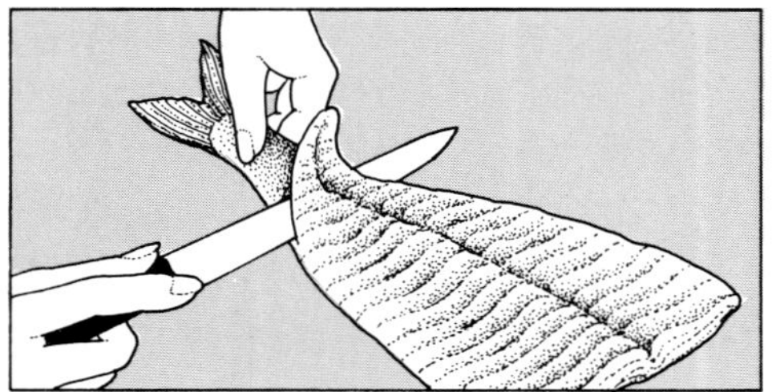

4. Schließlich mit einem Messer zwischen die Haut und das Fleisch vom Schwanzende her fahren, die Filets vorsichtig ablösen.

zu wässern, wie das bei Salzheringen und den für das ganze Jahr eingelegten Heringen nach Matjesart nötig ist. Die Fische werden lediglich filiert und am besten pur, mit Vollkornbrot, verspeist.

Beliebt sind sie auch mit grünen Bohnen (die ersten Buschbohnen werden gerade zur Matjeszeit reif) und mit neuen Kartoffeln. In Holland übrigens, wo die größten aller Matjes-Fans sitzen, ißt man sie frisch vom Stand am liebsten aus der Hand.

Matjes werden als ganze Fische, oft aber auch bereits filiert angeboten – die ganzen Fische sind die besten! Sie selber in Filets zu zerlegen ist wirklich nicht schwer, wie die Zeichnungen beweisen.

Hier noch drei Rezepte für vollwertige Gemüseaufläufe, die nicht viel Mühe machen und auch jenen schmecken, die sonst über Vollwertküche die Nase rümpfen:

Gemüseauflauf mit Dinkel und Gorgonzola

1. Den Dinkel, mit dem Wasser bedeckt, in einer Schüssel zwölf Stunden lang einweichen.

2. Anderntags die Gemüse putzen und in Würfel schneiden. Zusammen mit dem abgetropften Dinkel in einer flachen gebutterten Auflaufform verteilen. Dabei salzen, pfeffern und mit Sojasauce beträufeln. Die restliche Butter in Flöckchen auf der Oberfläche verteilen. Die Hälfte der Sahne darübergießen.

3. Die Form auf den Rost in den vorgeheizten Backofen setzen. Bei 200 Grad etwa 1/2 Stunde garen.

4. Die Eier mit der restlichen Sahne und dem zerbröckelten Gorgonzola verquirlen. Über den Auflauf gießen. Nochmals in den Ofen schieben und eine weitere halbe Stunde backen, bis die Oberfläche goldbraun geworden ist.

5. Das Basilikum fein schneiden und vor dem Servieren über den brodelnden Auflauf streuen.

Provenzalische Kalbsröllchen

Ein kleines, festliches Essen, das man wirklich im Handumdrehn auf den Tisch bringen kann – zum Beispiel, wenn man mitten in der Woche einen Grund zum Feiern, aber keine Zeit hat, sich lange in die Küche zu stellen.

Schwarze Olivenpaste ist eine Spezialität, die man rund ums Mittelmeer liebt: einfach pürierte schwarze Oliven, mit ihrem Öl zu geschmeidigem Creme gerührt. Diese Paste gibt es in guten Feinkostläden zu kaufen. Läßt sich aber mit dem Mixer auch selber herstellen.

1. Die Kalbsschnitzel mit der glatten Seite des Fleischklopfers sanft flach streichen. Die Olivenpaste darauf verteilen.

2. Die Paprikaschoten und Champignons in kleine Würfel schneiden, mit dem gehackten Knoblauch mischen.

3. Jeweils einen Löffel davon auf die Schnitzel setzen. Diese aufrollen, an den Seiten so einschlagen, daß nichts herausquellen kann.

4. Die Röllchen nebeneinander in eine flache Form setzen. Das restliche Gemüse darumstreuen. Mit Öl beträufeln, salzen, pfeffern.

5 Die Kalbsröllchen im 200 Grad heißen Backofen etwa 20 Minuten backen.

6. Mit Petersilie bestreut servieren.

TIP: Dazu paßt ein sahniges Kartoffelpüree.

Auberginen-Gratin

500 g Tomaten
1 große Aubergine (400 g)
Salz
Pfeffer
1 dünne Lauchstange
1–2 frische Chilischoten
2 Knoblauchzehen
100 g Champignons
3 EL Crème double
50 g frisch geriebener Käse
1 EL Sonnenblumenkerne

1. Tomaten grob zerschneiden, in einer Schale zugedeckt 2 Minuten in der Mikrowelle oder 10 Minuten auf dem Herd zugedeckt dünsten. Durch ein Sieb passieren.

2. Unterdessen die Aubergine in Scheiben schneiden. Dachziegelartig in einer flachen Auflaufform anordnen, salzen und pfeffern.

3. Tomatenpüree draufstreichen. Zugedeckt 25 Minuten im 250 Grad heißen Ofen dünsten.

4. Lauch, Pilze und Knoblauch hacken. Mit Crème double (doppelt dicker süßer Sahne) und Käse vermischen.

5. Auf der Oberfläche des Gratins verteilen. Die Sonnenblumenkerne darüberstreuen.

6. Weitere zehn Minuten überbacken dabei die Oberhitze verstärken oder, besser noch, den Grill einschalten.

VIII. Schnelle Urlaubsküche

Mit Knoblauch und Olivenöl:
ein Menü, das so richtig nach Ferien duftet

Der Begriff „Ferienküche" kann, das war durchaus gewollt, zweierlei bedeuten – zum einen meint er das, was man während der Ferien in fremden Ländern ißt, zum anderen die tägliche Küchenarbeit in der Ferienzeit.

Eine Tatsache kann aber die beiden Bedeutungen vereinen: Daß man nämlich in den mediterranen Ländern, also am Mittelmeer und damit dort, wo wir am liebsten Ferien machen, ganz genau weiß, was an heißen Tagen gut schmeckt, am besten bekommt und am wenigsten Arbeit macht. Denn wer mag schon in der Hitze des Julis oder Augusts ewig in der Küche stehen, statt genüßlich träumend in der Sonne zu liegen oder sich im kühlen Wasser zu erfrischen?

Vertrauen wir ruhig den italienischen, französischen und spanischen Hausfrauen, und lassen uns also durch hochsommerliche Temperaturen in unseren Ferien zu einer wunderbar leichten, erfrischenden und den Magen nicht belastenden Küche verführen, von einer Eßkultur, die von den herrlichen Aromen frischer Kräuter lebt, von der Knackigkeit der Gemüse und Salate, von der Saftigkeit der Tomaten, von der Würze des Knoblauchs und des Olivenöls . . .

Ein kleiner Salat, eine Portion Nudeln mit schnell fertiger Sauce, eine kalte Suppe, ein einfacher Kuchen – was wir als Menü vorschlagen, kann auch für sich allein der richtige Imbiß an einem heißen Sommertag sein. Anschließend eine ausführliche Erörterung eines Themas, das die Weinschmecker seit einigen Jahren beschäftigt: Darf man deutschen Wein im neuen Eichenfaß ausbauen?

Vorweg noch ein Wort zu Innereien: Gerade im Sommer sollte man mehr Gemüse und weniger Fleisch essen, denn, das wußten schon unsere Vorfahren, Gemüse kühlt, während Fleisch erhitzt. Die Innereien werden heute vielfach verdächtigt, ungesund, weil angereichert mit Schwermetallen und Giftstoffen zu sein. Tatsächlich lagern sich in Leber und Nieren Cadmium und Blei ein, aber doch erst im Laufe einer gewissen Zeit. Aufgrund vieler Untersuchungen kann man sagen, daß der Genuß von Innereien junger Tiere (Kalb, Lamm, Zicklein, Spanferkel, Fleischmastschwein) einerseits absolut gefahrlos ist, andererseits aber sehr gesund, weil vor allem die Leber sehr konzentriert wichtige Vitamine, vor allem Vitamin A und mehrere Vitamine der B-Gruppe, enthält, ebenso viele Mineralien, allen voran Eisen. Höhere Anreicherungen findet man bei alten Rindern (Milchkühen), Pferden, Zuchtschweinen und Wollschafen, aber die sind entweder nicht mehr angenehm zu essen (Rinderlebern schmecken streng und sind zäh wie Schuhsohlen), oder sie dürfen nicht vermarktet werden (etwa die Nieren von Zuchtschweinen und Pferden). Gegen junge Innereien ist jedoch nichts einzuwenden, im Gegenteil: Das Eiweiß ist hochertig und leicht erschließbar, weshalb Nieren, Leber, Herz und Co. aus ernährungsphysiologischer Sicht für den gesunden Menschen eine sehr gute Kost bedeuten. Nur Gichtkranke sollten wegen des hohen Gehalts an Purinen darauf verzichten, und wer einen hohen Cholesterinspiegel hat, sollte Innereien ebenfalls nicht oder nur selten auf den Speiseplan setzen.

Manche allerdings meiden Innereien aus anderen Gründen – wegen des Geschmacks oder weil sie sich vor Hirn oder Nieren ekeln. In Norddeutschland sind dieserlei Aversionen ausgeprägter als in Schwaben, Bayern oder gar in Südeuropa. Wenn dort Innereien auch zu den ganz normalen Lebensmitteln zählen, so ißt man sie freilich nicht täglich, aber sie gelten als Delikatesse – zu Recht, wenn sie von jungen Tieren stammen und daher zart und angenehm schmecken, wenn sie frisch sind (das ist überaus wichtig!) und wenn sie vor allem sorgfältig vor- und korrekt zubereitet werden.

Kalbsnierchen auf Salat von grünen Bohnen

Beim Einkaufen der Nierchen darauf achten, daß sie von einem jungen Kalb stam-

men. Sie sollen frisch sein – man erkennt das daran, daß sie feucht glänzen, nirgends eingetrocknet wirken. Die dünne Haut, die sie umspannt, wird vor dem Verarbeiten abgezogen, die inneren weißen Sehnen und Stränge herausgeschnitten. Die Nieren schließlich in halbzentimeterdünne Scheiben schneiden. So vorbereitet können sie bis zum Essen ein paar Stunden mit Folie zugedeckt im Kühlschrank warten. Kurz vor dem Servieren sind sie dann im Handumdrehen gebraten. Sie werden warm zusammen mit dem Bohnensalat angerichtet.

1. Die Bohnen putzen – meist wird es nur nötig sein, die Spitze und den Stielansatz abzuknipsen – und in reichlich kochendem, stark gesalzenem Wasser nur so lange garen, daß sie noch ziemlich bißfest sind (je nach Alter dauert das zwischen 3 und 5 Minuten). Dabei ein, zwei Bohnenkrautstengel mitkochen lassen, die den Bohnen ihren Duft mitteilen – Bohnen schmecken so noch bohniger!
2. Die Bohnen abgießen, nicht abschrekken, wenn sofort serviert werden kann, weil der Salat lauwarm einfach am besten schmeckt. Allerdings: Wenn die Bohnen noch eine Weile warten müssen, sollte man sie mit eiskaltem Wasser abschrecken, um Farbe und Vitamine zu stabilisieren. Außerdem färben sich die Bohnen schnell grau, wenn man sie warm in der Salatmarinade vermischt stehen läßt.
3. Von den restlichen Bohnenkrautstengeln die Blättchen abzupfen. Die Schalotte ganz fein würfeln.
4. Zitronensaft, Senf, Salz, Pfeffer und Öl verquirlen, Bohnenkraut und Schalotten zufügen und die vollkommen abgetropften Bohnen darin wenden.

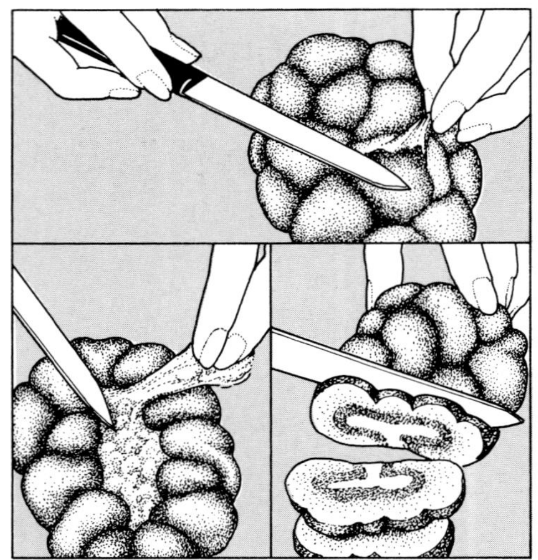

Kalbsnierchen häuten, das Fett herausschneiden, die Nierchen in dünne Scheiben schneiden

5. Die sorgfältig geputzten Nieren portionsweise in einer großen Pfanne im heißen Öl rasch anbraten – dabei darauf achten, daß die Scheiben nebeneinander und nicht übereinander liegen und überall Kontakt mit dem Pfannenboden haben, der sehr heiß sein muß – nur so braten die Scheiben und ziehen kein Wasser, was sie im übrigen unweigerlich ledrig werden ließe. Deswegen auch erst nach dem Braten salzen!

6. Sobald alle Scheiben gebräunt sind, herausheben und beiseite stellen. Salzen und pfeffern.

7. Die Hitze unter der Pfanne reduzieren, die feingehackten oder durch die Presse gedrückten Knoblauchzehen darin andünsten, die feingehackte Petersilie untermischen.

8. Die Nieren wieder zufügen, alles mischen, eventuell noch einmal salzen und pfeffern und schließlich mit Balsamico-Essig (oder einem anderen aromatischen Essig) abschmecken.

9. Zum Servieren jeweils Salat und Nieren hübsch auf Vorspeisentellern anrichten und zusammen mit frischem Weißbrot zu Tisch bringen.

Blitzschnelle, kalte Tomatensuppe

Vorbild für diese Suppe ist der spanische *Gazpacho,* eine kalte Suppe aus pürierten Gemüsen, hauptsächlich Tomate, aber auch viel Gurken, Paprika und Zwiebeln, angedickt mit Brot – als Einlage wird dazu reichlich winzig klein gewürfeltes Gemüse gereicht, das man sich nach Belieben in die Suppe streut. Diese Variante kommt mit Tomaten alleine aus, erspart die Mühe, Gemüse klein zu würfeln, schmeckt aber ungeachtet dessen mindestens ebensogut, vorausgesetzt man hat die richtigen Tomaten: Reife, duftende Freilandtomaten muß man hierfür verwenden – um diese Jahreszeit ist man schließlich nicht auf fade Treibhausware angewiesen.

1. Die Tomaten ungeschält halbieren und, ohne sie zu entkernen, in den Mixer füllen.

2. Die grob zerkleinerten Knoblauchzehen und Schalotten zufügen, ebenso einige Estragonblättchen, einen guten Schuß aromatisches Olivenöl, Salz und Pfeffer. In der Kompakt-Küchenmaschine, im Mixer oder auch mit dem Pürierstab kräftig durchmixen, durch ein Sieb streichen oder drücken (am besten eignet sich ein Lochsieb aus Edelstahl, das es in guten Küchengeschäften gibt) und, wenn nötig, noch einmal nachwürzen.

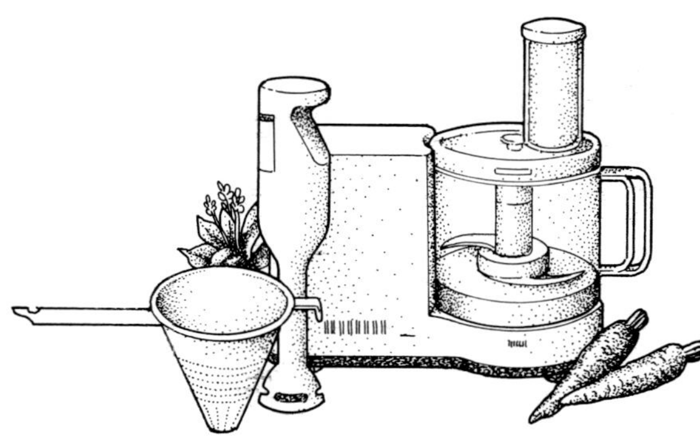

Kompakt-Küchenmaschine, Pürierstab und Edelstahl-Lochsieb

3. In Suppenteller verteilen und mit Estragon garnieren.

TIP: Wer mag, streut vor dem Servieren noch Knoblauchcroûtons darüber: Dafür Weißbrotscheiben halbzentimetergroß würfeln, in heißem Olivenöl langsam golden rösten. Erst dann durch die Presse Knoblauch hinzudrücken und gründlich untermischen. Die Croûtons kann man ruhig bereits am Morgen vorbereiten – weil sie in Öl und nicht in Butter geröstet wurden, schmecken sie auch, wenn sie längst abgekühlt sind.

Will man die Suppe warm essen, so stellt man sie kurz – jede Tasse etwa anderthalb Minuten – auf höchster Stufe in die Mikrowelle. Nicht kochen, denn sonst geht der herrliche Geschmack der rohen Tomaten verloren.

Spaghetti mit Zucchini und Basilikumsauce

Das Rezept für diese Sauce stammt aus Ligurien, wo man sie *Pesto alla genovese* nennt – nach dem Stößel des Mörsers, in der sie ursprünglich zubereitet wurde (*pesto* heißt übersetzt: Gestoßenes). Heute erledigt diese Arbeit mühelos der Mixer, die einst langwierige Zubereitung reduziert sich auf wenige Momente. Bis die Spaghetti gar sind (*al dente,* also mit Biß), ist die Sauce fertig.

Eine Spezialität der Region sind *Trenette al pesto,* spaghettischmale Bandnudeln, die

ZUTATEN FÜR VIER PERSONEN:

400 g dünne Spaghetti (Spaghettini)
Salz
300 g kleine Zucchini
Für die Sauce:
50 g Parmesan oder Pecorino
(gelagerter italienischer Schafskäse)
75 g Basilikumblätter
(ohne Stiele gewogen)
50 g geschälte Knoblauchzehen
(etwa 6 bis 8 große Exemplare)
50 g Pinienkerne
Salz
6 EL Olivenöl
3 EL heißes Wasser (vom Nudelkochen)

mit grünen Bohnen und Kartoffeln, in pommes-frites-starke Stifte geschnitten, gekocht und schließlich mit der leuchtend grünen Basilikumsauce vermischt werden. Wir haben das Rezept ein bißchen abgewandelt und statt dessen in spaghettifeine Streifen geschnittene Zucchini unter die Nudeln gemischt – das macht die Sache gemüsiger, leichter und frischer. Damit möglichst viel Grün der Schale dem Gericht Farbe gibt, kleine Zucchini nehmen – oder das helle Innere anderweitig verwenden!

1. Die Spaghetti in reichlich stark gesalzenem Wasser (Grundregel: pro 100 Gramm Nudeln 1 Liter Wasser und 1 gehäufter TL Salz!) bißfest kochen (ca. 8 Minuten).

2. In der Zwischenzeit die Schalen und das Äußere des Fruchtmarks der Zucchini längs (!) in spaghettifeinen Streifen abhobeln – am schnellsten geht das mit einem Julienne-Schneider (siehe Seite 36). Sonst mit einem Sparschäler oder dem Gurkenhobel arbeiten, die Scheiben aufeinanderpacken und mit einem großen Messer in Streifen teilen.

3. Diese Streifen in der letzten Minute zu den Spaghetti geben und mitkochen.

4. <u>Für die Sauce</u> den Käse zerbröckeln und in den Mixer füllen, Basilikumblätter, Knoblauch, Pinienkerne und Salz zugeben. Mixen, dabei durch den Einfüllschacht das Öl und das heiße Wasser zufügen.

5. Die Spaghetti abgießen, nicht abtropfen lassen, sondern feucht zurück in den Topf füllen. Die Sauce zufügen und alles behutsam untermischen.

6. In tiefen Tellern anrichten, mit einigen Tropfen Olivenöl beträufeln und mit Basilikumblättern garnieren.

TIP: Dazu gibt es eine große Schüssel Salat: angemacht mit vielen frischen Kräutern und einer leichten Marinade aus reinem roten Weinessig, Salz, Pfeffer und Olivenöl.

Aprikosenkuchen mit Himbeeren

Nach dem Vorbild der französischen Tarte, also eines flachen Kuchens mit einem dünnen Mürbteigboden, den man in einer Keramikform backen kann und der warm, frisch aus dem Ofen am besten schmeckt.
Der Teig ist im Handumdrehn gemacht, sollte jedoch vor dem Verarbeiten mindestens eine Stunde ruhen, damit sich der Kleber des Mehls entwickeln kann. Es macht nichts, wenn er länger ruht, deshalb kann man ihn auch schon am Morgen oder am Vortag zubereiten und in Folie gepackt kalt stellen. Damit er sich gut verarbeiten läßt, sollte man ihn rechtzeitig aus dem Kühlschrank nehmen – unter einer mit heißem Wasser ausgespülten Schüssel wird er schnell wieder formbar.

ZUTATEN FÜR EINE FORM VON 24 BIS 26 CM DURCHMESSER:

Teig:
200 g Mehl
100 g Butter
75 g Zucker
eine Prise Salz
2 Eigelb oder ein Ei
Butter und Semmelbrösel für die Form
Belag:
1,2 kg reife Aprikosen
3 EL Zucker
30 g Butterflöckchen
ca. 100 g Himbeeren
nach Belieben 3 EL Aprikosenkonfitüre

1. Das Mehl auf die Arbeitsfläche häufen, die in Stückchen geschnittene Butter darauf verteilen, ebenso Zucker, Salz und Eigelb.

2. Mit den Fingerspitzen oder mit einem Messer hackend mischen – so rasch wie möglich, damit die Butter nicht zu weich wird und den Teig klebrig macht. Es macht nichts, wenn Butterinseln noch unvermischt im Teig sichtbar bleiben. Wichtig ist, daß der Teig nicht zu sehr geknetet wird, weil er dann nicht mürbe werden kann.

3. Zum Ruhen zur Kugel oder Rolle formen und in Folie packen, damit nichts austrocknen kann.

4. Eine Keramik- oder Springform mit Butter ausstreichen, ausbröseln und mit dem gleichmäßig ausgerollten Teig ausschlagen. Mit der Gabel einige Male einstechen, damit der Boden beim Backen schön glatt bleibt und sich nicht stellenweise hochwölbt.

5. Schließlich die halbierten und entsteinten Aprikosen, Höhlung nach unten, dicht an dicht darauf anordnen. Mit Zucker bestreuen und mit Butterflöckchen besetzen.

6. Im 220 Grad heißen Ofen 35 bis 40 Minuten backen, bis der Boden goldbraun und knusprig geworden ist. Der Belag darf ruhig richtig dunkel, stellenweise sogar schwarz karamelisiert sein.

7. Den Kuchen herausholen und etwas abkühlen lassen – wer in der Springform gebacken hat, löst ihn jetzt aus der Form. Die Himbeeren zwischen den Aprikosen verteilen.

8. Nach Belieben für eine Glasur die Aprikosenkonfitüre mit einem Löffel Wasser aufkochen und mit einem Pinsel auf die Aprikosen streichen.

9. Noch warm, mit Schlagsahne oder mit dicker Crème fraîche servieren.

Aprikosenkonfitüre

Man braucht sie häufig in der Küche, beim Backen, für Desserts, sie tut also nicht nur auf dem Frühstückstisch gute Dienste. Im Hochsommer sind Aprikosen reichlich und preiswert zu haben, deshalb sollte man einen Vorrat davon einkochen.

Am besten und vielseitigsten läßt sich Konfitüre einsetzen, wenn sie nach der klassischen Großmuttermethode, mit ganz normalem Haushalts- oder Einmachzucker zubereitet ist. Zusätze von Geliermittel oder Gelierzucker sind bei Aprikosen nicht nötig.

Nach dem folgenden Rezept – das selbstverständlich für alle Arten von Konfitüren gilt – benötigt man erheblich weniger Zucker als gewohnt, weil die Fruchtmenge zunächst durch Einkochen reduziert und dadurch konzentriert wird. Die Konfitüre schmeckt dann intensiver.

2,5 kg reife Aprikosen
1,6 kg Zucker
Saft einer Zitrone

1. Die entsteinten Aprikosen in Stücke schneiden – es müßten jetzt etwa 2,2 kg schieres Fruchtfleisch sein. Mit dem Zucker in einer großen Schüssel mischen. Zugedeckt über Nacht kühl stellen und Saft ziehen lassen.

2. Anderntags alles durch ein Sieb schütten, den Saft zunächst um die Hälfte einkochen. Erst jetzt die Früchte selbst und den Zitronensaft zufügen und alles noch insgesamt 4 bis 6 Minuten kochen, bis die Gelierprobe die gewünschte Konsistenz ergibt. Dazu ein wenig Konfitüre auf einen kühlschrankkalten Teller geben: Nach wenigen Sekundem muß sie leicht fest werden und dicke Schlieren ziehen.

3. In heiß ausgespülte, peinlich saubere Gläser füllen und sofort, am besten mit Schraubdeckel, verschließen.

TIP: Gut eignen sich Gläser für Baby-Kost, die nicht so groß sind wie die üblichen Twist-off-Gläser für Marmelade. Am besten werden sie vor Gebrauch in der Spülmaschine gewaschen und vorgewärmt.

Getränke zum Ferienmenü

An einem heißen Sommertag servieren wir einen alkoholfreien oder zumindest alkoholarmen Aperitif zum Mittagessen, denn den ersten Durst auf nüchternen Magen sollte man mit größter Vorsicht löschen: eine frisch zubereitete Limonade klassischer Art oder einen ganz leichten Campari.

Limonade: Gerade eben ausgepreßter Zitronensaft, mit normalem Zucker, etwas Honig oder Zuckerrohrsirup gesüßt und mit Wasser, stillem oder sprudelndem, aufgegossen. In jedes Glas einige leicht gequetschte Minzeblättchen (so teilen sie ihren Duft schneller und besser mit) und ein paar Eiswürfel geben.

Campari: Eis zerschlagen oder in der Mühle fein zermahlen. Etwas Orangensaft und frisch abgeriebene -schale dazu, einen guten Schuß Campari darauf, ein Melissen- oder Minzeblättchen darangeben und mit Soda oder einem geschmacksneutralen sprudelnden Mineralwasser auffüllen. Umrühren.

Zum Menü gibt es möglichst leichte Weine – man kann ganz nach Geschmack Weißwein, Rosé oder einen frischfruchtigen Rotwein reichen. Eventuell auch zwei verschiedene Weiße oder nach dem Weißen zum Salat einen Roten zu den Nudeln.

Bleibt man in Italien, bietet sich ein *Galestro* an, der leichte Sommerwein der Toskana, der unaufdringlich im Hintergrund bleibt, wenig Alkohol und Säure besitzt und dennoch trocken ist. Oder Sie servieren einen zarten *Bardolino,* als Rosé oder Rotwein.

Wir haben uns entschlossen, einen ganz anderen Weg zu gehen – nämlich mit deutschen Weinen das mediterran angehauchte Essen zu begleiten: Zur Vorspeise gibt es einen trockenen *Spätburgunder Weißherbst* aus Baden, von einem Winzer, der aus erstklassigem, ganz gesundem und nicht zu reifem, daher säurebetontem und frisch wirkendem Lesegut einen eleganten und fruchtigen Rosé zu machen versteht, nicht etwa eine schwere, breite und mächtige Angelegenheit, wie man sie vor ein paar Jahren noch bevorzugte. Ein solcher Wein kann mit seiner frischen Säure dem Salat den entsprechenden Widerpart leisten, das Bukett paßt zum Aroma der Bohnen und der Nieren, er wirkt insgesamt auch appetitanregend.

Zum Hauptgericht gibt es dann einen *Grauburgunder,* ebenfalls aus Deutschland. Und zwar einen der modernen, heiß diskutierten Weine aus dem neuen französischen Eichenholzfaß, dem Barrique, zum Beispiel von der Nahe. Ein solcher Wein ist kräftig und rund, vollmundig, besitzt eine ausgeprägte und herrlich reife Säure und vor allem einen hohen Extrakt, der durch den Eichenholzton noch unterstrichen wird. Umstritten sind diese Barrique-Weine, die nach Burgunder bzw. Bordelaiser Vorbild ausgebaut werden, vor allem deswegen, weil nach klassischem deutschem Verständnis der fruchtige Traubengeschmack überdeckt wird. Tatsächlich war das teilweise der Fall – weil man den Wein nach der Gärung ins Barrique gefüllt hat, aus Angst, er würde bei zu langem Verweilen zu viel Holzparfum annehmen. Das Gegenteil ist der Fall: Wenn der Most auch im Holzfaß vergärt, behält der Wein viel mehr von seinem Sortencharakter. Allerdings, so muß man hinzufügen, darf ein im Barrique ausgebauter Weißwein nicht zu säurebetont sein und muß eine gewisse Fülle haben. Gewiß eignen sich daher Grauburgunder, Weißburgunder, Chardonnay und Sauvignon – vor allem, wenn sie in den klimatisch begünstigten Regionen, also in Baden, Rheinhessen, Pfalz und nur den besten Lagen anderer Gebiete gewachsen sind – besser als der Riesling, wenn auch einige Winzer mit ihm schon gute Ergebnisse erzielen konnten. Die Erfolge der letzten Jahre beweisen, daß man nicht immer nur am Althergebrachten hängen und sich gegen jede Veränderung stemmen sollte: Die Qualität

einer immer zunehmenden Zahl von deutschen Barrique-Weinen stößt bei immer mehr Kennern auf die entsprechende Liebe!

Wasser steht natürlich während des gesamten Essens auf dem Tisch, wie der Wein immer gut gekühlt, am besten aus dem Eiskühler. Gerade im Sommer erwärmen sich die Getränke im Glas so schnell, daß man sie unbedingt zu kühl einschenken muß, damit sie zum Essen ein Genuß sind! Das gilt im übrigen auch für sommerlich leichte Rotweine (neben dem erwähnten *Bardolino* könnte man sich einen *Valpolicella*, einen einfachen *Chianti* oder einen *Beaujolais* ebensogut vorstellen wie einen eleganten deutschen Rotwein, vom *Trollinger* aus Württemberg über einen Pfälzer oder hessischen *Portugieser* bis zu einem *Spätburgunder* Kabinett aus Baden, aus Aßmannshausen oder von der Ahr).

Und zum Nachtisch? *Kaffee*, ein *Espresso* oder, wenn man nachher nichts mehr zu tun hat, einen spritzigen, fruchtigen *Sekt*, etwa einen Riesling von der Saar oder von der Mosel. Oder einen edelsüßen, mit guter Säure belebten Wein, etwa eine deutsche Riesling-Auslese oder -Beerenauslese.

IX. RUND UM DIE FORELLE

*Einkauf, Vorbereitung, was dazu schmeckt
und die besten Rezepte*

„Ich saß an dem Gestade
und sah in süßer Ruh
der munteren Forelle
im klaren Bächlein zu . . .“

Niemand wird vernünftigerweise ein Menü reichen, in dem drei Forellengerichte aneinandergereiht werden – nehmen Sie also diese Rezepte ebenso als Einzelbeispiele wie die vorangestellten Grundzubereitungen für *Forelle blau* und *Forelle Müllerin*. Zunächst aber ein wenig über den Star dieses Kapitels, die Forelle: Es ist noch gar nicht so sehr lange her, da war sie eine Speise für die wohlhabenden Bürger, für den glücklichen Teil der Menschheit, der das Fischrecht hatte – oder auf dem Markt eine in wilden Wassern gefangene Forelle erstehen konnte, was durchaus selten war. Denn es gab zwar in den sauberen Bächen der Mittelgebirge, des Alpenvorlandes und der Alpen selbst durchaus überall Forellen – aber doch nicht so viele, daß man damit regelmäßig die bürgerlichen Märkte beschikken konnte. Nein, Forellen kamen hauptsächlich auf die adeligen und großbürgerlichen Tafeln, auch bei den fischberechtigten Freibauern, bei den Fischern selbst, vor allem aber in den Pfarrhäusern und in den Klöstern: Im Binnenland waren sie, neben den schon seit dem Mittelalter in Teichen gehaltenen Karpfen, eine der wichtigsten Fastenspeisen. Vor allem aber waren sie eine gesuchte Delikatesse!

Noch zu Anfang des Jahrhunderts gehörte die Forelle auf die Luxusseite einer Speisekarte. Nicht etwa, weil Delikatessen erschwinglicher gewesen wären als heute, sondern umgekehrt: Weil eine Forelle da-

mals als der Gipfel kulinarischen Vergnügens galt! Auf der Karte des eleganten Restaurants „Zum Heidelberger“ in Berlin vom 7. November 1904 kostete eine „Forelle blau“ ganze zwei Mark. Hummer (75 Pfennige), Astrachan-Kaviar (1.50) oder eine Portion Straßburger Gänseleberpastete (1,25 Mark) waren erheblich billiger.

Dabei verließ man sich schon damals nicht mehr auf das pure Anglerglück (die Schonzeit ab Anfang Oktober ist 1874 eingeführt worden), sondern wußte längst gute Forellen zu züchten. Man kannte sogar schon die schneller wachsende und deshalb wirtschaftlichere Regenbogenforelle, die, ein paar Jahrzehnte zuvor aus Nordamerika importiert, auch in hiesigen Gewässern heimisch geworden war. In künstlichen Teichen gehalten, die mit möglichst kaltem, frischem Wasser jene klaren Gebirgs- und Quellbäche simulierten, in denen Forellen sich nun mal am wohlsten fühlen, wurden sie zwar verfügbarer, aber nicht wesentlich billiger.

Das wurden sie erst, als Forschungsgeist entdeckte, daß mit weniger Mühe und Aufwand sich ein äußerlich nicht zu unterscheidendes Ergebnis bewirken, sich gut aussehende Fische geradezu „herstellen“ ließen: In warmem Wasser wachsen Forellen schneller, Salzwasser läßt ihr Gewicht sogar innerhalb weniger Wochen um ein mehrfaches anwachsen, und billige Nahrung (simple Fischabfälle statt hochwertigem Fischmehl) hält die Kosten niedrig. Das schnellere Wachstum allerdings, vor allem auch die höhere Wassertemperatur und die dadurch hervorgerufene Trägheit, die weniger Energieverbrauch und somit schnellere Gewichtszunahme mit sich bringt, wirken sich höchst ungünstig auf die Qualität der Forellen aus: Das Fleisch wird lasch, weich und wäßrig, bekommt einen faden und dennoch aufdringlich fischigen, womöglich gar tranigen Geschmack. Von der zarten und gleichzeitig festen Muskulatur, dem feinen, nussigen und charakteristischen Geschmack wilder Bachforellen war nichts mehr übrig. Und so verkam die Forelle schließlich zum tiefgekühlten, immer verfügbaren, billigen Massenprodukt, das zudem noch unachtsam und schlampig zubereitet wird und mit der Delikatesse von einst nur noch den Namen gemeinsam hat.

Das brachte schließlich eine Gruppe von Forellenzüchtern im Schwarzwald auf den Plan, wo die Forellen seit jeher zu Hause sind, wo sie auch heute noch traditionellerweise in großen und gepflegten Teichen mit makellos sauberem, bergfrischem, sauerstoffreichem Wasser sorgfältig gemästet werden, wobei darauf geachtet wird, daß sie viel Bewegung haben und eine ordentliche Muskulatur ausbilden. Dort werden, zum größten Teil zumindest, noch Forellen produziert, wie sie die Natur gemeint hat! Nun bringen also einige im Schwarzwald ansässige Teichwirte unter der Bezeichnung „Schwarzwaldforelle" Tiere mit präzise beschriebener, optimaler Qualität auf den Markt – mit einem RAL-Zeichen, wie etwa für das „Schwarzwälder Kirschwasser" oder den „Schwarzwälder Schinken". RAL, das ist ein Siegel für Qualität und Herkunft, das vom „Deutschen Institut für Gütesicherung und Kennzeichnung" vergeben wird.

Die meisten der in den Teichen gemästeten und in den Geschäften angebotenen Fische sind Regenbogenforellen, die ihren Namen von der silbrig schimmernden, in den Farben des Regenbogens irisierenden Haut ha-

ben. Da sie ja schneller wachsen, werden sie den heimischen Bachforellen vorgezogen – wobei man beide Arten getrennt halten muß (was mehr Aufwand und größere Teichanlagen bedeutet). Die anspruchsvollere, klareres Wasser und besseres Futter verlangende Bachforelle, auf deren auf dem Rücken grünlich-schwarzer, am Bauch ebenfalls silberner Haut rote und orange Pünktchen blitzen, schwimmt in Schuberts Lied noch frei im Bach, kommt aber inzwischen längst ebenfalls aus Teichen. Der Name „Bachforelle" deutet nämlich nicht auf die Herkunft des Tieres hin, sondern ist die korrekte Bezeichnung der Tierart. Etwas verwirrend, wenn eine Bachforelle im Teich gezogen wird . . .

Bei den „Lachsforellen" handelt es sich im übrigen nicht um eine Fischart, sondern ganz allgemein um Forellen mit rosafarbenem Fleisch. Das können Meerforellen sein, die im Salzwasser gehalten werden, Seeforellen aus unseren Süßwasserseen, Bachforellen oder Regenbogenforellen.

Regenbogenforellen können, bekommen sie ein Futter ohne Farbstoff (Karotin) oder Anteil von Krebsschalen, ein fast weißes Fleisch haben. Wild lebende finden jedoch immer irgendwelche Krebstiere und Asseln als Nahrung, so daß sich ihr Fleisch fast immer mehr oder weniger rosa färbt. Doch durch Mast mit dem entsprechenden Futter lassen sie sich am leichtesten färben. Gerade für sie gilt aber, wie der Gesetzgeber meint, die Bezeichnung „Lachsforelle" als irreführend – und ihm schwebt vor, daß sie eigentlich „lachsfarbene Regenbogenforellen" heißen müßten. Weil es nun aber meist Regenbogenforellen sind, die als Lachsforellen angeboten werden, wollen die Erzeuger (vor allem die dänischen) gerne den be-

gehrten, aufwertenden Begriff „Lachsforelle" auch für ihre im krebstierreichen Meer
billig erzeugten Regenbogenforellen verwenden dürfen. Das übliche Anliegen vieler Massenproduzenten, um den Verbraucher hinters Licht zu führen ... Denn was
bisher gesetzmäßig als Lachsforelle bezeichnet werden darf, muß ja tatsächlich
von ausgezeichneter Qualität sein: Die
schweren, jahrealten, herrlich rosa- oder
lachsfarbenen Seeforellen schmecken am
besten!

Überhaupt muß man mit einem Vorurteil
aufräumen, das die geschickte Gastrono-
mie aufgebaut hat: Nicht die kleinen, 200
bis 250 g schweren Portionsforellen sind die
besten, sondern größere Tiere, 700, 800 g
schwer; noch besser, weil fetter und ausgereifter, die kapitalen, mehrere Jahre alten
Zuchtforellen von mehreren Kilogramm
Gewicht. Fragen Sie einmal Ihren Fisch-
händler, wenn Sie eine größere Tafelrunde
zu Gast haben, ob er Ihnen nicht so ein
prachtvolles Tier besorgen kann – ein Tafel-
vergnügen, das jeden Lachs vergessen läßt!

Von Frische und Tiefkühlen

Natürlich schmecken ganz frische Fische
am besten: Soeben gefangene und geschlagene Fische platzen beim Sieden auf, sie
zerfallen fast – es ist also kein Fehler des
Kochs, wenn Sie im Gasthaus am Forellen-
bach ein wenig ansehnliches, aber dafür
wirklich frisches Tier auf den Tisch bekommen. Bereitet man Forelle nach Art der
Müllerin zu, muß man sie daher wenigstens
eine Stunde vor dem Braten geschlachtet
haben, denn sonst biegt sie sich in der Pfanne auf und gart nicht gleichmäßig.

Eine frisch getötete Forelle können Sie aus-
genommen ohne weiteres drei Tage im
Kühlschrank aufbewahren, am besten in
Klarsicht- und zusätzlich Alufolie verpackt,
ganz oben, direkt unter den Verdampfer,
wo es am kältesten ist. Für eine längere
Aufbewahrung empfiehlt sich das Einfrieren – bis zu drei Monate ist kein Qualitäts-
verlust zu verspüren, dann allerdings beginnt das empfindliche Fischfett sich trotz
der schützenden Kälte zu verändern, und es
kommt ein tranig-muffiger Geschmack auf.
Bei größeren, fetteren Tieren ist das früher
spürbar als bei den kleinen, mageren Portionsforellen. Länger als sechs Monate sollte man gute Forellen nicht aufbewahren.
Tiefgekühlte Forellen vor der Zubereitung
im Kühlschrank so langsam wie möglich
auftauen lassen. Und länger eingefrorene
nicht einfach „blau" zubereiten, was jeden
geschmacklichen Fehler aufdeckt, sondern
lieber braten oder in einer würzigen Sauce
servieren. Forellen sind eben empfindlich
und ganz frisch am besten, wenn sie gerade
noch so munter wie in Schuberts Lied her-
umgeschwommen sind ...

Forelle blau

Die ausgenommene und gereinigte Forelle
in einem gut gewürzten Sud, ohne zu kochen, sanft pochieren. Rechnen Sie für vier
Portionsforellen wenigstens vier Liter Wasser, zwei geviertelte Zwiebeln, zwei längs
geviertelte Möhren, eine Lauchstange in
vier Zentimeter langen Stücken, einige
Stengel Petersilie, einen halben Liter trok-
kenen Weißwein, einen Schuß guten Weinessig, 50 g Salz und einen Eßlöffel Pfefferkörner. Diesen Sud wenigstens 20 Minuten

kochen lassen, ehe die Forellen eingelegt werden. Ganz frische Forellen nur etwa acht Minuten, schon länger geschlachtete Tiere zehn Minuten ziehen lassen. Auf einer Platte anrichten und mit etwas Gemüse aus dem Sud umlegen.

Forelle Müllerin

Die gründlich gereinigten und sorgfältig getrockneten Forellen werden inwendig gesalzen und mit etwas Zitronensaft beträufelt. Dann wendet man sie in Mehl, schüttelt sie, am Schwanz gepackt, kräftig hin und her, um alles überflüssige Mehl wieder zu entfernen. Jetzt werden sie in einer recht großen Pfanne (damit alle austretende Flüssigkeit verdampfen kann) in schäumender Butter (niemals in einem anderen Fett!) von beiden Seiten sechs bis sieben Minuten goldbraun gebraten. Wichtig: Die Hitze darf niemals so stark werden, daß die Butter verbrennt!
Forellen auf vorgewärmten Tellern oder einer Platte anrichten, das Bratfett aus der Pfanne abgießen, und nun ein schönes Stück Butter in der Pfanne zerlassen und haselnußbraun werden lassen. Über die Forellen gießen, die in der aufschäumenden Butter serviert werden müssen.
Dazu gibt's Salzkartoffeln und eine große Schüssel Kopfsalat.

Bunter Salat mit geräuchertem Forellenfilet

Die Zutaten zu dem Salat richten sich natürlich nach der Jahreszeit – im Prinzip ist alles erlaubt: Blattsalate, rohe und gekochte Gemüse. Achten Sie darauf, daß immer ein paar leicht bitter schmeckende Blätter (Chicorée, Radicchio, Endivie) darin sind, denn das hebt den Geschmack der geräucherten Forelle und macht zudem Appetit. Die rohen Gemüsesorten sollten nicht zu fest sein, denn dann würden sie nicht zu der zarten Konsistenz des Forellenfleisches passen – Möhren, Sellerie etc. also stets gekocht verwenden. Roh vor allem Fruchtgemüse nehmen: Paprika, Tomaten, Gurken, kleine Zucchini. Auch Zwiebel darf nicht fehlen, aber es sollten milde, unaufdringliche Sorten sein – etwa Frühlingszwiebeln, die ganz milden weißen oder junge violette Zwiebeln. Und was immer in so einen Salat gehört: Kartoffeln. Vorzugsweise am Vortag gekocht, damit sie ihre Form bewahren. Und schließlich Kräuter: je nach Jahreszeit, was Sie an zarten, aromatischen Blättern finden. Im Herbst Petersilie und Kerbel, vielleicht noch Basilikum oder Dill; im Frühjahr Brunnen- oder Gartenkresse, Pimpinelle, Liebstöckel, Schnittlauch und Kerbel, im Sommer eher Estragon, Borretsch, Dill und Portulak. Geben Sie die Blätter ganz oder nur grob zerschnitten hinzu – das ist in so einem gemischten Salat witziger, weil es mehr Spaß macht, ab und zu auf ein Blatt zu beißen und dann den Geschmack ganz rein und stark zu genießen, als einen herausragenden geschmacklichen Akzent, als die Kräuter feingehackt zusammen mit den anderen sozusagen auf einer geschmacklichen Ebene zu verspeisen.
Nehmen Sie für die Salatsauce lieber Zitronensaft als Essig, denn der paßt ausgezeichnet zum Fisch. Das Öl darf geschmacksneutral sein, aber es ist gegen Walnuß- oder Olivenöl auch nichts einzuwenden.

1. Forelle(n) häuten und das Fleisch von den Gräten lösen, dabei an der seitlich erkennbaren Linie zerteilen und den Rückenteil nach oben, die Bauchseite nach unten hin wegschieben. Darauf achten, daß die kurzen Gräten an der Flossen entfernt werden. Die großen Gräten vom Bauchfleisch absammeln, falls welche mit abgegangen sind. Aus dem Rückenteil bei größeren Forellen die Y-Gräten mit der Pinzette oder zwischen Messerschneide und Daumen geklemmt herausziehen. Bis zum Anrichten mit Klarsichtfolie abdecken und kühl, aber nicht etwa richtig kalt (Kühlschrank) stellen, denn sonst geht das Aroma verloren. Ganz frisch geräucherte, noch warme Fische möglichst erst im letzten Moment vor dem Servieren filieren, damit sie ihren Saft nicht verlieren.

2. Die Kartoffeln schälen und in Scheiben schneiden. Tomaten pellen, entkernen und in breite Streifen teilen. Grüne Bohnen entspitzen, kochen und halbieren oder dritteln. Rote Bete schälen und recht klein würfeln. Gurke schälen, eventuell entkernen und in Streifen hobeln. Salatblätter waschen und in mundgerechte Stücke zerteilen. Zwiebeln schälen bzw. putzen und in Ringe schneiden. Die Blätter der Kräuter waschen und abzupfen. In einer Schüssel zugedeckt bis zum Gebrauch kühl stellen.

3. Aus den angegebenen Zutaten eine Sauce rühren. Salat mit der Sauce umwenden und gleich auf die vier Teller verteilen.

4. Die Forellenfilets in nicht zu große Stücke brechen und so auf den Salaten verteilen, daß jeder etwa gleich viel Rücken- und Bauchfilets bekommt.

Beilage: frisch aufgewärmtes Weißbrot (Baguette) oder geröstetes Mischbrot.

Getränk: Mineralwasser (wie das ganze Menü hindurch) und ein frischer, trockener, säurebetonter, spritziger Weißwein – *Grüner Veltliner* aus Österreich, *Weißer* oder *Grauer Burgunder* oder *Silvaner* aus Franken, *Riesling* von Mosel-Saar-Ruwer.

So wird eine Forelle filiert

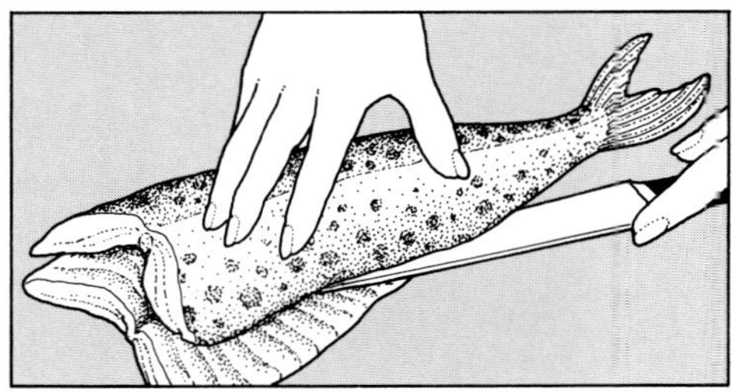

1. Seitlich der Rückengräte mit einem langen, biegsamen und scharfen Messer bis zum Bauch hin durchschneiden, das Filet abheben.

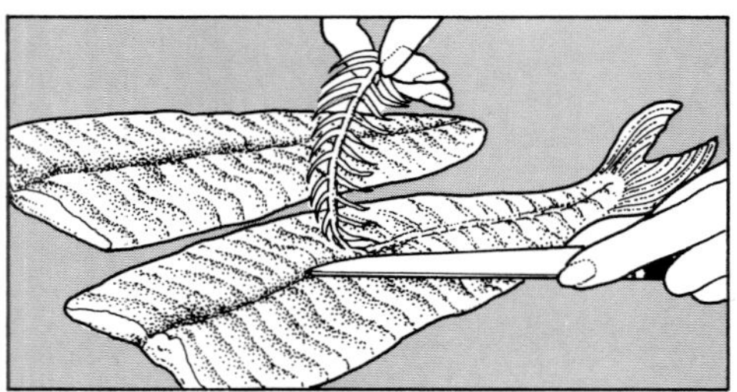

2. Dann die Gräten am Bauch ablösen, auch die Flossen sorgfältig mit abschneiden.

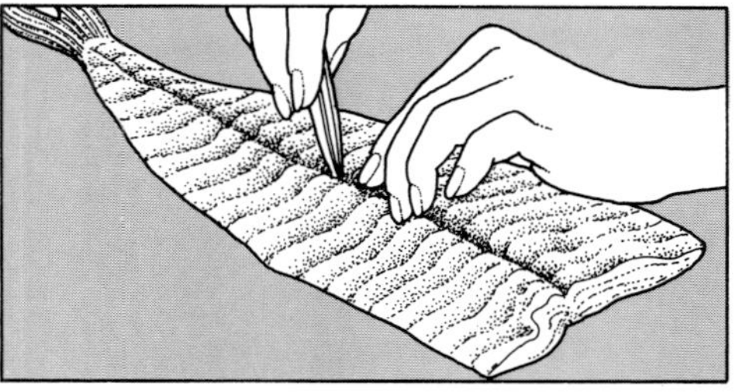

3. Die seitlichen Gräten zwischen Bauch- und Rückkenbereich mit einer Pinzette herausziehen.

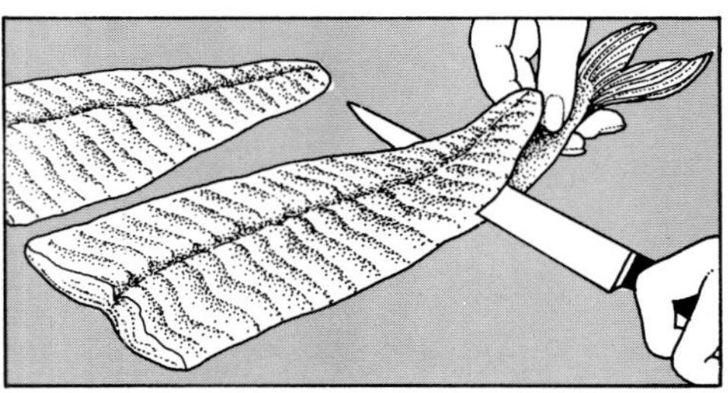

4. Die Filets von der Haut schneiden – mit der Hautseite auf eine feuchte Unterlage legen und flach auf der Haut entlangschneiden.

Gemüsesüppchen
mit Forellenklößchen

1. Die Forelle filieren – siehe Zeichnungen. Die Filets schräg in etwa 2 cm breite Streifen schneiden. Von den weniger schönen Abschnitten gute 100 g Fleisch für die Klößchen abnehmen und eine Viertelstunde ins Tiefkühlfach legen. Die Forellenstreifen zudecken und in den Kühlschrank stellen.

2. Für die Suppe die Zwiebel hacken und in der Butter leicht andünsten. Kopf, Gräten und Haut der Forelle sowie das zerkleinerte Suppengrün zufügen. Wein und Wasser angießen, würzen und 20 Minuten auskochen. Durchseihen.

3. Man kann die Suppe so servieren, allerdings ist sie nicht schön klar – wünscht man dies, die Brühe abkühlen lassen, mit dem Eiweiß verrühren und langsam wieder erhitzen: Dabei flockt das Eiweiß aus und schließt alle Verunreinigungen in sich ein. Man filtert die Brühe jetzt noch durch ein feines Tuch (das man dazu am besten in ein normales Küchensieb legt) – und sie ist absolut klar.

4. Für die Klößchen das Toastbrot mit der kühlschrankkalten Sahne vermischen – die Kälte ist wichtig, sonst gelingen diese leichten Klößchen nicht! Kräftig würzen und zusammen mit dem ebenfalls eiskalten Eiweiß und den fast gefrorenen Fischabschnitten im Mixer pürieren.

5. Mit zwei nassen Teelöffeln Klößchen abstechen und formen und in leise siedendem Salzwasser zwei Minuten pochieren, in kaltes Wasser legen, abtropfen und kalt stellen.

6. Die Gemüse für die Suppeneinlage zuschneiden – entweder nur in Scheibchen oder ausbohren mit dem Kugelausstecher, in Sternchenform zuschnitzen oder ausstechen. Möhre und Sellerie etwa eine Minute in Salzwasser kochen, dann eiskalt abschrecken, damit Farbe und Vitamine erhalten bleiben. Zucchinikugeln mit viel von der hübsch aussehenden dunklen Schale ausstechen – roh lassen, wenn sie jung und zart sind, sonst auch kurz blanchieren. Tomaten häuten, entkernen und würfeln. Kräuter abzupfen bzw. hacken.

TIP: All das kann bereits einige Stunden vor dem Essen passieren.

7. Vor dem Servieren die Suppenteller im Backofen oder Wärmefach heiß machen. Die Brühe erhitzen.

8. Die Gemüse, die Forellenklößchen und die rohen Forellenstreifen in die Suppenteller legen, die Brühe kochendheiß darübergießen – bis die Teller auf den Tisch kommen, sind die rohen Streifen saftig-gar.

9. Zum Schluß die Kräuter darüberstreuen.

Beilage: Toastbrot oder Baguette.

Getränk: derselbe frische, trockene Weißwein (*Grüner Veltliner* oder *Riesling*), der bereits vorher serviert wurde oder der zum Kochen verwendet wird.

Anmerkung: Wir reichen diese Suppe als Zwischengericht, deshalb ist es wirklich nur ein „Süppchen". Man kann freilich auch ein Hauptgericht daraus machen: einen „Pot-au-feu", wie die Franzosen so schön zu sagen pflegen. Dann nimmt man pro Person eine schöne Forelle, kocht die Gräten mit viel mehr Gemüse als in unserem Rezept aus (die weniger schönen Abschnitte verarbeiten, die beim Putzen anfallen) und serviert zusätzlich zu den hübsch zugeschnittenen Suppen-Gemüsen und den aus den Bauchpartien bereiteten Klößchen die sanft pochierten Rückenfilets, die, des hübschen Aussehens wegen, nicht gehäutet wurden.

Forelle in Folie

ZUTATEN PRO PERSON:

1 Forelle von etwa 350 g
20 g Butter
Salz
Pfeffer
2 Stengel Petersilie, Dost (Origano),
Estragon, Basilikum oder Kerbel
Butter für die Alufolie

Die perfekte Art des Garens, ohne Geruchsbelästigung, ohne lästige Spülerei, fast ohne das sonst immer vorhandene Risiko, den Fisch zu übergaren . . .

1. Gleich zu Beginn der Vorbereitungen den Ofen auf 220 Grad vorheizen.
2. Die Forellen auswaschen, aber die Schleimschicht auf der Haut nicht zerstören. Vorsichtig abtrocknen. Ein paar Butterstückchen in den Bauch legen, salzen, pfeffern und die Kräuterstengel hineinlegen.
3. Ein ausreichend großes Blatt Alufolie abreißen und mit zimmerwarmer Butter einstreichen – das geht am besten mit den Fingerspitzen. Die Forelle darauflegen und das Paket verschließen: Die beiden Längsseiten hochnehmen und mehrmals über der Mitte der Forelle einkniffen, dann die Enden mehrmals einkniffen und hochbiegen.
4. Auf den Rost legen und auf der mittleren Schiene in den vorgeheizten Ofen schieben. Rechnen Sie 18 bis 20 Minuten.
Fingerprobe: Wenn sie geringen Widerstand gibt, ist die Forelle gar.
5. Die Pakete auf einer mit einer Serviette belegten Platte anrichten und erst am Tisch öffnen.
Beilage: Pell-, Dampf-, Salz- oder die unten beschriebenen Butterkartoffeln und ein mit frischen Kräutern gewürzter grüner Salat.
Getränk: ein frischer, aber gehaltvoller, kräftiger *Riesling,* etwa aus Österreich, eine trockene *Spätlese* aus Pfalz oder Rheingau.
Anmerkung: Man kann auch in die Folie ein wenig Gemüse geben – in feinste Streifen geschnittene Möhren, Zwiebeln, Lauch und Sellerie, die man zuvor kurz blanchiert hat. Man kann auch Champignonstreifchen dazwischen mischen, und ein paar frische

Steinpilze passen sensationell gut! Die Hälfte des Gemüses auf der gebutterten Folie verteilen, die Forelle darauflegen und mit dem restlichen Gemüse bedecken. Dann auch noch einen Schuß trockenen, säurebetonten Weißwein (Riesling) dazugeben. Die Garzeit bleibt gleich.

Wer auf besonders blaue Haut der Fische Wert legt, träufelt ein wenig Zitronensaft darüber – bei soeben gefangenen und geschlagenen Fischen ist das allerdings nicht nötig. Sollten die Forellen aber nicht makellos frisch sein oder waren sie tiefgekühlt, träufeln Sie in den Bauch ein wenig Zitronensaft.

Butterkartoffeln

Es wird zwar eine Menge Butter benötigt, aber bedenken Sie, daß wir zur Forelle nur wenig nehmen und daß es keine zerlassene Butter oder mächtige Sauce dazu gibt.

ZUTATEN FÜR VIER PERSONEN:

1,2 bis 1,3 kg mehlig oder vorwiegend festkochende Kartoffeln
Salz
250 g Butter
weißer Pfeffer
2 Stengel krause Petersilie

1. Kartoffeln schrubben, schälen und noch einmal waschen. Mit Wasser bedecken, ordentlich salzen und in 20 bis 25 Minuten, je nach Größe, vollkommen gar kochen.
2. Das Wasser abgießen und sofort die zimmerwarme Butter in Stücken zufügen und

untermischen. Dabei dürfen die Kartoffeln ruhig zerfallen, damit sie die Butter geradezu aufsaugen können, doch sollen andererseits auch einzelne Stücke übrigbleiben.

3. Mit Salz und frisch gemahlenem Pfeffer abschmecken und mit der gehackten Petersilie bestreut servieren.

Dessert: Birnen in Rotwein

Hierzu braucht man saftige, aromatische, voll ausgereifte Birnen – leider heute eine Seltenheit. Fast immer werden die Früchte zu früh gepflückt, damit sie schön fest sind, beim Transport keinen Schaden leiden und längere Zeit halten. Denn: Sind Birnen einmal reif, müssen sie unverzüglich verbraucht werden, halten kaum einen Tag länger. Und nichts ist schlimmer als eine matschige, mehlige Birne . . . Gehen wir davon aus, daß Sie noch harte, unreife Birnen haben:

Packen Sie sie ein paar Tage zusammen mit reifen Äpfeln, am besten Gravensteiner

---

ZUTATEN FÜR VIER PERSONEN:

4 reife Birnen
1 Flasche (0,7 l) kräftiger, aber fruchtiger Rotwein (etwa ein *Blaufränkisch* aus Österreich – in Württemberg *Lemberger* genannt)
150 g Zucker
1 Stange Zimt
2 Gewürznelken
1 TL schwarze Pfefferkörner
je 2 Orangen- und Zitronenscheiben (ungespritzte Früchte)

---

oder Goldparmäne, in eine Plastiktüte, und lassen Sie sie an einem warmen, nicht aber sonnigen Ort liegen – Sie werden erstaunt sein, wie schnell die Birnen reifen!

Beste Sorten für dieses köstliche Dessert, das man am Tag vorher zubereiten kann: Williams Christ, Conférence (auch Kongreßbirnen genannt), Alexander Lukas, die langgezogene Abate Fetel oder die fast runde Crassana (Passe Crassane).

1. Alle Zutaten für den Sud aufsetzen und eine Viertelstunde kochen lassen. Wer Angst hat, daß der Geschmack von Orange und Zitrone (unbehandelt oder mit kochendem Wasser gebrüht) zu stark hervortritt, der fügt diese Scheiben erst nach dem ersten Kochen mit den Birnen hinzu.

2. Die Birnen schälen, aber den Stiel daranlassen.

3. Die Birnen einlegen, die nun vollkommen bedeckt sein müssen, und eine Viertelstunde leise siedend weich köcheln.

4. Vom Herd nehmen und abkühlen lassen. Wenn Sie die Sauce als zu dünn empfinden, die Birnen herausnehmen, den Sud um die Hälfte einkochen, durch ein Sieb seihen.

5. Birnen in diesem Sud servieren.

TIP: Man kann dazu Crème fraîche reichen, die man in den sirupartigen Sud rührt.

Getränk: Sekt, Champagner oder von dem Rotwein, den man zum Kochen verwendet hat. Auch ein Schnäpschen, Williams oder Cognac, darf es sein. Oder auch ein kräftiger Kaffee . . .

X. WEIHNACHTSBÄCKEREI

*Plätzchen, die schnellste Mousse au Chocolat
und Eierbrötchen zum Tee*

So manche geplagte Hausfrau stöhnt, wenn es wieder ans Backen geht. Gewiß, Maschinen erleichtern uns die Arbeit erheblich, und wer eine Küchenmaschine hat, braucht wirklich nicht mehr viel zu tun – aber Zeit kostet das Ganze doch. Auch ein Handmixer mit Schneebesen ist eine höchst nützliche Sache und enthebt uns, einem alten Rat zu folgen: „Man rühre mit dem Kochlöffel eine Stunde in derselben Richtung die Butter schaumig...".

Ein wenig Aufmerksamkeit wird aber schon verlangt – unsere Tips sollen Ihnen helfen:

– Die Mengenangaben entsprechen unseren Vorstellungen von recht kleinen, angenehm zu essenden Plätzchen – wer große macht, muß diese nicht nur länger backen, sondern bekommt auch weniger Einzelstücke!

– Überhaupt die Backzeiten: Betrachten Sie die Angaben als Hinweise, denn die wirkliche Temperatur schwankt von Ofen zu Ofen. Außerdem spielt die Dichtigkeit der Tür eine große Rolle. Bewährt hat sich immer wieder ein alter Trick: Die Bleche nach der halben Backzeit umdrehen, so daß die Plätzchen, die zuerst vorne waren, nun hinten schneller fertig backen, während die von hinten jetzt vorne sind und nicht zu leicht verbrennen. Achten Sie dabei stets auf den Bräunungsgrad Ihrer Plätzchen, und kürzen Sie die Backzeit unter Umständen ab.

– Wer mit Umluft/Heißluft bäckt, stellt eine um 20 Grad niedrigere als die angegebene Temperatur ein.

– Traditionellerweise bewahrt man Plätzchen und Konfekt in Blechdosen auf. Sie schützen vor Feuchtigkeit von außen und verhindern das Austrocknen. Kartons gehen auch, man kann sogar mit Alufolie einen Luftaustausch vermeiden.

– Sind die Plätzchen zu trocken und zu hart, ein paar Apfelschnitze hineinlegen. Sind sie dagegen zu feucht, läßt man die Dose einige Zeit geöffnet in einem warmen Raum stehen.

Und nun zu unserer Grundidee: Damit Sie nicht – was leider häufig vorkommt, wenn man sich auf die Lieblingsrezepte der Familie beschränkt – eine ganze Tasse voller Eiweiß oder lauter Eigelb übrig haben, bereiten wir zwei Grundteige aus drei Eiern – den einen aus den Eigelb, den anderen aus den Eiweiß. Diese Teige werden dann weiter angereichert und zu ganz unterschiedlichen Plätzchen verarbeitet. Viel Spaß und Erfolg!

Grundrezept: Teig mit Eigelb

200 g Butter
375 g Zucker
3 Eigelb
375 g Mehl

1. Zunächst die zimmerwarme Butter dick und schaumig rühren. Löffelweise den Zucker zufügen und erst, wenn sich dieser vollkommen aufgelöst hat (man hört das am Geräusch der Maschine – der Schneebesen macht dann keine knirschenden Geräusche mehr; oder etwas von der Masse probieren – man darf keinen Zucker mehr körnig auf der Zunge spüren), nach und nach die Eigelb zufügen.

2. Zu einer hellen, schaumigen Creme schlagen. Schließlich das Mehl rasch hinzuschütten und ganz schnell einarbeiten. Nicht mehr lange rühren, weil sonst der Teig klebrig wird.

3. Diesen Grundteig in drei gleich große Portionen teilen und daraus die folgenden Plätzchen machen:

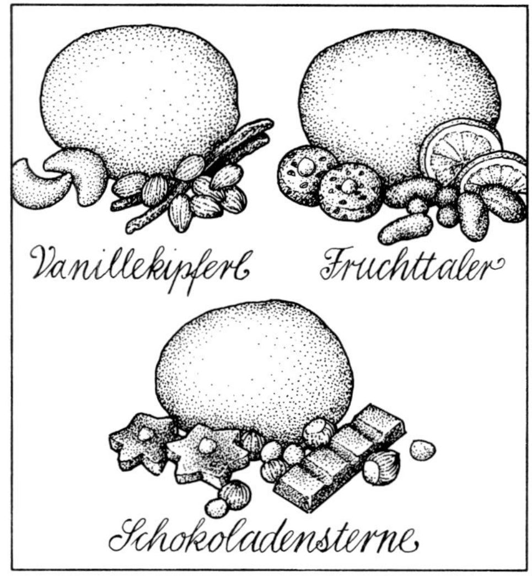

Teig mit Eigelb für drei Plätzchensorten

2. Mit dem Vanillezucker unter den Grundteig kneten. Den Teig zur Rolle formen, in Klarsicht- oder Alufolie hüllen und mindestens eine halbe Stunde kalt stellen.

3. Schließlich Scheiben davon abschneiden und daraus kleine Hörnchen formen. Diese nebeneinander auf ein Blech setzen.

4. Bei 175 Grad ca. 10 Minuten backen.

5. Noch warm in Vanillezucker wälzen und abkühlen lassen.

Variante: Husarenkrapfen

1. Kirschgroße Kugeln aus dem Teig formen, nebeneinander auf das Blech setzen, mit einem Kochlöffelstiel eine kleine Vertiefung hineindrücken und backen.

2. Die abgekühlten Kräpfchen mit Puderzucker bestäuben, in die Vertiefung jeweils einen Marmeladenklecks setzen.

3. Gut trocknen, bevor sie verstaut werden.

Vanillekipferl

ZUTATEN FÜR 60 STÜCK:

1/3 des Grundteigs mit Eigelb

100 g Mandeln
2 gehäufte TL Vanillezucker
Vanillezucker zum Wälzen

---

1. Die Mandeln schälen und reiben (siehe Seite 101).

Schokoladensterne

ZUTATEN FÜR CA. 60 STÜCK:

1/3 des Grundteigs mit Eigelb

75 g halbbittere Kuvertüre
40 g geriebene Haselnüsse
Kuvertüre zum Eintunken

---

1. Den Grundteig mit der geriebenen Kuvertüre und den Haselnüssen zum festen Teig kneten.

2. Zur Rolle geformt, mit Folie eingepackt, eine halbe Stunde kalt stellen.

3. Schließlich portionsweise auf leicht be-
mehlter Arbeitsfläche fast zentimeterdick
ausrollen und kleine Sterne (oder Herzen)
ausstechen.
4. Bei 175 Grad 12 bis 15 Minuten backen.
5. Die Sterne oder Herzen noch warm halb
in geschmolzene Schokolade tauchen und
auf einem Kuchengitter trocknen lassen.

Fruchttaler

1. Die getrockneten Früchte und Nüsse
mittelfein hacken – die Stückchen sollten
einen viertel bis höchstens einen halben
Zentimeter groß sein.
2. Die gemischten Früchte unter den
Grundteig arbeiten. Eine Rolle vom
Durchmesser eines Fünfmarkstücks daraus
formen und eine halbe Stunde kalt stellen.
3. Mit einem scharfen Messer halbzentimeterdicke Scheiben davon abschneiden und
nebeneinander auf ein Blech setzen.
4. Bei 175 Grad 18 bis 20 Minuten backen.
5. Zum Schluß mit Schokolinien verzieren:
Dafür einen kleinen Gefrierbeutel mit ge-
schmolzener Schokolade füllen (wer Mi-

krowelle hat: die Schokolade im Beutel
schmelzen!), ein winziges Löchlein in die
Ecke schneiden, und damit die flüssige
Schokolade kreuz und quer, also recht wild
und rasch arbeitend, über die Taler träufeln.

Grundrezept: Teig mit Eiweiß

1. Zunächst auf langsamer Stufe das Eiweiß mit der Prise Salz aufschlagen, bis es
tatsächlich weißschaumig wirkt. Erst jetzt
löffelweise den Zucker hinzurieseln lassen.
Wenn etwa zwei Drittel des Zuckers einge-
arbeitet ist, die Geschwindigkeit eine Stufe
höher schalten. Und erst wenn aller Zucker

*Aus dem Grundteig mit Eiweiß entstehen drei ver-
schiedene Plätzchensorten*

verbraucht ist, auf stärkste Stufe schalten – bis der Eischnee seine richtige Konsistenz erreicht hat, vergeht – trotz Küchenmaschine – fast eine halbe Stunde!

2. Diese Masse in drei gleiche Teile teilen und daraus jeweils die folgenden Plätzchen bereiten.

Zimtrauten

1/3 der Grundmasse aus Eiweiß

1 TL Gewürzmischung: Zimt, Macis (Muskatblüte), Nelke und Piment
150 g Mandeln
Zucker zum Ausrollen

1. Zwei Eßlöffel der Eischneemasse für den Guß beiseite stellen.

2. Unter den Rest die Gewürze und die ungeschälten, aber geriebenen Mandeln arbeiten. Diesen klebrigen, aber formbaren Teig auf der mit Zucker bestreuten Arbeitsfläche zum exakten Rechteck von einem knappen Zentimeter Stärke ausrollen und mit der beiseite gestellten Eiweißmasse gleichmäßig bestreichen.

3. In Rauten oder Ecken schneiden – das geht am besten mit einem nassen (!) Messer; trotzdem dieses zwischendurch immer wieder abwischen. Die Rauten auf ein mit Backpapier belegtes Blech setzen.

4. Bei 160 Grad 20 Minuten backen, wobei der Guß makellos weiß bleiben sollte.

TIP: Wer sich in der Plätzchenbäckerei ein wenig auskennt, wird gemerkt haben, daß es sich hier um eine Variante der vielgeliebten Zimtsterne handelt – nur haben wir uns die Arbeit ein wenig einfacher gemacht: Es bleiben so nicht immer wieder Ecken stehen, wie beim Ausstechen der Sterne, die man wieder zusammenkneten und erneut ausrollen muß. Daher kann man in diesem Falle die Gußmasse bereits vor dem Zerteilen auf der gesamten Fläche verteilen, muß nicht jedes Teil einzeln damit bestreichen.

Zitronentaler

1/3 der Grundmasse aus Eiweiß

150 g geschälte Mandeln
abgeriebene Schale einer Zitrone
2 EL Zitronensaft
100 g Puderzucker
eventuell Speisefarben

1. Die Mandeln reiben und mit der Zitronenschale unter die Grundmasse arbeiten.

2. Mit einem Teelöffel kleine Bällchen abstechen, sie zwischen den angefeuchteten Handflächen rund formen, nebeneinander auf ein Blech setzen und mit dem Finger zu Talern flach drücken.

3. Bei 175 Grad 15 bis 18 Minuten backen.

4. Noch warm mit Zitronenguß bestreichen, für den der Puderzucker mit dem Zitronensaft glatt gerührt wird – nach Belieben gelb oder rosa färben.

Gefüllte Nußmakronen

1. Die geriebenen Nüsse und Gewürze unter die Grundmasse rühren.

2. Von dieser weichen Masse mit nassen Teelöffeln kleine Portionen abstechen und Häufchen von der Größe eines Zwei-Pfennig-Stücks mit deutlichem Abstand voneinander auf ein mit Backpapier belegtes Blech setzen.

3. Bei 160 Grad etwa 12 Minuten backen. Abkühlen lassen.

4. Jeweils zwei Plätzchen mit der Mousse au Chocolat zusammenkleben. Kühl aufbewahren, damit die Creme fest bleibt.

TIP: Aus weniger als der angegebenen Menge läßt sich die Mousse au Chocolat praktisch nicht herstellen. Da Sie aber nicht die ganze Menge für die Plätzchen brauchen, haben Sie eine kleine Belohnung für Ihre Mühe, oder es gibt ein kleines Freudenfest für Naschkatzen!

Die schnellste Mousse au Chocolat der Welt

Tatsächlich wird sie am besten auf zwei Tage verteilt hergestellt – insofern ist sie also gar nicht so schnell. Was aber die reine Ar-beitszeit betrifft und auch die wenigen Töpfe und Geräte, die sie beansprucht, was ja eine verminderte Küchenarbeit zur Folge hat, ist sie nicht zu unter- bzw. überbieten!

1. Die Sahne erhitzen – nicht kochen lassen, sonst kann sie einen leichten, in diesem Fall gar nicht erwünschten Karamelgeschmack bekommen – einen solchen besitzt die unter der nebulösen Bezeichnung „wärmebehandelt" angebotene Sahne von sich aus, weshalb Sie diese nicht verwenden sollten.

2. Die Schokolade hineinbröckeln und darin auflösen (siehe dazu auch den Tip Schokolade schmelzen auf Seite 100).

3. Abkühlen und – wenigstens 8 Stunden, am besten über Nacht – im Kühlschrank fest werden lassen.

3. Dann mit dem elektrischen Handrührer zu einer luftigen Creme aufschlagen.

TIP: Am besten schmeckt die Mousse au Chocolat den meisten Leckermäulern, wenn man sie mit einer vorzüglichen, ganz bitteren Schokolade zubereitet. Aber auch mit einer zartbitteren oder Kochschokolade (Block) oder Milchschokolade gelingt sie einfach. Mit weißer Schokolade aber gibt es Probleme: Die Mousse wird nicht richtig fest. Am besten (wenn Sie diese süße und sehr vanillig schmeckende Variante als Kontrast zur bitteren Mousse servieren wollen) zwei Blatt Gelatine – in kaltem

Wasser vorgequollen, wieder gut ausgedrückt – in der warmen Sahne mit auflösen.

Trüffel

1. Alles miteinander im Mixer zu einer festen, aber geschmeidigen Masse rühren.

2. Die Masse kalt stellen. Dann mit einem Teelöffel kleine Portionen abstechen und zwischen kalten (!) Händen zu murmelgroßen Kugeln formen – die Hände immer wieder unter kaltem Wasser abkühlen, die Trüffel dürfen nicht zu warm und dadurch zu weich werden.

3. Die Trüffel in Kakaopulver oder in Puderzucker, der mit Zimt vermischt ist, oder in Schokostreuseln wälzen.

4. In Konfekthütchen setzen und kalt, am besten im Kühlschrank, aufbewahren.

5. Vor dem Servieren jedoch Zimmertemperatur nehmen lassen, weil dann die Trüffel am besten ihr Aroma entwickeln.

Varianten:

6. Für Rumtrüffel von der Sahne zuvor zwei Eßlöffel abnehmen, dafür mit zwei Eßlöffeln Rum (vorzugsweise reinem Jamaica-Rum, der ein starkes Aroma besitzt) parfümieren.

7. Für Honigtrüffel einen übervollen Eßlöffel Honig einarbeiten, dafür ebenfalls zwei Eßlöffel Sahne weglassen.

8. Für Sahnetrüffel die gesamte Sahnemenge durch 150 g Crème double ersetzen – das ist eine doppelt dicke süße Sahne. Wer es mag, kann auch die säuerliche Crème fraîche nehmen, allerdings halten diese sehr würzigen Trüffeln ihren angenehmen Geschmack nur kurz.

Marzipan

1. Die Mandeln portionsweise mit dem Zucker im elektrischen Zerhacker so lange mixen, dabei tropfenweise Rosenwasser zufügen, bis eine geschmeidige Masse entstanden ist.

2. Dann weiterverarbeiten, wie es Ihnen Spaß macht:

3. Für Marzipankartoffeln kleine Kugeln formen, diese in Kakaopulver wälzen.

4. Für Konfekt das Marzipan mit Cognac verkneten, ausrollen, in Quadrate oder Rauten schneiden. In Schokolade tauchen, auf Gittern trocknen lassen, mit einer Stricknadel Verzierungen anbringen oder jeweils eine geschälte Mandel, Pistazie oder geröstete Haselnuß in den noch feuchten Guß setzen.

Tips und Tricks

Es gibt wohl kaum jemand, der nicht seine leidvollen Erfahrungen mit den Weihnachtsplätzchen gemacht hat. Wobei wir einmal davon absehen wollen, daß sie ohnehin jedes Jahr ein wenig anders gelingen – das kann an der Beschaffenheit des Mehls liegen, an der Luftfeuchtigkeit, an der Temperatur oder ganz einfach an der gerade an den Tag gelegten Geschicklichkeit, an der Konzentration, Lust und Laune, mit der man arbeitet. Es können aber auch arbeitstechnische Dinge den Ausschlag geben, und die wollen wir im folgenden noch einmal in Erinnerung rufen

Eischnee und Eigelbcreme:

– Je frischer die Eier, desto besser lassen sie sich schlagen.

– Eier möglichst kühlschrankkalt trennen – das geht besser als bei Zimmertemperatur.

– Sauberes Trennen ist enorm wichtig, denn schon ein winziges Fitzelchen Eigelb im Eischnee läßt diesen nicht fest werden – umgekehrt macht es nichts. Deshalb, wenn sich das anbietet und um Spülarbeit zu sparen, in ein und derselben Schüssel mit demselben Besen erst den Eischnee, dann eine Eigelbmasse aufschlagen.

– Schlägt man hingegen erst die Eigelb und dann den Schnee, sehr gründlich spülen, damit alles absolut fettfrei ist.

– Eischnee in einer möglichst weiten Schüssel schlagen, damit er genügend Ausdehnungsmöglichkeiten hat und viel Luft aufnimmt. Der Schnee wird dann sehr fest und dicht, aber nicht hart oder gar krümelig.

– Den feinen Zucker stets ganz langsam, am besten verteilt auf 20 Minuten, zugeben, er könnte sich sonst vom Eiweiß als sirupartige Flüssigkeit absetzen.

– Einige Tropfen Zitronensaft verfeinern den Eischnee und machen ihn frischer.

– Eine Prise Salz nicht vergessen, sie erhöht die Stabilität.

– Eischnee wie Eigelbcreme immer noch ein paar Minuten länger rühren, als man eigentlich für notwendig erachtet!

Schokolade schmelzen:

Vorzugsweise nehmen Sie für Schokoladenguß Kuvertüre – eine Schokolade, die besonders reich an Kakaobutter ist. Am sichersten arbeiten Sie im Wasserbad, also einer Schüssel oder einem Topf in einem größeren, mit Wasser gefüllten Topf: So wird eine milde, schonende Wärmeübertragung garantiert.

Wenn Sie sich manchmal ärgern, daß Ihr Schokoladenüberzug nicht so schön glänzt wie beim Konditor, dann müssen Sie daran denken, daß der Fachmann immer mit einem Thermometer und sehr exakt arbeitet. Beim Backen allgemein ist das nötig, bei der Schokolade noch mehr. Aber so bekommen Sie auch ein gutes Ergebnis: Zunächst bringen Sie die Kuvertüre auf 40 Grad – diese Temperatur ist erreicht, wenn sich der Schokoladenlöffel an Ihrer Lippe merklich warm anfühlt. Dann das Wasserbad vom Feuer nehmen und die Kuvertüre auf 28 Grad abkühlen – die Schokolade wird dickflüssig und vermittelt beim Löffeltest an der Lippe gerade eben die Empfindung „leicht kühl". Jetzt wird noch einmal auf 31 Grad erwärmt – weder ein warmes noch ein kühles Gefühl an der Lippe. Jetzt läßt sich der Überzug am besten verarbeiten und wird später herrlich glänzen . . .

Oder: Die Hälfte der zerbröckelten Schokolade behutsam – im Wasserbad, in der Mikrowelle oder im gußeisernen Topf, der die Hitze sanft leitet und gut speichert –

schmelzen, dann den Rest hinzubröckeln und warten, bis auch er restlos geschmolzen ist. So können Sie die Temperatur stets rasch senken, und es bleibt garantiert, daß die empfindliche Schokolade nicht zu heiß wird und später ihren Glanz verliert.

Schokolade reiben:

Je kühler die Schokolade, desto weniger schmiert sie beim Reiben. Sie sollte deshalb dafür am besten direkt aus dem Kühlschrank kommen. Auch nicht zu heftig reiben, damit sich nicht die Reibe selbst erwärmt. Die Schokolade mit einem Topflappen oder mehreren Lagen Küchenpapier anpacken.

Selbstgemachter Vanillezucker:

Schmeckt viel besser als das, was es meistens zu kaufen gibt, nämlich mit künstlichem Aroma hergestellten Vanillinzucker. Entweder fertig gekauftes pulverisiertes Vanillemark verwenden – gibt's im Feinkosthandel oder im Reformhaus. Oder das Mark einer längs aufgeschlitzten Vanillestange herausschaben, mit 200 g Zucker im elektrischen Zerhacker (Mixer) puderfein pulverisieren. Mit der ausgeschabten Vanillestange in ein dichtes Glas oder eine Vorratsdose füllen. Hält sich praktisch unbegrenzt.

Mandeln häuten und reiben:

Die Mandeln in kochendes Wasser werfen, nach einer Minute abgießen und eiskalt abschrecken. Jetzt läßt sich die Schale ganz leicht abziehen. Dafür die Mandeln zwischen Daumen und Zeigefinger nehmen und aus der Haut schnipsen. Die Mandeln auf ein Tuch gebreitet trocknen lassen.

Zum Reiben am besten die feine Scheibe des Schnitzelwerks nehmen. Es muß allerdings eine Scheibe sein, die keine Löcher hat, durch die die Nüsse fallen können – manche Fabrikate sind leider ungeeignet!

Backbleche vorbereiten:

Man hat nie genügend Bleche, wenn man mal in der Weihnachtsbäckerei so richtig mittendrin steckt. Zwei Bleche mehr stehen zur Verfügung, wenn man die beiden Roste, die zum Backofen gehören, zweifach mit Alufolie und zusätzlich mit Backpapier belegt. Darauf finden die Plätzchen genügend Halt.

Ansonsten erleichtert das moderne Backpapier die Arbeit sehr: Man kann alle Plätzchen gleich nach dem Backen auf einmal vom Blech ziehen und trocknen lassen, während das Blech schon wieder in neuem Einsatz ist.

*

So: Jetzt kann's losgehen, zum frisch gebrühten Weihnachts- oder Adventstee: mit Plätzchen, Schokolade, Trüffeln und Marzipan. Das paßt, wie man seit Jahrhunderten weiß: Die Bitterstoffe des Tees vertragen sich bestens mit dem reichlichen Zucker unserer Leckereien und machen sie verträglich.

Und wenn jemand dabei ist, der nichts Süßes mag, dann servieren wir zum Tee eben Eierbrötchen, wie es die Engländer seit Jahrhunderten tun, wissend, daß man auch des Süßen zu viel bekommen kann, oder, anders ausgedrückt: Abwechslung tut not . . .

Eierbrötchen

Getoastete Grau- oder Bauernbrotscheiben buttern. Mit einer Mischung dick bestreichen, die folgendermaßen hergestellt wird:

1. Die Eier hart kochen, abschrecken und pellen. Mit dem Eierschneider würfeln – indem man das Ei zunächst in Scheiben teilt, das Ei dann um 90 Grad dreht und die Harfe ein zweites Mal herunterdrückt.

2. Die Gurke schälen, entkernen und in ebensokleine Würfel schneiden. Den Dill hacken. Mit den übrigen Zutaten mischen und gut abschmecken.

Varianten:
Mit Lachs: Die gewürfelten Eier mit ebenso kleingewürfeltem Räucherlachs und reichlich gehacktem Dill mischen. Mit Salz, Pfeffer (Pfefferbeeren), Balsamessig und aromatischem Öl (zum Beispiel Nußöl) würzen.

Mit Radieschen: Feingewürfelte Radieschen, gehackte Frühlingszwiebeln oder Schnittlauch unter die Eier mischen.

Mit Gürkchen und Kapern: Gehackte Cornichons, winzige Kapern und Olivenwürfelchen, mit reichlich Petersilie, eventuell sogar einigen Tomatenwürfelchen und Pfefferbeeren, unter die Eier mischen. Keinen zusätzlichen Essig nehmen, die Einlegeflüssigkeit der Kapern oder Gürkchen reicht, aber duftendes Olivenöl.

XI. Das feine Sonntagsgulasch

Ein uraltes Grundrezept mit lauter
traditionellen Varianten

GULASCH

Vor Jahrhunderten war das *Gulyas,* was „Fleisch des Rinderhirten" bedeutet, einmal das ungarische Nationalgericht. Um die Mitte des letzten Jahrhunderts entdeckten es die Österreicher und machten daraus eine eigene Speise: das *Wiener Saftgulasch.* Dieses wird nun seinerseits von den Ungarn heute heiß geliebt und häufiger gegessen als das heimatliche Vorbild, das im übrigen richtig *Pörkölt* heißt oder, wenn es mit Sahne bereitet wird, *Paprikás.* Bestellt man in Ungarn *Gulyas,* bekommt man kein Gulasch, sondern das, was man bei uns unter einer *Gulaschsuppe* versteht. Das, was die Ungarn früher liebten, essen wir heute in Westeuropa als Gulasch, das klassische Gulasch, für das das Fleisch zuerst angebraten wird, weil es dann am kräftigsten schmeckt und besonders saftig bleibt. Ein solches Gulasch kann natürlich in vielerlei Varianten gekocht werden, worüber sich Ungarn, Wiener Köche und Genießer immer wieder stundenlang mit mehr oder weniger Witz und Temperament streiten können. Ein paar Dinge aber sind doch elementar und unabänderlich!

Das Fleisch:

Während man in Ungarn im Pörkölt auch Schweine- oder Hammelfleisch verwendet, besteht das ursprüngliche wie das Wiener Saftgulasch unbedingt aus Rindfleisch. Und zwar nicht aus einem mageren, wertvollen Teil (Roastbeef, Filet), sondern aus einem oder mehreren schön durchwachsenen Stücken. Am besten aus Schulter, Hals und vor allem auch der Wade – in diesen Partien gibt es nämlich viele Sehnen und Knorpel,

die besonders reich an gelierenden Bestandteilen sind, was das Fleisch selbst zart macht und die Sauce schön füllig bindet. Damit die Fleischstücke gleichmäßig garen, sollten sie in gleich große Stücke geschnitten werden – früher zog man Würfel von 3 bis 5 cm Kantenlänge vor, heute schneidet man eher 2 cm dicke Scheiben von etwa 3 mal 5 cm Größe. Wer im übrigen die Sehnen im Fleisch nicht mag, schneidet sie auf dem Teller weg und legt sie auf dem Rand ab – das ist durchaus gestattet. Und wenn man als Hausfrau ganz sicher gehen will, daß niemand Anstoß nimmt, kann man die unschönen Teile ja auch nach dem Garen, vor dem Servieren entfernen – aber Warnung: Es gibt Liebhaber, die stürzen sich geradezu auf diese Stücke!

Das Fett:

Man findet zwar verschiedene Angaben, manchmal wird Butter oder Öl empfohlen. Ein richtiges Gulasch muß aber zwingend in Schweineschmalz bereitet werden, denn nur dann ergibt sich der charakteristische Geschmack.

Die Zwiebeln:

Oft wird ein Verhälnis von 1 zu 1 für Fleisch und Zwiebeln empfohlen – uns erscheint das zu hoch, denn das Gulasch wird dann ein wenig süßlich. Wir nehmen 700 bis 800 g Zwiebeln auf 1 kg Fleisch – das ist die richtige Portion für ein Gulasch für 4 bis 5 Personen, je nach Appetit. Wichtig: Die Zwiebeln erst unmittelbar vor der Verwendung halbieren und in dünne Ringe schneiden, sonst werden sie bitter.

Der Paprika:

Die Seele des Gulaschs, deshalb ist seine Qualität von größter Bedeutung. Kaufen Sie vorzugsweise ungarischen Paprika, denn der ist für Gulasch am besten geeignet. Es gibt drei Sorten: den milden Delikateßpaprika, den würzigen Edelsüßpaprika und den scharfen Rosenpaprika. Welchen Sie verwenden, ob Sie die verschiedenen Sorten mischen oder, wie es häufig gemacht wird, zum Anbraten einen Delikateß- und zum Abschmecken einen Rosenpaprika nehmen, bleibt Ihrem Geschmack überlassen. Wichtig aber ist: Paprika nie zu lang im heißen Fett braten, denn dann verbrennt der darin enthaltene Zucker, karamelisiert, der Paprika wird braun und bitter.

Von mittel bis scharf: drei Sorten Paprika

Das Anbraten:

Während man in Deutschland und Frankreich traditionellerweise mit dem Anbraten des Fleisches beginnt, verfährt man beim ungarischen Gulasch anders: Das Fett in einem schweren, möglichst (guß)eisernen Topf zerlassen und erhitzen, dann kommen zunächst die Zwiebeln hinein, und erst wenn diese bei mittlerer Hitze goldbraun zu werden beginnen, fügt man das Fleisch hinzu. Es brätelt jetzt, schmurgelt fast, wird nicht kräftig angeröstet. Aber dieses Ver-

fahren erfordert einige Übung, damit es gelingt.

1. Wir braten lieber scharf an: Das Schmalz erhitzen, bis es zu rauchen beginnt. Nun eine Partie der Fleischstücke hineingeben – Vorsicht, es kann spritzen. Nicht mehr Fleisch zufügen, als auf dem Topfboden liegen kann – berühren sich die Fleischstücke oder liegen gar übereinander, dann ziehen sie Wasser und werden zäh. Die Fleischstücke werden zunächst am Topfboden ankleben – das macht nichts! Nicht loslösen, sondern ein bis zwei Minuten braten und anrösten lassen, dann lösen sie sich von selbst. Die Fleischstücke gleichmäßig leicht braun braten, dann herausheben und die zweite Partie Fleisch braten, eventuell etwas neues Schmalz zugeben. Ebenfalls herausheben, wenn sie braun sind.

2. Jetzt die Zwiebeln im Fett anrösten. Dabei die Hitze auf kleine Stufe zurückschalten, so daß die Zwiebeln golden werden, aber nicht verbrennen.

3. Dann wird „papriziert": 40 bis 50 g sollten es schon sein, damit das Gulasch seine wahre Seele bekommt! Nach Geschmack kann man zuvor noch mit einem kleinen Schuß Essig ablöschen. Weiterhin würzt man mit zwei zerdrückten Knoblauchzehen, einer schönen Prise Majoran, einer guten Löffelspitze gehacktem Kümmel und Salz.

4. Schließlich kommt das Fleisch, diesmal alles, wieder in den Topf.

Das Garkochen:

Das ist zweifellos der kritischste Abschnitt der Gulaschbereitung, denn bei den relativ kleinen Mengen verkocht schnell einmal die wenige Flüssigkeit, die das Gulasch verlangt. Die Gulasche (so der korrekte Plural) der Budapester und Wiener Gasthäuser sind deshalb so berühmt, weil sie in großen Töpfen zubereitet werden, wo das nicht so leicht passiert.

5. Zum vorerst noch brätelnden Fleisch gibt man ein Löffel Tomatenmark und einen ordentlichen Schuß Wasser oder kräftigen, trockenen Rotwein – die Flüssigkeit soll höchstens bis zur halben Höhe des Fleisches stehen. Da die Hitze noch immer recht groß ist, dürfte die Flüssigkeit schon nach wenigen Minuten verkocht sein. Deshalb erneut mit Wasser oder Wein angießen, damit nichts anröstet oder verbrennt.

6. Inzwischen muß die Hitze zurückgegangen sein, man legt den Deckel auf und läßt das Gulasch in etwa 1 1/2 bis 2 Stunden leise vor sich hin schmoren, ohne es dabei richtig ins Kochen geraten zu lasen. Dann müssen die Zwiebeln sich sozusagen aufgelöst und die Sauce gebunden haben.

7. Trotz der milden Hitze und des geschlossenen Topfes verdampft dabei weiterhin Flüssigkeit. Deshalb gießt man erneut so viel Wasser an, daß das Fleisch gerade eben bedeckt ist und läßt es noch ein Viertelstündchen leise durchkochen. Dabei mischen sich alle Aromen, man schmeckt noch einmal ab und serviert das Fleisch in seinem Saft: Obenauf muß sich nun das rotbraun gefärbte Fett absetzen, darunter steht die konzentrierte Sauce . . .

Das Aufwärmen:

Kenner wissen, daß ein Gulasch am besten schmeckt, wenn es wiederaufgewärmt wurde. Kochen Sie also stets große Portionen, die ohnedies weitaus besser gelingen als kleine.

Die Bindung:

Hierzulande nimmt man weniger Zwiebeln und nur eine Prise Paprika, kocht das Ganze viel kürzer und bindet dann die Sauce eigentlich immer mit Mehl, so daß aus dem Saftgulasch ein ziemlich langweiliges Rindfleisch in dicklich-seimiger Sauce wird. Verfährt man aber auf die angegebene Weise, braucht man kein Mehl: Die gelatinösen Fleischstoffe, die sich auflösenden Zwiebeln und der Paprika genügen als Bindung vollkommen, die ziemlich flüssige Sauce behält ein klares, volles Aroma.

Varianten:

Entfettet man den Saft und fügt einen ordentlichen Schuß saure Sahne hinzu, bekommt man ein *Karlsbader Gulasch.*
Kocht man im Saft Kartoffeln, Tomaten und Paprikaschoten mit, gibt's ein *Kesselgulasch.*

Szegediner Gulasch hingegen bereitet man mit Schweinefleisch, Speck, Sauerkraut und Sauerrahm.

*

Das war das Hauptgericht in aller Ausführlichkeit – als Beilage gibt es Kartoffeln oder Semmelknödel und unbedingt einen Gurkensalat. Deshalb nun zu unserem Menü, mit Vorspeise, Beilagen und Dessert. Vorweg servieren wir zu trockenem Sherry:

Tópinky

Darunter versteht man in Schmalz leicht angeröstete oder getoastete Schwarz-, Grau- oder Bauernbrotscheiben, die mit Knoblauch abgerieben und mit einer wunderbaren Creme aus Geflügelleber, Gänseschmalz, Äpfeln und Zwiebeln bestrichen sind.

Das selbstgekochte Gänseschmalz der Weihnachtsgans ist dafür bestens geeignet – siehe Seite 38. Aber leider bald aufgegessen!

ZUTATEN FÜR VIER BIS SECHS PERSONEN:

150 g Gänseschmalz
1 Apfel
1 Knoblauchzehe
1 Zwiebel
Majoran
2–3 Geflügellebern (ca. 100 g)
Salz
grob gemahlener Pfeffer

Deshalb behelfen wir uns in der übrigen Zeit des Jahres einfach mit gekauftem. Es wird noch einmal mit Äpfeln, Zwiebeln und Majoran durchgekocht – zum Schluß läßt man ein paar Geflügellebern mitdünsten. (In gut sortierten Feinkostgeschäften kann man oft Gänselebern tiefgekühlt kaufen; sie werden aus Ungarn importiert. Übrigens: Diese Fleischlebern bitte nicht verwechseln mit der fast weißen Fettleber von Stopfgänsen – die ist hier nicht gemeint!)

1. Das Gänseschmalz erhitzen, in feine Scheibchen geschnittenen Apfel, feingehackten Knoblauch, in Ringe gehobelte Zwiebel und Majoran zufügen und golden braten.
2. Die sorgfältig geputzten Lebern darin gerade eben steif werden lassen. Schließlich mit dem Pürierstab (oder im Mixer) nicht zu fein mixen. Mit Salz und Pfeffer würzen.
3. In ein Töpfchen oder Deckelglas füllen, abkühlen und fest werden lassen.
4. Dick auf geröstete Graubrotscheiben streichen, die mit Knoblauch abgerieben sind. In mundgerechte Häppchen teilen. Vor dem Verspeisen nach Gusto salzen.
TIP: Nach Belieben mit glattblättriger Petersilie garnieren.
Servieren: Entweder einfach so, zum Aus-der-Hand-Essen zum Aperitif reichen oder zusammen mit einem kleinen Salat als Vorspeise geben. Dieser könnte zum Beispiel bestehen aus Radicchio, Endivie und Chicorée, jeweils in feine Streifen geschnitten und mit einer Marinade aus Essig, Salz, Pfeffer und Öl angemacht.

Semmelknödel in der Serviette

4–6 altbackene Semmeln (für Norddeutsche: Brötchen), insgesamt 250 g
gut 1/8 l Milch
100 g Butter
1 Bund Petersilie
3 Eier
Salz
frisch gemahlener Pfeffer
Muskatblüte

1. Die Brötchen in kleine Würfel schneiden. Ein Drittel davon in einer Schüssel mit etwas heißer Milch (Mikrowelle 1 Minute auf stärkster Stufe!) beträufeln und einweichen.
2. Die restlichen Brotwürfel in 2 Eßlöffeln heißer Butter rundum braun rösten, erst dann die gehackte Petersilie untermischen – abkühlen lassen.
3. Die restliche, weiche Butter mit den Eiern zu den Brotwürfeln geben, auch die gerösteten Semmelwürfel zufügen. Die Masse mischen, mit Salz, Pfeffer und Muskatblüte würzen und etwa eine halbe Stunde ziehen lassen, damit sich alles innig verbindet und aufquellen kann.
4. Die Masse zu einem länglichen Laib formen und in eine mit Butter ausgestrichene Serviette packen – nur soviel Fläche der Serviette buttern, wie nötig ist, den Knödel zu umhüllen. Das Tuch nicht zu stramm wickeln, damit der Knödel genügend Platz zum Aufgehen hat.
5. Die Rolle auf einem Einsatz in leise sie-

dendes Wasser legen, von dem es vollständig bedeckt sein sollte. Im offenen Topf etwa 35 Minuten sanft ziehen, auf keinen Fall richtig wallend kochen lassen. Der Serviettenkloß ist durch und durch gar, wenn ein dünnes Holzstäbchen (z. B. ein Schaschlikspießchen), das Sie hineinstechen, sich beim Herausziehen überall warm anfühlt.
6. Den Serviettenkloß auspacken, in zweizentimeterstarke Scheiben schneiden und auf einer vorgewärmten Platte anrichten.

Am besten schneidet man den Serviettenknödel mit einem Stück festen Küchenzwirn – am Messer bleibt er leicht kleben und zerfällt dann.

Ungarischer Gurkensalat

1 Salatgurke
Salz
2–3 EL Essig
3 EL Sonnenblumen- oder Traubenkernöl
Pfeffer
Delikateßpaprika

Er soll – so behaupten jedenfalls alle Ungarn, die auf diese Art von Gurkensalat schwören – erheblich bekömmlicher und wohlschmeckender sein als übliche Gurkensalate. Grund genug, es einmal zu probieren und sich sein eigenes Bild zu machen.

1. Die Gurke schälen und auf einem Hobel in dünne Scheiben schneiden – am besten gleich in eine entsprechende Schüssel fallen lassen.

2. Die Gurkenscheiben salzen und umwenden. Mindestens eine halbe Stunde stehenlassen. Den Saft, der sich dann gebildet hat, abgießen, die Gurken mit Wasser überbrausen, gut ausdrücken und noch mal gründlich abtropfen lassen.

3. Jetzt erst mit Essig und Öl anmachen, dabei mit Pfeffer und Paprika würzen.

*

Und zum Nachtisch gibt es Crème Caramel, ein Dessert, das in Deutschland ein wenig aus der Mode gekommen ist, weil die einfachen Puddings es verdrängt haben, vor allem in den romanischen Ländern aber weiterhin heiß geliebt wird und auf keiner Karte eines gutbürgerlichen Restaurants fehlen darf. Ein Dessert, das ebenso einfach zu machen wie köstlich ist, vor dem sich aber viele fürchten – zu Unrecht, wenn Sie unsere Ratschläge befolgen:

Crème Caramel

Man braucht für diese Creme kleine Förmchen – für Gratins oder Pudding, ersatzweise nimmt man Tassen mit möglichst flachem Boden.

1. Die Milch mit dem Zucker aufkochen, die Vanillestange darin wenigstens 10 Minuten, besser länger ziehen lassen. Schließlich aufschlitzen, mit einem spitzen Messer das weiche Mark herauskratzen und in die Milch rühren.

2. Den Ofen auf 160 Grad vorheizen (ohne Umluft!).

3. Die ganzen Eier und die Eigelb miteinander verquirlen, dabei nicht schaumig rühren, weil sonst die Creme nachher häßliche Bläschen bekommt. Durch ein feines Sieb streichen, um die sogenannten Hagelstränge, die festen Teile im Eiweiß, zu entfernen. Mit der Milch gründlich mischen.

4. Für den Karamel den Zucker mit zwei Löffeln Wasser in einem dickwandigen Topf aufsetzen und einkochen, bis ein mittelbrauner Karamel entstanden ist. Dann schnell arbeiten: Rasch in passende Förmchen verteilen, diese sofort drehen und wenden, damit der Karamel den Boden gleichmäßig überzieht. Fest werden lassen, was nur ein paar Minuten dauert.

5. Die Eiermilch einfüllen. Die Förmchen in ein Wasserbad stellen: Dafür nimmt man am besten eine Bratenreine beziehungsweise Bratenform, die mit einem Bogen Zeitungspapier ausgelegt ist, was gewährleistet, daß die Förmchen rundum der gleichen Temperatur ausgesetzt sind und nicht am Boden zu stark erhitzt werden. Diese Temperaturbegrenzung ist deshalb so wichtig, weil sonst ebenfalls häßliche Bläschen entstehen und die Creme hart werden kann. Die Förmchen also auf das Zeitungspapier stellen, heißes Wasser in die Bratenpfanne gießen, so hoch, daß die Förmchen bis knapp unter ihren Rand davon umspült sind.

6. Die Creme im Wasserbad in den 160 Grad heißen Ofen stellen und 30 Minuten lang stocken lassen. Sie ist gar, wenn sie auf behutsamen Fingerdruck elastischen Widerstand bietet.

7. Den Ofen ausschalten, die Tür einen Spalt öffnen, die Creme im Ofen langsam abkühlen lassen, erst dann bis zum nächsten Tag in den Kühlschrank stellen. So hat der Karamel Zeit, sich zu einem goldenen Sirup zu lösen.

8. Zum Servieren die Creme vom Förmchen lösen – mit einem spitzen Messer den Rand rundum entlangfahren. Vorsichtig zunächst den goldenen Sirup auf einen Dessertteller fließen lassen, erst dann die Creme behutsam stürzen und – mit der hübschen, dunklen Unterseite nach oben – auf den Teller setzen.

Tips für den Fleischeinkauf

Beim Metzger oder in der Fleischabteilung des Supermarkts bekommt man stets auch fertig geschnittenes *Gulaschfleisch* zu kaufen. Vom *Rind*, vom *Schwein* oder gemischt zu etwa gleichen Teilen. Häufig findet sich zusätzlich sogenanntes *Filetgulasch* im Angebot, das sich jedoch für ein klassisches geschmortes Gulasch nicht eignet, sondern zum Kurzbraten gedacht ist. Um sicher zu sein, daß man auch tatsächlich genau dasjenige Stück Fleisch in den Topf tut, das man als besonders geeignet schätzt, sollte man es am Stück kaufen und zu Hause selbst in Würfel schneiden, deren Größe man dann bestimmen kann. Soviel Mühe ist das nicht. Fertig geschnittenes Gulaschfleisch, womöglich sogar zum Sonderpreis, besteht meist aus den unterschiedlichsten Teilen vom Rind: Man mischt dort gern alles, was beim Zuschnitt gerade anfällt und nicht mehr als eigenständiges Bratenstück verkauft werden kann; so kann es also vorkommen, daß sich zwischen Teilen vom Hals, vom Bug oder Vorderviertel auch jene langfaserigen Stücke befinden, die sich eher zum Auskochen für eine Suppe eignen und beim Schmoren ziemlich fest und manchmal sogar zäh bleiben. Auch kann es sich um das Fleisch von älteren Rindern handeln, die nicht mehr unter die Rubrik *Bullen-* oder *Färsenfleisch* fallen (siehe auch das Kapitel Rindfleischsorten auf der nächsten Seite).

Am besten ist es, man kauft beim Metzger seines Vertrauens, mit dem man sich über die Qualität des Fleisches beraten kann, den man lobt, wenn er gutes Fleisch verkauft hat, dem man aber auch mitteilen sollte, wenn man mal nicht zufrieden war. Nur dann kann er – und wird es hoffentlich! – Abhilfe schaffen. Auch wenn das Fleisch vielleicht etwas teurer ist als beim Großmetzger oder im Supermarkt, hier bekommt man noch ein Stück Individualität. Gulaschfleisch sollte stets von denjenigen Teilen des Rindes stammen, die von gallertigen Sehnen und Fettstreifen durchzogen sind, weil nur sie das Fleisch saftig halten und ihm Geschmack geben. Sie lösen sich beim Schmoren auf und sorgen dafür, daß das Fleisch zart wird, nicht austrocknet und die Sauce eine sämige Bindung bekommt. Geeignet sind zum Beispiel Stücke vom *Hals*, vom *flachen Bug* und, ganz besonders aber, geradezu idealerweise die *Wade* oder *Hesse,* wie sie auch genannt wird. Hier sind schiere Fleischteile rundum von gallertigem Bindegewebe umhüllt, das sicher gewährleistet, daß das magere Fleisch geschützt bleibt und nicht faserig werden kann. Weil es sich beim Schmoren fast vollständig auflöst, bleibt auch später kein „Gezadder" übrig, das man vor dem Essen wegschneiden müßte. Voraussetzung allerdings dafür: Das Fleisch muß ausreichend abgehangen sein; mindestens zwei bis drei Wochen, je länger desto besser, denn um so zarter und mürber wird dann das Fleisch.

TIP: Wenn Ihr Metzger gerade ein besonders gutes Rind geschlachtet hat, lassen Sie sich die gewünschten Teile von ihm in Vakuumfolie einschweißen. Er wird sie bestimmt gern so lange in seinem Kühlhaus für Sie aufbewahren; um so mehr, als er keinen Verlust einzukalkulieren hat, weil Sie das Fleisch ja längst bezahlt haben.

Rindfleischsorten

Rindfleisch ist nicht gleich Rindfleisch. Je nach Alter des Tieres und Geschlecht unterscheidet man einzelne Qualitäten:

Bullenfleisch stammt von männlichen Rindern, die höchstens zwei Jahre alt sind. Es ist ein mageres, leuchtendrotes Fleisch, das sich in Geschmack und Farbe deutlich unterscheidet vom

Färsenfleisch, das von jungen, weiblichen Kühen stammt (ebenfalls höchstens zwei Jahre alt). Es ist klar sichtbar von Fettadern durchzogen (marmoriert), das dem Fleisch nicht nur mehr Saft und Kraft gibt, sondern auch Geschmack. Es ist stets daran zu erkennen, daß es eine etwas hellere Farbe hat als Bullenfleisch.

Ochsenfleisch zählt zum besten, was man kaufen kann. Leider gelangt es nur allzuselten auf den Markt. Es ist das Fleisch von kastrierten Bullen, die mindestens drei Jahre alt sind und ist noch besser, dann auch als *Weideochsenfleisch* gekennzeichnet, wenn die Tiere diese drei Jahre auf der Weide haben stehen dürfen. Man bekommt es ab und zu, vor allem im Herbst, am häufigsten in Norddeutschland. Es ist noch dunkler als Bullenfleisch und stärker mit Fett marmoriert als das Fleisch bester Färsen. Dieses Fleisch ist kernig und voller Geschmack, weshalb es den höheren Preis zweifellos wert ist!

Der Metzger muß die Herkunft des Fleischs zwar nicht auf seinen Preisschildern angeben – im Gegensatz zum Obst und Gemüse gibt es beim Fleisch keine Handelsklassenverordnung für den Verbraucher –, aber er muß auf Ihre Fragen ehrlich antworten. Er weiß nämlich ganz genau Bescheid, welche Qualität er anbietet. Für ihn regelt beim Großeinkauf im Schlachthof durchaus eine strenge Verordnung die verschiedenen Qualitätsklassen. Deshalb sollten Sie sich zur Angewohnheit machen, nachzufragen, was er Ihnen verkauft. Nur dann ist für ihn der Anreiz ausreichend groß, nach besonderer Qualität zu suchen, die, das versteht sich von selbst, allerdings auch ihren höheren Preis hat.

Welcher Wein paßt zum Gulasch?

Daß zu Gulasch nicht nur Wein, sondern auch Bier gut schmeckt, sei es ein kühles Helles, ein zartbitteres Pils oder ein kräftiges Export, wollen wir nicht in Abrede stellen. Und ein mehr oder weniger sprudelndes Tafelwasser gehört unbedingt dazu, denn die unverzichtbare Schärfe eines jeden gescheiten Gulaschs macht zwangsläufig Durst.

In der Urheimat des Gulaschs allerdings, in Ungarn, trinkt man Wein: Am liebsten einen säurebetonten Weißwein, der auf sandigen Böden gewachsen ist. Früher auch einen Rotwein, das berühmte *Erlauer Stierblut*, das einst als trockener, feuriger und gewaltiger Roter bestens zu einer kräftig paprizierten Speise paßte, heute aber leider fast ausschließlich „mild" – sprich: süß – angeboten wird.

Dem pfeffrigen, runden und schweren Paprikageschmack und dem Röstaroma des Fleischs, der süßen Fülle der Zwiebeln muß man schon einen Wein entgegensetzen, der sich behaupten kann, der die nötige „Konsistenz" hat. Die würzigen Weine von der Rhône passen vielleicht am besten, weil in ihnen sich die Düfte von Zimt und Nelken, Pfeffer und Paprika, Vanille und dunklen Waldbeeren, ja Trüffeln, feuchter Erde, Eiche und dem so hocherwünschten Teer vereinigen. Höchst empfehlenswert daher die besonders anspruchsvollen, extraktreichen, ziemlich seltenen und daher auch recht teuren Weine der genau bestimmten, seit langem berühmten Anbaugebiete von

Châteauneuf-du-Pape, Gigondas, Hermitage, Côte Rôtie oder die einfacher aufgebauten und daher weniger teuren, allgemeinen Weine der *Côtes-du-Rhône* oder die spezielleren Weine bestimmter Orte, die *Côtes-du-Rhône Villages AC (Appellation Contrôlée)*, die man im großen und ganzen ebenfalls recht preiswert bekommt. Das Niveau ist höchst unterschiedlich, es gibt aus allen Gebieten und in allen Preisklassen bessere und schlechtere Weine – aber man kann schon für 7,00 DM einfache und dennoch ordentliche *Côtes-du-Rhône AC* bekommen, während man für einen guten Jahrgang eines Spitzenweines von *Châteauneuf-du-Pape* oder *Hermitage* 30,00 DM, wenn nicht gar mehr hinblättern muß.

Weiterhin passen zum Gulasch vorzüglich *Cabernet-Weine* aus dem *Bordeaux* sowie aus fast allen Ländern der Welt – beste Kreszenzen kommen aus *Norditalien*, der *Toskana*, *Südafrika*, *Kalifornien*, *Australien* und *Neuseeland*. Am elegantesten wohl die Weine des *Médoc* (Bordeaux), klar und mit einem ausgeprägten Charakter, den Aromen von Waldfrüchten. Sie sollten allerdings noch etwas jugendliche Frische und Säure besitzen, damit sie dem Paprika Widerpart leisten können. Zwischen 12,00 und 20,00 DM bewegen sich die Preise für einen mittelklassigen *Médoc*-Wein, nach oben sind kaum Grenzen gesetzt. Gleiches gilt für italienische *Cabernets,* von denen es ab und zu auch billigere, erstaunlich gute Angebote gibt, und mittlere Gewächse aus Übersee. Die Spitzen sind freilich auch hier wesentlich teurer.

Bestens passen zum Gulasch auch Weine aus der in Norditalien heimischen *Nebbiolo*-Rebe: *Barolo* und *Barbaresco* aus dem Piemont sind die berühmtesten Gebiete, aber auch die teuersten. Fast als Geheimtip kann man die *Nebbiolos* aus dem *Valtellina (Lombardei)* empfehlen, wo große, mächtige Weine gedeihen (allen voran *Grumello, Sassella* und *Inferno*). Preise für akzeptable Qualität schwanken nach Herkunft, Weingut, Renommé und Arbeitsweise zwischen 6,00 und 25,00 Mark, für Spitzenweine nach oben hin weit offen. Alle *Nebbiolo*-Weine zeichnen sich durch ein kräftiges Tannin, also einen deutlich und rauh auf der Zunge zu spürenden Gehalt an Gerbsäure aus. Man sollte sie, damit sie Luft bekommen und ihr fruchtig-erdiges Aroma entwickeln können, einige Stunden vor dem Essen öffnen.

Für alle angesprochenen Weine gilt als ideale Trinktemperatur 17 bis 18 Grad: Serviert man sie wärmer, kommt der hohe Alkohol der unter südlicher Sonne gewachsenen Weine zu stark zum Ausdruck und überlagert jegliche dennoch vorhandene Eleganz und die Feinheiten der Struktur.

Gute Jahrgänge für die angesprochenen Weine sind 1982 und 1983 für Piemont und die Weine des *Valtellina,* 1985 und 1986 für die anderen Gebiete, für einfache *Côtes-du-Rhône* auch 1988.

Von deutschen Weinen können wir eigentlich nur einen ausgereiften, kräftigen *Lemberger* (88 oder 89) aus Württemberg empfehlen, der genügend Kraft mitbringt, um sich neben einem Gulasch behaupten zu können.

Wie schön, daß wir einen gemeinsamen Markt mit einem breiten Angebot haben ...

XII. Maultaschen und Ravioli

*Eine schwäbische Spezialität und
ihre italienischen Vorbilder*

Niemand zweifelt daran, daß die Maultaschen eine schwäbische Institution sind. Tatsächlich liegt ihr Ursprung im Dunkel der Geschichte. Auffällig ist immerhin eine Ähnlichkeit der italienischen Ravioli mit den schwäbischen Maultaschen. Allerdings: Es waren immer wieder Schwaben bzw. Alemannen lange Zeit in Italien gewesen, nicht zuletzt die Staufer, und so konnten die Teigtaschen mit tüchtigen Hausfrauen oder interessierten Schlemmern von Nord nach Süd oder von Süd nach Nord gewandert sein. Lange Zeit erzählte man sich, es sei die durchaus nicht hübsche Tiroler Gräfin Margarete gewesen, die sie über die Alpen gebracht habe. Ihres Aussehens wegen hatte sie den Zunamen „Maultasch" bekommen – einen Zusammenhang zwischen Name und Gericht zu schaffen bot sich an.

Wir nehmen aber doch an, daß es ganz anders war: Daß man nämlich ganz simpel die in der ganzen Welt unabhängig voneinander entwickelte Art des Gerichts, die Tasche, bezeichnet, die man sich so schön und praktisch einverleiben, also ins Maul stopfen kann . . .

Wie dem auch sei – jede schwäbische Hausfrau, die auf sich hält, hat ihr eigenes Rezept. Allerdings scheuen heute viele die damit verbundene Arbeit und kaufen fertige Maultaschen beim Metzger. Aber das sind eigentlich nicht die richtigen: Der Metzger tut keinen Spinat hinein und auch kein Brötchen. Dadurch ist die Füllung eindeutig fleischlich, weniger würzig und vor allem fast immer viel zu fest, weil das lockernde Brot fehlt.

Im übrigen sind die Maultaschen eigentlich ein Fastengericht: Man sieht ja nicht in die Teigtaschen hinein, man kann also Fleisch darin verbergen – und wenn man die Füllung zusätzlich mit Spinat grün färbt, dann läßt sich sogar der liebe Gott betrügen . . . Maultaschen sind, sagen die suppenverliebten Schwaben, nur so gut wie die Bouillon, in der sie serviert werden. Kochen wir also zunächst eine richtige, würzige

Fleischbrühe

Damit diese golden und kräftig wird, nimmt man möglichst ein schön fettes Stück Fleisch. Ideal ist zum Beispiel *Brustkern*, bei dem eine wunderbare, schiere Fleischschicht zwischen zwei ordentlichen Fettschichten eingebettet ist, was das Fleisch saftig hält und ihm Geschmack verleiht. Gut geeignet ist auch *Wade*, beziehungsweise *Beinfleisch*, vor allem, wenn man sie

1 kg Brustkern
eventuell zusätzlich einige Fleischknochen
1 dicke Zwiebel
1 Möhre
1 Lauchstange
1/4 Sellerieknolle
einige Petersilienstengel
1 EL Pfefferkörner
1–2 getrocknete Chilischoten nach Belieben
2 Lorbeerblätter
1 TL Salz

nicht quer in dicke Scheiben gesägt bekommt, sondern als ganzes, vom Knochen gelöstes Stück. Wichtig bei der Auswahl: Das Fleisch muß einen hohen Fett- und Sehnenanteil haben, aber auch über eine schiere Fleischpartie verfügen, damit man später schöne Scheiben für den Vorspeisensalat schneiden kann.

1. Das Fleisch und die Knochen in einen ausreichend großen Suppentopf füllen.
2. Die ungeschälte (die Schale gibt der Brühe Farbe!) Zwiebel halbieren, auf der Herdplatte dunkel rösten, dabei ein Stück Alufolie unterlegen, damit die Platte sauber bleibt.
3. Das Wurzelwerk putzen, schälen (Möhre und Sellerie), grob in Stücke schneiden und in den Topf füllen. Die Petersilienstengel ebenfalls, zuvor natürlich die Blätter abzupfen; sie brauchen wir später noch für den Salat. Mit so viel Wasser auffüllen, daß alles gerade eben bedeckt ist. Die Gewürze sowie das Salz hineinstreuen.
4. Ohne Deckel langsam zum Kochen bringen. Den Schaum, der sich an der Oberfläche entwickelt, *nicht* abschöpfen: Es handelt sich dabei um geronnenes Eiweiß, das dazu dient, die Brühe zu klären! Allerdings muß man ihm erlauben, seine Arbeit in aller Ruhe zu tun; deshalb darf das Wasser keine heftigen Kochbewegungen machen, die das Eiweiß herumwirbeln lassen.
5. Wenn das Wasser aufzuwallen beginnt, die Hitze auf kleinste Stufe herunterschalten. Sobald aller Schaum sich zu Boden gesenkt hat, den Deckel aufsetzen. Das Fleisch nun zugedeckt etwa zwei Stunden ziehen lassen. Wenn es weich genug ist, herausholen, alles Fett und nicht Eßbare sorgfältig wegschneiden und wieder zurück in

den Suppentopf füllen. Die Suppe darf ruhig noch eine weitere Stunde kochen, beziehungsweise köcheln, damit alle Inhaltsstoffe aus Knochen, Wurzelgemüse und Fleischresten gut ausgezogen werden.
Wichtig: Fleischbrühe darf niemals richtig *kochen* – sonst wird sie trüb, und das Fleisch wird zäh und trocken. Vielmehr muß man sie immer unterhalb des Siedepunkts leise ziehen lassen, sie muß *sieden*.
6. Da auf diese Weise gesotten das Fleisch keineswegs fad, sondern im Gegenteil köstlich schmeckt, machen wir daraus einen Salat. Dafür von allem Fett, von Sehnen und Häuten sorgfältig säubern, in einer Schüssel mit Brühe bedecken, damit es nicht austrocknen kann, und bis zum andern Tag in den Kühlschrank stellen. So bekommt es genügend Festigkeit, um es in sehr dünne Scheiben schneiden zu können.

Rindfleischsalat

1. Das Fleisch auf dem elektrischen Allesschneider, notfalls mit der Hand, in gleichmäßige, sehr dünne Scheiben schneiden.
2. Die Radieschen putzen, schöne, zarte Blätter beiseite legen. Die Radieschen selbst in Stifte hobeln. Frühlingszwiebeln schräg in nicht zu feine Ringe, den Schnittlauch in Röllchen schneiden. Rucola und Brunnenkresse waschen, dicke Stiele entfernen; Champignons in dünne Scheiben hobeln. Auch die beim Suppekochen aufbewahrten Petersilienblätter fein hacken.
3. Die Tomaten kurz in kochendes Wasser tauchen, kalt abschrecken, häuten, entkernen, das Fruchtfleisch fein hacken.
4. Mit den angegebenen Zutaten in einer großen Schüssel eine Marinade rühren, die

vorbereiteten Salatzutaten behutsam darin
wenden.

5. Auf Vorspeisentellern hübsch anrichten
und sofort servieren. Dazu paßt Baguette
oder frisches Bauernbrot.

Maultaschen

Man sollte immer gleich auf Vorrat eine
doppelte Portion davon zubereiten, die Arbeit ist praktisch die gleiche, und man hat
gleich fürs nächste Mal, wenn Gäste kommen, ein herrliches Essen für sie parat – die
Maultaschen werden einfach roh eingefroren und zwischen zwei bemehlten Küchen-
tüchern aufgetaut, ehe sie ins kochende
Wasser kommen.

1. Zunächst wird der Teig gemacht. Wieviel Mehl man genau dafür braucht, läßt
sich nicht präzise sagen. Es hängt von der
Größe der Eier ab, von der Mehlbeschaffenheit, auch von Luftfeuchtigkeit. Deshalb ein Tip: Einfach eine ordentliche Portion Mehl auf die Arbeitsfläche oder in eine
Rührschüssel häufen, in die Mitte eine Vertiefung machen, dorthinein die Eier und Eigelb schlagen, das Salz zufügen. Nun von
der Mitte her die Eier verquirlen und mit
soviel Mehl vermengen, wie sie aufzuneh-

men imstande sind. Schließlich das überschüssige Mehl entfernen, den Teig entweder mit der Hand kneten, bis er elastisch ist, oder die Nudelmaschine dafür zu Hilfe nehmen: Portionsweise so lange zwischen den glatten Walzen durchdrehen, dabei den Abstand jedesmal ein wenig enger stellen, bis ein hauchdünnes, ebenmäßiges Teigband entstanden ist. Unter einem Küchentuch vor dem Austrocknen schützen.

2. Für die Füllung die Brötchen in warmem Wasser einweichen.

3. Feingehackte Zwiebel und durchgedrückten Knoblauch in der heißen Butter andünsten (Mikrowelle 3 Minuten/stärkste Stufe), den sorgfältig verlesenen, mehrmals gewaschenen und von seinen Stielen befreiten Spinat in Salzwasser blanchieren, kalt abschrecken und gründlich ausdrücken.

4. Alle Zutaten durch die feine Scheibe des Fleischwolfs drehen: Zuerst die Zwiebeln, dann nacheinander den Spinat (den man deshalb nicht zu entstielen braucht), das Rindfleisch, die Landjäger und zum Schluß die sehr gründlich ausgedrückten Brötchen, die den Fleischwolf gleich wieder reinigen.

5. Alles innig mischen, dabei mit Salz, Pfeffer, reichlich Muskat, Sojasauce, Worcestershiresauce und Cayennepfeffer kräftig abschmecken.

TIP: Wer keinen Fleischwolf hat, kauft fertig durchgedrehtes Hackfleisch, kann gedünstete Zwiebeln und blanchierten Spinat im Zerhacker zerkleinern, den Landjäger schließlich von Hand winzig fein würfeln. Auf keinen Fall das Fleisch im Zerhacker mixen, dort wird es zu fein und nachher zäh wie Gummi.

5. Jetzt die Maultaschen machen: Die Teigbänder auf der Arbeitsfläche ausbreiten und mit Eiweiß einpinseln.

6. Die Füllung in regelmäßigen Abständen als Häufchen darauf setzen – je kleiner die Häufchen, desto geringer die Abstände, desto mehr Maultaschen gibt es. Nimmt man als Füllungsmaß einen Eßlöffel, sollten die Häufchen etwa fünf Zentimeter auseinander sein; wenn die Füllung dann etwas flach gedrückt wird, bleibt zwischen den Häufchen nur noch ein Rand von knapp zwei Zentimetern . . .

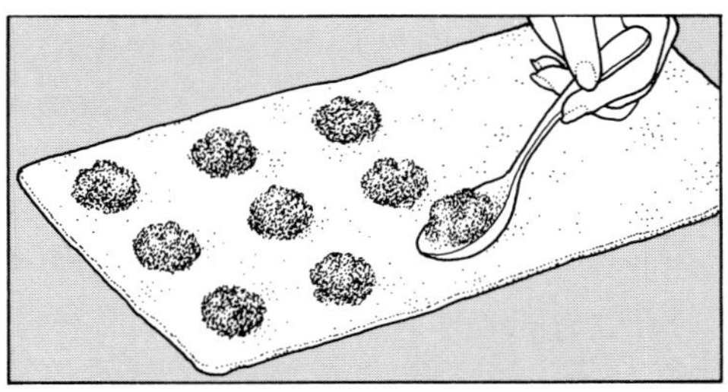

Häufchen auf Band setzen.

6. Mit einem zweiten Teigband abdecken. Überall, rund um die einzelnen Füllungen festdrücken.

Mit der zweiten Teigplatte abdecken und festdrücken.

7. Mit einem Teigrädchen oder Messer Taschen ausschneiden.

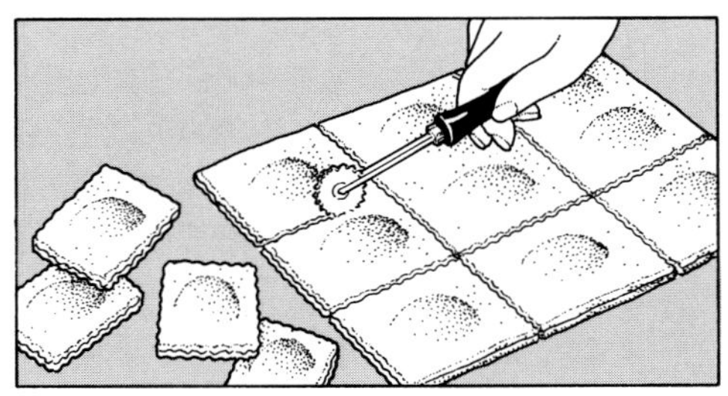

Ravioli ausradeln oder ausschneiden.

8. Die fertigen Taschen auf einem mit Mehl bestäubten Tuch, mit einem ebenfalls eingemehlten Tuch zugedeckt, ruhen lassen, bis alle Teigtäschchen fertig sind.

9. Kurz vor dem Servieren in reichlich siedendes Salzwasser legen und etwa fünf Minuten köcheln. Wenn die Täschchen oben schwimmen, sind sie gar. Mit einer Schaumkelle herausheben, abtropfen lassen.

*

Fürs Servieren gibt es viele verschiedene Möglichkeiten – hier eine kleine Auswahl:

Die klassisch-schwäbische Art:

Mit dampfend heißer Fleischbrühe bedeckt in einer Terrine zu Tisch bringen. Dazu saftigen Kartoffelsalat servieren, der aus frisch gekochten, nur eben abgekühlten Kartoffeln zubereitet und mit gehackter Zwiebel, Schnittlauch sowie Essig und Öl angemacht ist.

Was für Schwaben ein Muß ist, mag Norddeutsche seltsam berühren: Man nimmt sich die Maultaschen in einen Suppenteller, gießt ordentlich Brühe darüber und dahinein kommt nun der Kartoffelsalat – ein Gedicht!

Geschmälzt, mit Zwiebelringen:

Pro Person eine große Zwiebel in Ringe hobeln, in reichlich Butter, der nach Belieben etwas Schmalz zugefügt wurde, in einer großen Pfanne schön braun braten. Über die auf einer Platte angerichteten, mit nur wenig Brühe eben angefeuchteten, ganz heißen Maultaschen verteilen. Dazu ebenfalls Kartoffelsalat, wie oben beschrieben, und unbedingt auch noch ein grüner Salat!

Mit südlicher Tomatensauce:

Eine feingehackte Zwiebel mit zwei bis drei durchgedrückten Knoblauchzehen in etwas Olivenöl weich dünsten. 500 g frische, grob zerschnittene Tomaten oder 1 Dose geschälte Tomaten zufügen. Salzen, pfeffern, Thymianzweige, Petersilienstengel oder Basilikum zugeben. Zugedeckt eine halbe Stunde köcheln, durch ein Sieb streichen und nochmals abschmecken.

Gebratene Maultaschen:

Sollten welche übriggeblieben sein, schmecken Maultaschen am nächsten Tag wieder köstlich, wenn man sie in Butter und Schmalz aufbrät, und zwar in Scheiben geschnitten, eventuell sogar noch einige gebackene Zwiebelringe dazu.

Rucola: Halb Kraut, halb Blattsalat, ist mächtig in Mode gekommen. Als Rauke fristete sie in unseren Bauerngärten einst ein kümmerliches Dasein, halb als Unkraut verschrien. Dann verschwand sie völlig von unserem Speisezettel, bevor sie als französische Roquette oder italienische Rochetta bzw. Rucola einen Siegeszug durch die Feinschmeckerlokale antrat. Heute findet man sie auf jedem besseren Markt: zu Recht, denn die zarten, ölig-würzigen Blätter schmecken herrlich. Ein wundervolles Salatkraut, pur wie gemischt!

Rhabarbercreme auf Erdbeersalat

1. Am Vortag bereits ein Rhabarberkompott kochen: Dafür die Stangen putzen und in fünf Zentimeter lange Stücke schneiden.
2. Mit zwei Dritteln des Zuckers in einem Topf vermischen, etwa eine Stunde stehenlassen, damit der Rhabarber Saft zieht.
3. Erst dann aufkochen, etwa zehn Minuten leise dünsten, bis der Rhabarber weich ist. Stücke mit einer Schaumkelle herausheben.
4. Den Saft schnell auf starkem Feuer einkochen, bis nur noch etwa zwei Eßlöffel vorhanden sind. Zu den Rhabarberstücken geben und über Nacht abkühlen lassen.
5. Bevor die Gäste kommen, den Mascarpone mit dem Schneebesen oder Handrührer aufschlagen, dabei den restlichen Zukker, etwas abgeriebene Zitronenschale und Vanillezucker (siehe Seite 101) zufügen. In die luftig aufgeschlagene Mascarponecreme das Rhabarberkompott ziehen, mit Zitronensaft abschmecken.

6. Für den Erdbeersalat die Früchte von ihren Stielen befreien, senkrecht in Scheiben schneiden.
7. In einer Schüssel mit Zucker bestreuen, mit Orangensaft beträufeln und eine halbe Stunde marinieren lassen.
8. Zum Servieren den Salat auf Desserttellern hübsch anrichten, die Rhabarbercreme daraufsetzen. Mit den Kräuterblättchen (oder, falls keine Kräuter zur Hand sind, mit Pistazienkrümeln) dekorieren.

Zusatzrezepte von Pippo Culoso:

Ravioli di rucola e ricotta – Ravioli mit Rucola und Quark

1. Nudelteig dünn ausrollen, in Abständen von 8 cm einen Eßlöffel Füllung daraufsetzen, Ravioli machen, wie beschrieben.
2. Für die Füllung die in einem Tuch gut

ausgedrückte Ricotta (oder Schichtkäse) zerbröckeln.

3. Geputzten Spinat und Rucola in sprudelnd kochendem Salzwasser zusammenfallen lassen, eiskalt abschrecken, abtropfen und ausdrücken.

4. Mit einem Messer fein zerschneiden, mit Quark, beiden Käsesorten, Eiern und Gewürzen vermischen.

5. Ravioli fünf bis sieben Minuten in Salzwasser kochen.

6. <u>Für die Sauce</u> Butter und Sahne aufkochen, das in Streifen geschnittene Basilikum darin zusammenfallen lassen. Mit Pfeffer und Salz abschmecken.

7. Ravioli kurz abtropfen, auf vorgewärmten Tellern anrichten und mit Sauce umgießen.

Ravioli di vitello – Kalbfleischravioli mit Tomatensauce

1. Den Teig wie im Grundrezept beschrieben zubereiten und ausrollen.

2. <u>Für die Füllung</u> die gehackte Zwiebel und die zerkleinerten Knoblauchzehen in der Butter weich dünsten.

3. Gut ausgekühlt mit dem ebenfalls gut gekühlten, eventuell sogar etwas angefrorenen Fleisch mit der Crème fraîche und dem Käse im elektrischen Zerhacker oder Mixer fein pürieren. Die kalte Temperatur ist wichtig, damit das Fleisch nicht zäh wird!

4. Diese Farce mit Salz, Pfeffer und Cayennepfeffer abschmecken.

5. Wie beschrieben die Füllung als kleine Häufchen in regelmäßigen Abständen darauf setzen, mit einem zweiten Teigband abdecken. Kleine Täschchen ausradeln oder

ausstechen. In Salzwasser einige Minuten sanft gar ziehen lassen.

6. <u>Für die Sauce</u> gehackte Zwiebel und Knoblauchzehen in der Butter andünsten, die Tomaten mitsamt ihrem Saft zufügen.

7. Eine Viertelstunde leise köcheln, schließlich mit dem Mixstab fein pürieren, durch ein Sieb passieren und mit der Sahne erneut aufkochen. Die jetzt cremige Sauce mit Salz und Pfeffer abschmecken

7. Die Ravioli in tiefen Tellern anrichten, mit Tomatensauce begießen und mit Basilikumblättern dekorieren.

ZUTATEN FÜR SECHS PERSONEN:

1 Rezept Nudelteig (siehe Grundrezept Maultaschen)
300 g Kalbsschulter
150 g Crème fraîche
1 Zwiebel
2 Knoblauchzehen
2 EL Butter
50 g Parmesan
Salz
Pfeffer
Cayennepfeffer
Für die Sauce:
1 Zwiebel
3 Knoblauchzehen
2 EL Butter
1 kleine Dose Tomaten (450 g)
1/4 l Sahne
Salz
Pfeffer
frisches Basilikum

Casunziei Ampezzani –
Rote-Bete-Ravioli mit Mohnbutter

ZUTATEN FÜR SECHS PERSONEN:

1 Portion Nudelteig (Grundrezept)
75 g Mohn
100 g Butter
Für die Füllung:
500 g rote Bete
2 EL Butter
100 g gut abgetropfter Ricotta
(ersatzweise Schichtkäse)
2 Eier
ca. 100 g Semmelbrösel
Salz
Pfeffer

1. Den Nudelteig wie beschrieben herstellen und ausrollen.

2. Für die Füllung die rote Bete schälen, würfeln und in der heißen Butter auf mildem Feuer zugedeckt sanft etwa zwanzig Minuten weich dünsten.

3. Abkühlen lassen, gut abtropfen und mit der Ricotta oder dem Quark mixen. Eier und soviel Semmelbrösel untermischen, bis die Farce streichfähig ist. Mit Salz und Pfeffer abschmecken.

4. Wie für die anderen Ravioli oder Maultaschen beschrieben, kleine Täschchen formen (man kann natürlich auch mit einem runden Ausstecher runde oder halbrunde Täschchen herstellen) und in Salzwasser kochen.

5. Die Butter erhitzen, den Mohn darin schwenken, sofort über die in tiefen Tellern angerichteten Ravioli gießen.

*

Welcher Wein paßt zu Maultaschen und Ravioli?

Grundsätzlich heißt's wie immer: Erlaubt ist, was schmeckt. Wasser als Durstlöscher darf natürlich niemals fehlen. Aber der kultivierte Genießer wird sich gerne einen geschmacklich befriedigenderen Genuß verschaffen – ist die Füllung hell und gibt es dazu eine helle Sauce, so wird man einen trockenen Weißwein vorziehen, zu dunkler Fleischfüllung oder brauner Sauce paßt eher Rotwein. Dabei sollte man sich daran orientieren, was in der Region angebaut oder getrunken wird, wo das Rezept herkommt.

So empfehlen wir zu schwäbischen Maultaschen einen Württemberger, etwa einen *Silvaner* oder *Riesling,* wenn die Füllung mit Spinat zubereitet wurde; es kann aber auch ein *Trollinger* sein, wenn es sich um eine reine Fleischfülle handelt. Freilich: Zu Maultaschen muß es nicht unbedingt ein Wein sein – es schmeckt auch ein Bier ausgezeichnet!

Zu den Casunziei Ampezzani paßt ein *Soave* oder *Prosecco* mit zartbitterem Mandelton; zu den Kalbfleischravioli aus Piemont entweder ein leichter Rotwein, etwa ein frischer *Barbera,* oder ein kräftiger weißer *Arneis;* und zu den Rucola-Ravioli ein trockener Weißer aus dem *Friaul.*

XIII. Einladung zum Glas Wein

Weineinkauf, eine kleine Glaskunde
und ein paar leckere Happen

Vor allem im Herbst, wenn der Wein gelesen wird, laden wir gerne zur Weinprobe ein – nicht mit dem *Neuen*, dem *Sauser*, *Sturm* oder *Federweißen*, sondern zu einer Reihe ausgereifter Weine früherer Jahre. Wie viele Weine man probiert, hängt von der Konstitution und der Trinkfreude der Zechgenossen und deren Zahl ab – wir rechnen mit einer Flasche pro Nase, wenn niemand mehr Auto fahren muß. Freilich: Bei einer fachgerechten Probe muß man nicht alles schlucken. Wollen wir jedoch den Nachmittag oder Abend mit Freunden genießen, dann trinken wir und wollen etwas zum Wein essen. Entweder nur Weißbrot, eventuell etwas *Parmigiano Reggiano* (Parmesan), *Grana* oder alten *Gruyère* dazu, noch lieber Handfesteres:

ZWEI BACKBLECHE, ACHT BIS ZEHN PERSONEN:

Brotteig:
500 g Mehl
1/2 Würfel Hefe
1 TL Zucker
ca. 1/4 l lauwarmes Wasser
1 TL Salz
Belag:
500 g Zwiebeln
150 g durchwachsener Speck in ziemlich dünnen Scheiben
50 g Butter
Salz
Pfeffer
300 g Crème fraîche
3 Eier
Muskat
Kümmel

Zwiebelkuchen

Immer passend zum Glas Wein, aber auch ein wunderbarer Imbiß, vielleicht sogar zusammen mit einem Salat. Und, in mundgerechte Stücke geschnitten, hervorragend als Häppchen zum Aperitif.

1. Für den Teig das Mehl in eine Schüssel häufen, in die Mitte eine Vertiefung drükken. Die Hefe mit dem Zucker und etwas lauwarmem Wasser verquirlen, bis sie völlig aufgelöst ist. Diese Mischung in die Mehlkuhle gießen, mit etwas Mehl vom Rand vermischen und nun mit einem Tuch zugedeckt eine halbe Stunde an einem warmen Ort stehenlassen, damit dieser Vorteig gehen kann.

2. Danach haben sich Blasen gebildet, der Vorteig sieht aus, als ob er brodelt. Nun langsam das restliche Wasser zufügen – aber nicht alles auf einmal, weil die genaue Menge von der Mehlbeschaffenheit abhängt. Das Salz nicht vergessen. Dabei mit dem Handrührer oder mit der Küchenmaschine rühren, bis der Teig sich vom Schüsselrand löst.

3. In der Schüssel zu einer Kugel formen, mit Mehl bestäuben und zugedeckt gehen lassen: entweder bei Zimmertemperatur eine knappe Stunde oder im Kühlschrank über Nacht.

4. Für den Belag die Zwiebeln in dünne Ringe hobeln und ein Drittel des Specks (also etwa 50 g) in Würfelchen schneiden.

5. In einer großen Pfanne die Butter erhitzen und den Speck darin anbraten. Die Zwiebeln zufügen, salzen, pfeffern, und die

Zwiebeln so lange sanft dünsten, bis sie weich sind, ohne dabei anzubraten.

6. Den Teig dünn ausrollen, zwei eingefettete oder mit Backpapier belegte Bleche damit auskleiden.

7. Die Crème fraîche mit den Eiern verquirlen, salzen, pfeffern, mit Muskat würzen und auf dem Teigboden verstreichen. Die Zwiebeln darauf verteilen

8. Den restlichen Speck in Streifen schneiden und lose auf der Oberfläche verstreuen. Zum Schluß mit Kümmel würzen.

9. Den Zwiebelkuchen im 220 Grad heißen Ofen in etwa 35 Minuten knusprig backen.

Bratwürste im Brioche

Ein Briocheteig ist ein mit viel Butter und Eiern angereicherter Hefeteig. Er ist weicher als ein normaler Hefeteig, vor allem, weil die Butter ihn geschmeidig macht. Sobald er eine Weile im Kühlschrank gestanden hat, wird er wieder fest. Also zum Verarbeiten warm und weich werden lassen, und auf keinen Fall mit zusätzlichem Mehl mehr Halt zu geben versuchen, sonst entsteht ein Steinklotz, keine krumige Brioche.

1. Das Mehl in eine Schüssel häufen, in die Mitte eine Vertiefung drücken. Die Hefe mit Zucker und lauwarmer Milch verrühren, in die Kuhle gießen und mit etwas Mehl vom Rand verrühren. Zugedeckt eine halbe Stunde gehen lassen, bis dieser Vorteig Blasen entwickelt und „brodelt".

2. Nacheinander die Eier und das Salz zufügen, dabei mit den Knethaken des Handrührers oder in der Küchenmaschine rühren. Die weiche Butter in Stückchen erst zum Schluß zufügen, und zwar jeweils das

ZUTATEN FÜR SECHS BIS ACHT PERSONEN:

Briocheteig:
500 g Mehl
1/2 Würfel Hefe
1 EL Zucker
4 EL Milch
5 Eier
1 knapper TL Salz
250 g Butter
Außerdem:
Herzhafte Würste, etwa Bauernbratwürste, Lyoner, Debrecziner oder knoblauchwürzige Bratwürste, auch Thüringer oder Nürnberger Würste zum Einwickeln
1 Eigelb
2 EL Sahne zum Einpinseln

nächste Stück, wenn das vorherige vom Teig vollkommen verschluckt wurde. Der fertige Teig ist weich und glänzend.

3. Den Teig zu einer Kugel formen, in einer Schüssel mit Mehl bestäuben und mit einem Tuch zugedeckt über Nacht im Kühlschrank gehen lassen.

4. Knapp eine Viertelstunde bevor man ihn benötigt, aus dem Kühlschrank nehmen, damit er Zimmertemperatur annimmt und sich gut formen läßt.

5. Portionsweise auf der bemehlten Arbeitsfläche halbzentimeterdick ausrollen. Jeweils eine aus ihrer Haut gepellte Wurst hineinwickeln und mit der Nahtstelle nach unten auf ein mit Backpapier belegtes Blech setzen.

6. Unter einem Küchentuch erneut eine halbe Stunde gehen lassen. Erst dann die

Teigrollen mit Eigelb einpinseln, das mit etwas Sahne verquirlt wurde.

7. Schließlich bei 200 Grad in etwa 12 bis 15 Minuten goldbraun backen.

8. Zum Aus-der-Hand-Essen quer in mundgerechte Häppchen schneiden oder im Ganzen auf Tellern mit Messer und Gabel servieren – dazu schmeckt natürlich ein grüner Salat.

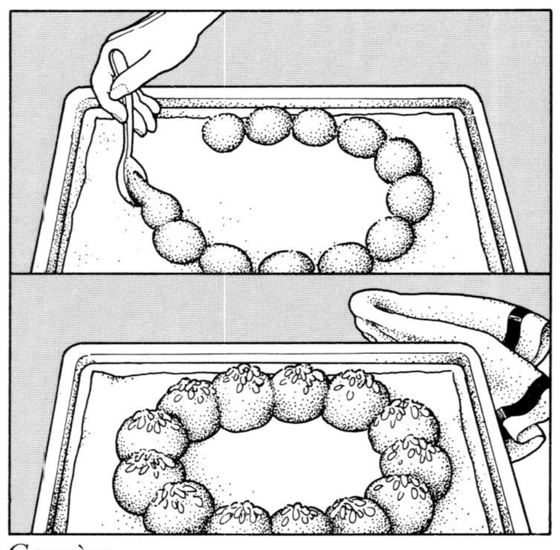
Gougère

Gougère oder
Burgunder Käsekranz

Vor Brandteig, wie man ihn für diese Spezialität braucht, haben viele großen Respekt. Dabei ist er ganz einfach zu machen, wenn man – das allerdings ist wichtig! – sich ganz genau an die Maße und Zeitangaben hält. Außerdem darf man beim Backen keine Ungeduld zeigen: Die Ofentür darf erst geöffnet werden, wenn der Käsekranz durchgebacken ist, sonst fällt die luftige Pracht zusammen.

1. Das Wasser mit Salz und Butter in einem Topf aufkochen. Sobald die Butter völlig

geschmolzen ist, den Topf vom Feuer ziehen.

2. Das gesamte Mehl in einem Schwung hineinschütten, dabei sofort mit einem Kochlöffel rühren. Zurück aufs Feuer setzen. Unter ständigem Rühren so lange erhitzen, bis sich am Topfboden ein dünner Film bildet. Den Topf wieder vom Herd nehmen, den Teig nur so wenig abkühlen lassen, daß die Eier nicht gerinnen, sobald man sie unterrührt.

3. Die Eier nunmehr nacheinander mit einem Kochlöffel einarbeiten. Immer erst dann das nächste Ei zufügen, wenn das vorherige aufgenommen ist. Zum Schluß ist der Teig weich und glänzend und steht in steifen Spitzen vom Kochlöffel ab.

4. Inzwischen den Käse winzig würfeln – nicht reiben, sonst klebt nachher die Gougère zusammen und wird nicht so herrlich duftig, wie sie soll. Zwei Eßlöffel dieser Würfel beiseite stellen. Den Rest rasch unter den Teig heben.

5. Mit einem Eßlöffel Häufchen vom Teig abstechen, sie im Kreis nebeneinander auf ein mit Backpapier belegtes Blech setzen,

so daß sie einen Kranz bilden. Die Oberfläche mit verquirltem Eigelb einstreichen, den zurückbehaltenen Käse daraufstreuen.
6. Den Käsekranz bei 200 Grad in etwa 40 bis 45 Minuten golden backen.
TIP: Die Gougère ist warm, zusammen mit einem Salat, ein angenehmer kleiner Imbiß, eine „Brotzeit", ein schnelles Lunch oder Abendessen. Sie paßt warm, lauwarm oder sogar kalt wunderbar zu einem Glas Wein.
Man kann den Teig natürlich auch häufchenweise mit Abstand voneinander aufs Blech setzen und so kleine Windbeutel beziehungsweise Krapfen backen, die sich prima als Häppchen zum Aperitif eignen.

Der Wein und sein Glas

Moderne Keltermethoden lassen neue Geschmacksrichtungen aufkommen. Weine schmecken in unserer Zeit anders als vor 50 oder 100 Jahren. Darum wurden die althergebrachten Weingläser in ihren Formen ad absurdum geführt, denn diese neuen Weine verlangen nach neuen Glasformen.
Glas ist nicht Glas! Die Form des Glases formt und fördert den Geschmack des Weines. Weintrinken ist nicht nur schmecken, Weintrinken ist mit allen fünf Sinnen genießen.
Der Genuß beginnt bereits beim Einschenken. Das samtartige Anlaufen des Glases, wenn kühler Weißwein serviert wird, ist Freude für das Auge, Ankündigung prikkelnder Frische.
Man greift nach dem Glas, fühlt seine glatte schöne Form in den Fingerspitzen und empfindet dann die erste Begegnung von Wein und Tastsinn.

Wein muß man riechen, darum dürfen Gläser höchstens halbvoll geschenkt werden, bei großen Weinen nur bis zu einem Viertel, um genügend Duftraum zu lassen. Je wertvoller der Wein, desto größer das Glas! Gläser mit weit geöffneten Kelchen verschwenden das Aroma, enthalten es dem Trinker vor. Denn bei der Bewegung des Glases vom Tisch zum Mund wird die Luft durch das Glas geteilt, das Aroma, das durch den Eigendruck des Weines entweicht, verströmt, verweht, ehe man das Glas zum Mund führt, um es aufzunehmen. Das Gehör genießt den Wein beim Klingen der Gläser. Ein genialer römischer Glasmacher aus Colonia erfand den klingenden Becher, indem er eine gläserne Spirale an ein Becherglas schmolz. Nun konnte man die Becher an einem Stiel, dem Römerfuß, fassen, gegeneinander stoßen . . . und klingen lassen.
Eine geeignete Glasform verbessert den spezifischen Geschmack jedes Weines. Beim Glasentwurf muß berücksichtigt werden, daß die Zungenspitze sauer schmeckt, der gesamte Zungenrand süß, das Zungenende salzig-bitter.
Trinkt man aus einem apfelförmigen Moselkelch, muß man saugen, nippen ist nicht möglich. Durch das Saugen springt der Wein auf das salzig-bitter schmeckende Zungenende. Die Bittersalze werden auf den Geschmackspapillen als erstes gefiltert, der Wein läuft dann über den auf süß reagierenden Zungenrand, und nur wenig der fruchtigen Säure wird von den auf Säure reagierenden Papillen erkannt. Mit dieser Glasform kann ein eher säuerlicher Wein zu geschmacklichen Vollendung gelangen.
Für einen eher süßen Wein bewährt sich ein eiförmiger Kelch. Daraus kann man nip

*1. Das **Bordeaux-Glas** wurde für die Rotweine aus dem Bordeaux-Gebiet, der Toskana und des Rioja entwickelt. Besonders genießen Sie aus dieser die kräftigen Duftnoten bündelnden Kelchform die Rebsorten Cabernet Sauvignon, Merlot und Sangiovese. Das Glas nur zu einem Drittel füllen!*

*2. Der **Bordeaux-Pokal:** Große Weine werden aus diesem Glas getrunken. Zu einem Achtel bis Sechstel eingeschenkt, verhilft das Glas dem Getränk zu voller Entfaltung der Duft- und Geschmacks-Komponente. Der „große" Wein, aus diesem Pokal getrunken, eröffnet neue Erkenntnisse des Weingenießens.*

*3. Das **Burgunder-Glas:** Anspruchsvolle Rotweine verlangen ein großes, bauchiges, breites Glas, um ihren Duft richtig entfalten zu können. Auch dieses Glas nur zu einem Drittel füllen, damit ein ausreichend großer Raum für die Vereinigung von Wein und Luft bleibt. Auch das ideale Glas für Nebbiolo-Weine (Barolo, Barbaresco, Gattinara etc.) und alle roten Burgunder (Pinot noir), also auch für gute, kräftige deutsche Spätburgunder.*

*4. Der **Burgunder-Pokal** – schon 1958 auf der Weltausstellung in Brüssel mit dem Grand Prix ausgezeichnet – ist das perfekte Glas für große Burgunder. Je älter der Wein, um so größer das Glas. Die zarte Ausschweifung des Glases führt den kostbaren Wein auf die richtigen Geschmackspapillen, und dadurch kommt es zur optimalen Geschmacksentfaltung.*

pen, und dabei stellt sich die Zungenspitze auf. Die feine Kohlensäure wird auf der Zungenspitze gefiltert, der Wein berührt den auf süß reagierenden Zungenrand und erreicht schließlich das Zungenende mit der Bittersalzzone. So wird dieser Wein aufs idealste abgerundet.

Aber die Gläser müssen nicht nur „mechanisch" in Ordnung sein. Ihre Innenfläche sollte die Großporigkeit schweren Bleikristalls haben. Sie bewirkt etwas Besonderes: In jedem Wein ist außer Kohlendioxydbläschen auch chemisch gelöste Kohlensäure (CO_2). Der Wein läuft nicht vom Glashals,

5. _Junger Rotwein:_ _Die Glasform und der Trinkwinkel heben bei diesem Glas besonders das Bukett, der Geschmack wird veredelt und sogar gesteigert. Alle leichteren Rotweine sollten aus diesem Glas genossen werden, etwa Valpolicella, Trollinger und Beaujolais nouveau._

6. _Das **Chardonnay-Glas** wurde für alle Weißweine, die gerne zu Fisch getrunken werden, entwickelt. Besonders genießen Sie aus dieser Kelchform viele französische Weißweine aus der Chardonnay-Rebe, wie Chablis, alle weißen Burgunderweine, die deutschen Weißburgunder, Grauburgunder und Ruländer, wenn sie als trockene Spätlesen ausgebaut wurden, hochwertige Weißweine aus Italien, schließlich auch Spitzenweine aus der Rebsorte Sauvignon blanc (Bordeaux, Loire)._

sondern springt beim Saugen oder Nippen von unten kommend die Glaswand entlang und fließt über die Mundrandkante. An der großporigen Glaswand wird das im Wein gelöste CO_2-Molekül durch Reibung in Schwingungen versetzt. Am scharf geschliffenen Rand wird es im „status nascendi" zu

7. _Aus diesem **Glas für jungen Weißwein** saugend, springt der Wein sofort auf die Kohlendioxyd wahrnehmende Zungenspitze und kommt dann erst auf Zungenmitte und Zungenende. Die volle Spritzigkeit des jungen Weißweins kommt dadurch voll zur Geltung. Das Glas ist sehr schmal gehalten, um den Aromastoffen keinen zu breiten Verdampfungsraum zu bieten. Das Bukett soll zart hervortreten und mit dem Geschmack zu einer Einheit verschmelzen und auch die feine Fruchtsäure zur Geltung bringen. Bei halbvoll eingeschenktem Glas können sich über der Flüssigkeit die Duftstoffe sammeln. Passende Tropfen für dieses Glas sind die Rieslinge aus Deutschland und der ganzen Welt, Silvaner, Gutedel (also auch der Schweizer Fendant und Dorin aus der Chasselas-Rebe), Müller-Thurgau, die jung zu trinkenden, einfacheren Qualitäten deutscher Weißburgunder, Grauburgunder und Ruländer, der normalen italienischen Weißweine sowie der französischen Landweine und der Weine von der Loire._

einem CO_2-Bläschen, das sich erfrischend auf die Zungenpapillen legt und so die Spritzigkeit bestimmt. Denn das Mousseux, wie man die durch die Kohlensäure bewirkte Spritzigkeit des Weines nennt, wird ausschließlich nur von der Zungenspitze wahrgenommen.
Diese in wissenschaftlichen Forschungen und aus langjähriger Erfahrung erarbeiteten Erkenntnisse von C. J. Riedel wurden in die Glasserie „Sommeliers" eingebracht: Das Wissen um das Zusammenspiel von Glas und Trinkgenuß steigert die Freude am Wein.

Alle die angeführten Weine bekommt man heute in einem gut sortierten Supermarkt oder in den Weinregalen der Kaufhäuser, doch bitte: Rechtzeitig einkaufen.

Besser freilich ist es, sich einen Keller anzulegen und die Weine beim Spezialisten zu kaufen, also im Fachhandel, beim Winzer, beim Importeur.

Kaufen Sie im Laden, so greifen Sie zu möglichst schlicht aufgemachten Flaschen in klassischer Form (für fast alle qualitativ hochwertigen Rotweine ist das entweder die bauchige Burgunder- oder die gerade Bordeaux-Flasche), scheuen Sie alle Phantasieformen und marktschreierischen Etiketten.

Fast immer – es gibt viel seltener eine Ausnahme, als man es sich erhofft! – ist der Preis ein Merkmal für die Qualität. Natürlich, je besser der Wein, desto teurer wird er auch sein. Spielraum ist im allgemeinen aber dennoch vorhanden, Preisvergleiche lohnen sich. In jedem Fall ist es besser, einen vergleichsweise „teuren" Qualitätswein zu kaufen als eine relativ „billige" Spätlese, auch wenn der Preis objektiv derselbe ist.

Bewerten Sie Medaillen kritisch: Nur die staatlich kontrollierten Medaillen und Siegel (zum Beispiel von den Landwirtschaftskammern, vom Landwirtschaftministerium, auch das Deutsche Weinsiegel oder die Siegel der Regionalverbände) sind Signale einer gegenüber dem Standard besseren Qualität. Viele Phantasiemedaillen und Prämierungen von angeblichen Weinmessen sind jedoch mit einer gewissen Vorsicht zu betrachten.

Immer gut: ein Rückenetikett, auf dem sachlich über Erntebedingungen, ideale Trinktemperatur beim Servieren des Weins, eventuell auch von den Analysewerten berichtet wird. Hüten Sie sich aber vor schwärmerischen Beschreibungen!

Will man nicht herumprobieren, greift man auf die Markenweine der großen Firmen zurück – sie garantieren eine immer gleichbleibende, kalkulierbare Qualität.

Und schließlich ein fast dumm klingender Rat, der aber viel zu oft vernachlässigt wird: Merken Sie sich (und schreiben Sie es sich auf!), wenn Sie einmal eine besonders gute Erfahrung gemacht haben. Nichts ist schlimmer, als sich vage zu erinnern, daß man eigentlich den passenden, wunderbaren Wein kennt, er aber im Gedächtnis versunken ist. Kulinarische Erfahrung erwächst nur in der Verbindung mit präzisem Wissen . . .

Das Etikett – die Visitenkarte des Weins

Diverse Weinskandale in den letzten Jahren haben empfindlich klar gemacht: Man weiß oft nicht, was man trinkt – das „Naturprodukt" Wein hat an Vertrauen verloren. Tatsache jedoch ist: Wer ein Etikett richtig lesen kann, wird kaum reinfallen! Schauen wir uns also mal die Visitenkarte eines deutschen Weines an und prüfen, was alles daraufsteht.

1. Das Anbaugebiet

Es gibt 13 bestimmte Anbaugebiete (Kürzel: b. A.) in Deutschland, die eigene Charakteristika aufweisen, die sich aus Klima,

Herkunftsbezeichnung ▶

Jahrgang ▶

engere Herkunftsbezeichnung ▶

Rebsorte ▶ Geschmacksangabe ▶

Qualitätsstufe ▶

Alkoholgehalt ▶ Amtliche Prüfungsnummer ▶

Erzeuger oder Abfüller ▶

① RHEINHESSEN

② **1987er**

③ **Buntinger Oechsleberg**

⑥ **Riesling · halbtrocken** ⑩

Qualitätswein b. A. ④ oder ⑤

⑪ Alkohol 10,5 Vol. %

⑧ **A. P. Nr. 516 087 88**

⑦ Erzeugerabfüllung: Hartmut Weber, D-6866 Buntingen

⑨

Bodenbeschaffenheit und den angebauten Rebsorten ergeben: *Ahr, Mosel-Saar-Ruwer, Mittelrhein, Nahe, Rheingau, Rheinhessen, Rheinpfalz, Hessische Bergstraße, Franken, Württemberg, Baden, Saale-Unstrut* und *Elbe*. Welche Weine man bevorzugt, muß man selber herausfinden – nur durch Vergleich kommt man weiter; aber das Probieren macht ja Spaß!

2. Der Jahrgang

Da Deutschland zu den nördlichsten Weinbaugebieten der Erde zählt, schlagen Klimaschwankungen besonders stark zu Buche. Man sollte ungefähr wissen, wie welches Weinjahr ausfiel. Für Deutschland hier ein grober Überblick:

1983 Sehr guter Jahrgang, viele Spitzenqualitäten! Sind jetzt (1992) reif.

1984 Kleiner Jahrgang, wenige lagerfähige Ausnahmen. Sollten getrunken sein.

1985 Sehr geringe Menge, gute bis ausgezeichnete Qualtität. Einfache Qualitäten teilweise über dem Höhepunkt, andere beginnen trinkreif zu werden.

1986 September verregnet, daher nicht der schon erwartete Jahrhundertwein. Aber sehr gute Qualitätsweine. Jetzt optimal (1992).

1987 Gute, ordentlich strukturierte Weine mit reifer Säure. Jetzt gut.

1988 Großartiger Jahrgang, sehr gute Weine, oft Spitzenqualität mit gutem Preis-Leistungsverhältnis. Beginnen langsam, trinkreif zu werden, bei guten Qualitäten noch warten.

1989 Großes Jahr und entsprechende Preise. Saftige, reiche Weine, auch beste Auslesen und Eisweine. Jetzt nur einfache Qualitäten trinken, bei guten Weinen noch etwas warten, Spitzen erst ab 1995 genießen.

1990 Absolutes Spitzenjahr – beste Weine für den Keller: Legen Sie sich einen Vorrat an, solange die Preise (es ist schließlich der dritte große Jahrgang hintereinander!) noch auf relativ niedrigem Niveau sind. Noch warten, ehe Sie die Flaschen aufmachen – sie werden noch viel besser!

1991 Mittleres bis gutes Jahr – je nach Lage und Anbaugebiet. Neben guten Prädikatsweinen viele angenehme, fruchtig-frische Zechweine. Diese ab Ende 92 trinkreif.

Übrigens: Ein Wein braucht nach Gesetz nur zu 85 Prozent aus dem angebenen Jahr zu stammen – bei guten Winzern tut er das natürlich ganz!

3. Ortschaft und Lage (Weinberg)

Jeder Ort hat seine Eigenart nach Kleinklima, Bodenbeschaffenheit, Lage des Weinbergs (Steilhang oder flacher Hügel, nach Süden oder Westen gelegen, nahe bei spiegelndem Fluß oder etwa in einem Seitental). Das klingt einfach. Doch es wird komplizierter. Denn sogenannte Großlagen können das Areal mehrerer Gemeinden umfassen: Von hier kommt Massenwein. Und Einzellagen können wiederum in mehrere Güteklassen unterteilt werden. Leider kann man das in Deutschland (anders als etwa in Frankreich) nicht vom Etikett ablesen – da hilft also nur Wissen.

4. Die Güteklasse (Qualitätsstufe)

Tafelwein: Normalerweise der einfachste Wein – kann auch ein Verschnitt aus Weinen verschiedener EG-Staaten sein, aus einem bestimmten EG-Land oder aus einem Gebiet (in Deutschland z. B.: Mosel, Rhein, Neckar). Oft zusätzlich mit Phantasienamen, auch in der Aufmachung gerne verfälschend (Wein aus dem Mittelmeerraum, Etikettengestaltung heimelig-deutsch, Vorsicht!).
Allerdings: Heute finden sich hierunter auch Spitzenweine, die nicht in allen Punkten dem Weingesetz entsprechen. Man erkennt sie an einer noblen Ausstattung und einem stolzen Preis.

Landwein: Qualitativ gehobener Tafelwein. Gebietstypisch (auch von der Rebsorte: pfälzischer, rheinischer Landwein) und trocken oder halbtrocken. Aus Frankreich „Vin de Pays".

Qualitätswein bestimmter Anbaugebiete (Q. b. A.): Hierzu gehört der überwiegende Anteil der deutschen Weinerzeugung (in Frankreich werden nur etwa 20, in Italien sogar nur 10 Prozent als Qualitätsweine eingestuft!). Die Weine müssen zu hundert Prozent aus dem angegebenen Weinbaugebiet stammen, auch müssen Ort und Lage angegeben sein. Q. b. A.-Weine dürfen „angereichert", also gezuckert werden. Das bedeutet: Vor der Gärung darf Zucker (die Menge ist gesetzlich geregelt) zugefügt werden, der mit dem Fruchtzucker zusammen zu Alkohol vergärt. Man tut das, um schwachbrüstige Weine gehaltvoller, alkoholreicher zu machen. Niemals zum Süßen (Zucker nach der Gärung zuzufügen ist verboten).

Qualitätswein mit Prädikat: eine typisch deutsche Spezialität! Für jede Prädikatsstufe ist der Mindestzuckergehalt für die Trauben bei der Lese festgelegt (je nach Weinbaugebiet verschieden), angegeben in Grad Oechsle. Prädikatsweine dürfen nicht durch Zuckerzugabe alkholreicher gemacht werden.

5. Die Prädikatsstufen

Kabinett – leicht und zart, geringer Alkoholgehalt.
Spätlese – vollreifer Wein, gehaltvoll, nach Abschluß der Normalernte gelesen.

Auslese – Wein aus besten, vollreifen Trauben, kranke und unreife Beeren werden herausgelesen.

Beerenauslese – mächtiger Wein aus mit der Hand aus der Traube gezupften Beeren, die immer überreif, oft edelfaul sind.

Trockenbeerenauslese – ein edelsüßer, hochdelikater Wein aus rosinenartig geschrumpften, ausgelesenen, edelfaulen Beeren.

Eiswein – aus bei Lese und Pressung gefrorenen Beeren, daher einzigartig im Verhältnis von Süße zu Säure, aromatisch-konzentriert.

In Frankreich: Prädikate gibt es nur im Elsaß, nämlich *Vendange tardive* (Spätlese) und Sélection *grains nobles* (Beerenauslese). Weine bestimmter Anbaugebiete sind bezeichnet als *Appellation d'Origine Contrôlée* (abgekürzt: *AOC*), wobei d'Origine ersetzt wird durch die genaue Herkunftsbezeichnung. Ähnlich strengen Bestimmungen unterliegt die Bezeichnung *Vin Délimité de Qualité Supérieure (VDQS)*.

In Italien: *Riserva* bezeichnet besonders lange gelagerte Weine aus bestem Lesegut. Qualitätsweine bestimmter Anbaugebiete tragen den Vermerk *Denominazione di Origine Controllata (DOC)*, zusätzlich mitunter *e Garantita* (dann *DOCG*).

In Spanien heißt es entsprechend *Denominacion de Origen* und *Reserva*.

6. Die Rebsorte

Ist sie angegeben, muß der Wein zumindest zu 85 Prozent aus dieser Rebsorte bestehen, sie muß zudem den Charakter des Weins bestimmen. Die besten Winzer mischen allerdings keine anderen Sorten zu! Werden zwei Rebsorten genannt, muß der Wein vollständig daraus bestehen. Rassig-frische, säurebetonte Weine bringen *Riesling* und *Kerner;* ausgeglichen, nicht zu säurebetont und eher geschmacksneutral fallen *Silvaner, Gutedel, Weiß-* und *Grauburgunder (Ruländer)* aus; bukettreicher sind *Müller-Thurgau* und besonders *Scheurebe* und andere Neuzüchtungen sowie der klassische *Gewürztraminer.* Der *Trollinger* bringt frische, der *Blaue Portugieser* milde, *Lemberger, Schwarzriesling, Spätburgunder* eher kräftige Rotweine.

7. Abfüller

Weine aus eigenen Weinbergen des Winzers oder von Zusammenschlüssen von Winzern (Erzeuger-Gemeinschaften oder Winzergenossenschaften) werden als „Erzeugerabfüllung" gekennzeichnet. Kellereien und andere Abfüller (auch Winzer oder Weingüter, wenn sie zugekaufte Weine abfüllen) müssen mit Firmennamen als „Abfüller" auf dem Etikett stehen. Steht also dort: „Abfüllung Weingut Sonnenschein", so handelt es sich um einen Wein, der nicht auf dem angegebenen Weingut gewachsen ist.

8. Amtliche Prüfnummer

Sie beweist, daß der Wein die amtliche Qualitätsprüfung erfolgreich durchlaufen hat. Die letzte Zahl zeigt das Jahr der Abfüllung – auf unserem Musteretikett also 1988.

9. *Name und Adresse des verantwortlichen Abfüllers*

An ihn können Sie sich bei Reklamationen wenden. Oder: Sie bestellen den Wein bei ihm nach, wenn er Ihnen geschmeckt hat.

10. *Die Geschmacksrichtung*

Man unterscheidet hier den Grad der Süße. **Trocken** ist ein Wein, wenn er nicht mehr als 4 g je Liter Restzucker bzw. bis 9 g/l besitzt, wenn der Säuregehalt nicht mehr als 2 g/l unter dem jeweiligen Zuckergehalt liegt. „Restzucker" bedeutet jedoch nicht, daß es sich um unvergorenen Fruchtzucker handelt – die Süße kann vielmehr auch aus zugefügtem sterilisiertem Traubensaft (Süßreserve) stammen. Der Traubensaft muß aus derselben Großlage kommen – allerdings braucht er nicht von derselben Rebsorte zu sein. Die Qualitätsbewußten unter den Winzern süßen allerdings einen säurebetonten, rassigen Riesling nicht mit einer pappigen Neuzüchtung. Haben die Weine eine zusätzliche Prüfung bestanden, dürfen sie das gelbe Weinsiegel führen.
Halbtrocken sind Weine bis zu 18 Gramm Restzucker (die Säure darf nur 10 g/l darunter liegen) – grünes Weinsiegel.

Mild oder **lieblich** wird meist nicht auf dem Etikett vermerkt (rotes Weinsiegel). Ansonsten gilt: bis 45 g/l Restzucker heißt lieblich; darüber: süß.
Trockene und halbtrockene Weine passen am besten zum Essen und werden von Kennern auch sonst bevorzugt, wenn es sich um Tafelweine, Q.b.A.-Weine, Kabinett und Spätlesen handelt. Bei schweren Spätlesen und Auslesen kommt es auf Winzer, Art und Jahrgang an – sie können trocken, mild oder sogar süß sein. Schließlich bleibt bei Beerenauslesen, Trockenbeerenauslesen und den meisten Eisweinen ein natürlicher Restzucker unvergoren im Most, die Weine können gar nicht trocken werden.

11. *Der Alkoholgehalt*

Hier wird der Mindestalkoholgehalt angegeben, der meist auch dem tatsächlichen Alkoholgehalt entspricht. Besonders leicht sind, also wenig Alkohol enthalten deutsche Kabinettweine (von der Mosel schon ab etwa 7,5 Vol.% Alkohol), besonders schwer sind und viel Alkohol enthalten Südweine (Port und Sherry bis zu 20 Vol.%). Volumen-Prozent = Mengenangabe, nicht Gewicht (Alkohol ist leichter als das Wasser im Wein).

XIV. Rehbraten zum Fest

*Ein weihnachtliches Menü mit Höhepunkt
und eine Warenkunde Wild*

Seit Jahrtausenden feiern die Menschen ihre Feste mit einer reichgedeckten Tafel – kein Grund, dies heute nicht zu tun. Nur ein wenig anders als unsere Ahnen sollten wir uns dem festlichen Schmausen hingeben: Da wir das ganze Jahr hindurch kaum Hunger leiden, müssen wir darauf achten, uns über die Feiertage nicht regelrecht zu mästen. Ein ausgewogenes Menü ist angesagt: Nicht zu fett, sondern leicht verdaulich; eher elegant als üppig; der Jahreszeit und dem Marktangebot angepaßt, frisch und ohne leere Konservenkost; raffiniert, aber nicht kompliziert; schließlich auch ökonomisch, was die Arbeit betrifft, jedoch ein wenig luxuriös, weil Weihnachten ist . . .

Wir haben versucht, diese Vorstellungen miteinander zu verbinden. Und haben in den Mittelpunkt des Menüs einen Rehrücken gesetzt – jetzt, nachdem die Belastungen nach Tschernobyl im Wildfleisch nicht mehr nachzuweisen sind, können wir uns wieder einem Genuß hingeben, auf den die meisten vorsichtshalber für einige Zeit verzichtet haben. Ein Klassiker der feinen Tafel – freilich ein wenig leichter und eleganter zubereitet als einst von Muttern . . .

Vorweg jedoch:

Lachstatar mit Avocado

Das ist blitzschnell gemacht, wirkt aber unerhört aufwendig und edel.

Wichtig ist, daß die Avocados wirklich reif sind: Sie müssen auf behutsamen Fingerdruck nachgeben, etwa wie streichfähige Butter. Leider darf man das im allgemeinen im Laden nicht nachprüfen; und unsere Händler sind in den seltensten Fällen so aufmerksam, daß sie Avocados von verschiedenen Reifestufen für ihre Kunden bereithalten. Harte Avocados müssen bei Raumtemperatur einige Tage nachreifen – wenn man sie in Zeitungspapier packt (bei sehr unreifen Früchten noch einen Apfel oder eine Banane mit einwickelt) und an einen warmen Ort legt, geht das übrigens schneller.

1. Dünnschalige Avocados schälen, hartschalige ungeschält längs halbieren, also durch den spitzen Stielansatz und die gegenüberliegende Rundung schneiden. Leicht gegeneinander verdrehen, so daß sich die Hälften lösen. Bei den ungeschälten Hälften die harte Schale nun seitlich mit den Daumen aufbiegen, in der Mitte der Rundung mit den anderen Fingern drükken, so daß sich die Schale vom Fruchtfleisch löst und sozusagen umstülpt.

2. Die Hälften quer in dünne Scheiben schneiden. Zum dickeren Ende hin etwas

flach drücken, so daß die Scheiben sich wie
ein Fächer auseinanderbreiten.

3. Auf einem Vorspeisenteller so anrichten, daß daneben noch das Lachstatar Platz
finden kann. Den Avocadofächer sofort
großzügig mit Zitronensaft beträufeln, damit er sich nicht verfärbt.

4. Mit Salz, im Mörser fein zerstoßenen
Pfeffer- und Pimentkörnern sowie etwas
Cayennepfeffer würzen. Kein Öl – Avoca-
dos sind von Natur aus fett genug.

5. Das Lachsfilet sorgfältig entgräten, dabei mit einer Pinzette die kleinen, im
Fleisch steckenden Gräten herausziehen.
Das Filet von der Haut schneiden, das
schiere Fleisch mit einem scharfen Messer
von Hand (nicht mit dem Mixer!) in winzig
kleine Würfel schneiden.

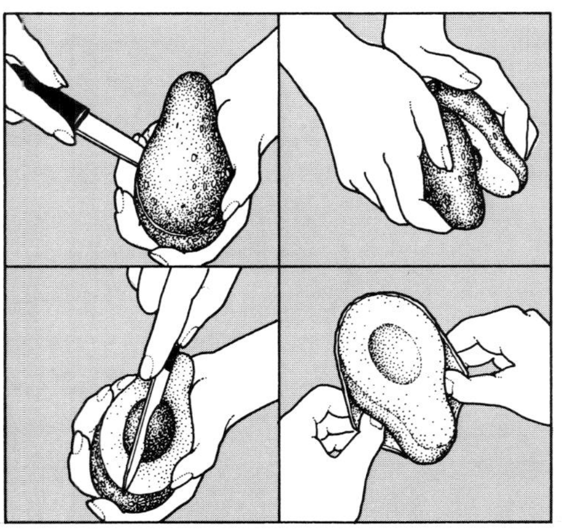

*1. Avocados mit dicker, buckliger und harter Schale
mit einem Messer halbieren.*
*2. Die Hälften gegeneinander verdrehen, wobei sie
sich voneinander lösen.*
*3. Mit dem Messer in den Kern schlagen und diesen
durch Verkanten des Messers herauslösen.*
*4. Das Fruchtfleisch aus der harten Schale drücken –
dazu die Schale seitlich mit den Daumen aufbiegen
und festhalten, von hinten mit den anderen Fingern
drücken und dadurch das Fruchtfleisch unversehrt
herauslösen und die Schale sozusagen umstülpen.*

6. Mit den ebenso feingewürfelten Schalotten und gehacktem Dill mischen. Das Tatar
mit Zitronensaft, Salz, Pfeffer und Olivenöl
würzen.

7. Als Häufchen neben dem Avocadofächer hübsch anrichten. Den Teller mit einigen Lachskaviarperlen dekorieren.

Rehrückenbraten

Bereitet man alles gut vor, macht der Rehrücken wenig Arbeit! Vor allem den Sau-

Zutaten für sechs Personen:

**1 schöner Rehrücken von ca 1,5 bis
1,8 kg (rechtzeitig bestellen, damit
der Wildhändler genügend Zeit hat,
das Bratenstück küchenfertig
vorzubereiten!)**
Salz
**je 1/2 TL Wacholder-, Piment- und
Pfefferkörner**
100 g Butter
1 EL Johannisbeergelee
Für den Saucenfond:
**ca. 500 g Rehknochen oder
Ragoutstücke**
2 EL Öl
**1 bis 2 Bund Suppengrün (je nach
Format)**
1 Zwiebel
2 EL Tomatenmark oder 2 Tomaten
6 Wacholderbeeren
1 TL Pfefferkörner
2–3 Lorbeerblätter
1 Gewürznelke
1 kleine Chilischote
1 Flasche Rotwein

cenfond kann man gut bereits Tage vorher kochen. Im Kühlschrank bleibt er eine Woche, im Gefrierschrank sogar monatelang frisch.

1. <u>Für den Fond</u> die *Parüren*, also die Knochen und „Abfälle" oder Abschnitte, die beim Säubern (dem *Parieren*, also dem „Schmücken", wie die Köche schön und anschaulich sagen) des Rehrückens anfallen, wie Haut, Sehnen etc., in einem flachen, großen Topf im heißen Öl gründlich anrö-

So wird ein Rehrücken pariert

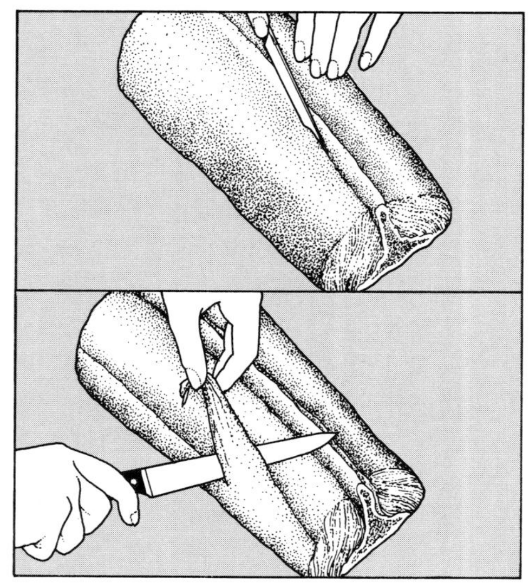

1. Mit einem kleinen, scharfen Messer am Rückgrat entlang auf beiden Seiten die Filetstreifen sauber ablösen – das Messer möglichst steil und beweglich wie einen Bleistift halten.

2. Jetzt vom Rückgrat her die auf dem Fleisch sitzenden Häute entfernen – dazu mit dem Messer ganz flach und nur mit der Spitze unter der Haut entlangschneiden. Über den Rippenknochen alle Sehnen und nicht zum Filet gehörigen Teile abschneiden. Eventuell mit der Geflügelschere die Rippenknochen stutzen, damit sie nur etwa 1 cm über das Fleisch herausstehen.

3. Mit der Geflügelschere die Dornen des Rückgrats so tief wie möglich abtrennen.

sten. Das kann gut und gerne eine halbe bis ganze Stunde dauern.

2. Dann das gewürfelte Suppengrün und die gehackte Zwiebel zufügen. Die Gewürze und das Tomatenmark unterrühren. Alles kräftig mitrösten, bevor mit dem Wein abgelöscht wird.

3. Ohne Deckel auf mittlerem Feuer einkochen, bis kaum mehr Flüssigkeit im Topf ist. Mit Wasser bedecken und nun erneut einkochen, diesmal sollte etwa 1/4 l konzentrierte Flüssigkeit übrigbleiben.

4. Durch ein Sieb filtern und kalt stellen.

5. <u>Den Rehrücken</u> sorgfältig parieren, also von Häuten und Sehnen befreien, und den in der Mitte hervorstehenden Knochen herausschneiden.

6. Den gesäuberten Rücken mit einer Mischung aus Salz und im Mörser zerstoßenen Gewürzkörnern einreiben.

7. In eine passende Bratenpfanne setzen, mit etwa 40 g heißer Butter übergießen. In den auf 250–300 Grad vorgeheizten Backofen (was immer Ihr Backofen hergibt!) schieben. Sobald der Braten schön braun ist, also nach etwa 15 (falls Sie den Rehrücken rosa mögen) bis 20 Minuten (wenn Sie ihn lieber durchgebraten haben), den Ofen ausschalten und die Türe öffnen, so daß die Hitze rasch abziehen kann. Den Rehrücken jetzt unbedingt eine viertel bis halbe Stunde im Ofen lassen. So kann die langsam nachlassende Hitze behutsam einwirken, der Braten wird durch und durch rosa, aber dennoch gar werden.

8. Für die Sauce den Fond aufkochen, das Johannisbeergelee unterrühren, mit dem Mixstab die Sauce aufschlagen, dabei die restliche, eiskalte Butter in Stückchen zufügen, bis sie cremig gebunden ist. Abschmecken, nicht mehr kochen lassen.

Selleriepüree

> **je 500 g Sellerie und Kartoffeln (geputzt gewogen)**
> **1/8 l Sahne**
> **Salz**
> **Pfeffer**
> **Muskat**

1. Sellerie und Kartoffeln würfeln, im Siebeinsatz des Dampfdrucktopfs weich dämpfen – auf keinen Fall in Wasser kochen, sonst wird das Püree zu naß!
2. Zusammen im Mixer mit Sahne, Salz, Pfeffer und Muskat pürieren – normalerweise eine Todsünde, weil Kartoffeln im Mixer schmierig werden, in diesem Fall jedoch möglich, weil der Sellerie für eine schöne Konsistenz sorgt. Trotzdem: So kurz wie nur irgend möglich mixen!

Wirsing

1. Den Wirsing vierteln, quer in Streifen schneiden, dabei den dicken Strunk herauslösen. Wirsingstreifen für einige Minuten in reichlich Salzwasser werfen, abgießen und sofort eiskalt abschrecken. So läßt sich der Wirsing schon am Morgen vorbereiten und

> **1 Wirsingkopf (ca. 1 kg)**
> **Salz**
> **2 EL Butter**
> **1 Zwiebel**
> **3–4 hauchdünne Scheiben durchwachsener Speck**
> **Pfeffer**
> **Muskat**

ist dann am Abend im Handumdrehn fertig.
2. In der heißen Butter die feingehackte Zwiebel andünsten, dabei die feingewürfelten Speckscheiben zufügen und sanft anziehen lassen. Den vorbereiteten Wirsing unterrühren.
3. Salzen, pfeffern, mit Muskat würzen und zugedeckt einige Minuten schmurgeln lassen.

Rotweinäpfel

> **4 kleine Äpfel von möglichst gleicher Größe (zum Beispiel Cox Orange)**
> **1 Lorbeerblatt**
> **je 1 TL Piment- und Pfefferkörner**
> **1–2 Gewürznelken**
> **1 Stück Zimtstange**
> **1–2 EL Zucker**
> **ca. 1/4–1/2 l kräftiger Rotwein**

1. Die Äpfel schälen, dabei unzerteilt lassen. Nur den Blütenansatz herausschneiden, die Stiele aber dranlassen.
2. Mit den Gewürzen und Zucker in einen möglichst kleinen Topf setzen, mit Rotwein bedecken. Auf milder Hitze zugedeckt sanft etwa zehn Minuten ziehen lassen.

3. Die Äpfel herausnehmen, den Sud auf etwa 4 Eßlöffel sirupartiger Flüssigkeit einkochen. Die Äpfel damit überziehen.

Bayerische Vanillecreme mit Himbeersauce

Ein feines Dessert – auch Crème Bavaroise genannt –, das sich deshalb gut als Nachtisch zum Festessen eignet, weil man es unbedingt bereits am Vortag zubereiten sollte. So hat man damit keine Mühe mehr.

1. Von der Sahne 1/8 l abmessen und kurz aufkochen lassen.

2. Die Vanilleschote zehn Minuten darin ziehen lassen, schließlich die Stange aufschlitzen, das Mark herausschaben und in die Sahne rühren.

3. Inzwischen die Eigelb mit 150 g Zucker zu einer dicken, weißen Creme schlagen.

4. Erst wenn der Zucker gelöst ist, langsam und unter ständigem Schlagen die kochendheiße Sahne zufügen. Die Masse mit dem Orangenblütenwasser würzen, zurück in den Topf oder die Rührschüssel füllen und auf gelindem Feuer oder im Wasserbad so lange erhitzen, bis die Creme einmal aufwallt, aber auf keinen Fall kocht.

5. Die unterdessen in kaltem Wasser eingeweichte, gut ausgedrückte Gelatine in der heißen Creme auflösen.

6. Abkühlen lassen – dabei am besten die Schüssel in das mit kaltem Wasser gefüllte Spülbecken stellen, damit es schneller geht, und immer wieder rühren.

7. Kurz bevor die Creme fest zu werden beginnt, die steifgeschlagene Sahne behutsam unterziehen. In eine Servierschüssel füllen und zugedeckt kalt stellen.

8. Für die Himbeersauce die Früchte auftauen, mit dem restlichen Zucker vermischt einmal aufwallen lassen, durch ein feines Sieb passieren und kalt stellen.

9. Zum Servieren mit einem Eßlöffel Nokken aus der Creme stechen und auf Desserttellern anrichten. Die Himbeersauce danebenfließen lassen und mit Minzeblättchen schmücken. Natürlich kann man auch die ganze Schüssel auf den Tisch stellen, und jeder bedient sich selbst nach Gusto.

TIP: Statt der Himbeersauce passen auch andere Fruchtsaucen zur Crème Bavaroise. Manche Früchte kann man dafür einfach zusammen mit etwas Zucker im Mixer pürieren, zum Beispiel Kiwis, andere muß man erhitzen, damit sie genügend Saft hergeben. Früchte mit kleinen Kernchen (wie Himbeeren, aber auch Johannisbeeren, Stachelbeeren, Brombeeren usw.) oder mit festschaliger Haut (zum Beispiel Pflaumen, Zwetschgen etc.) passiert man nach dem Zerkleinern durch ein feines Sieb.

*

Hier noch zwei Saucen und ein flüssiges Kompott, die auch zu anderen Desserts, vor allem zu Vanille-Eis, köstlich schmekken:

Aprikosensauce

1. Die Früchte entsteinen, in Stücke schneiden und mit dem Zucker vermischt in einem Topf auf mildem Feuer aufkochen – damit nichts ansetzt, etwas Wasser zufügen. Die Vanillestange zwischen die Früchte betten. Zugedeckt etwa zehn Minuten köcheln.
2. Dann die Vanillestange herausfischen, aufschlitzen, das Mark herausschaben und zu den Aprikosen geben. Diese im Mixer oder mit dem Pürierstab fein zerkleinern. Weil die Aprikosenhaut sich dabei völlig auflöst, braucht man sie nicht mehr durch ein Sieb streichen.
3. Die Sauce noch einmal abschmecken und schließlich abkühlen lassen.

Apfelsauce mit Basilikum

1. Die Äpfel vierteln, vom Kerngehäuse befreien; nicht schälen, damit die Sauce eine grüne Farbe erhält.

2. Grob zerkleinert in den Mixer füllen, Zitronensaft und Zucker zufügen, ebenso die abgezupften Basilikumblätter. Einen Schuß eiskaltes Wasser zugießen, und alles auf höchster Stufe mixen, bis eine glatte Sauce entstanden ist.
TIP: Diese Sauce stets ganz frisch zubereiten, sie verändert trotz des Zitronensafts beim längeren Stehen ihre schöne Farbe.

Frisches Feigenkompott

1. Die Feigen am Stielansatz stutzen, dann in mundgerechte Stücke schneiden.
2. Aus Rotwein und Zucker einen leichten Sirup kochen, dabei die Orangenschale als Gewürz mitziehen lassen.
3. Die Feigenstücke in diesem Sud etwa 20 Minuten leise köcheln. Abgekühlt zur Crème Bavaroise servieren.

Rund um das Wild

Früher aß man Wild, wenn es halb verwest war, den sogenannten *Hautgoût* bekommen hatte. Heute finden wir das entsetzlich, mit Recht. Schließlich war dieser Geschmack eine Folge äußerer Bedingungen: Bis genügend Wild für eine große, königliche Tafel im mittelalterlichen Italien und im neuzeitlichen Frankreich geschossen war, verging immer einige Zeit. Und zudem mußte das

Wild meist von entfernten Gegenden herantransportiert werden. So hing es eine ganze Zeitlang herum, ehe es zubereitet werden konnte, hatte dann eben den berühmten „hohen Geschmack", Hautgoût. Um diesen zu überdecken, wurde nun kräftig gewürzt und scharf gebeizt. Heute, wo unser Wild gut gekühlt werden kann, genügt ein kurzes Abhängen, vom Fachmann „Mortifizieren" genannt (etwa 3 Tage). Und wo kein Verwesungsgeschmack vorhanden ist, da braucht es keine Beizen, da kann man wieder vernünftig und ausgewogen würzen.

Eine große Unsitte in Deutschland ist das Spicken mit und das Einwickeln in Räucherspeck. Hier liegt ein Mißverständnis zugrunde! In den romanischen Ländern nahm man stets grünen, also frischen Speck, der keinen so aufdringlichen und das Wildaroma erdrückenden Geschmack aufweist wie unser Räucherspeck. Sagen Sie also Ihrem Metzger rechtzeitig, daß Sie grünen Speck wollen, und zwar unbedingt von dem festen, kernigen Rückenspeck. Aber eine solche Fettzugabe ist, gart man das Wild langsam und vorsichtig, ohnehin nicht nötig. Vor allem einen Rehrücken nicht spicken: Dadurch läuft nur feiner Fleischsaft hinaus! Bestenfalls, wollen Sie auf den charakteristischen Geschmack nicht verzichten, den Rücken mit einer dünnen Speckscheibe abdecken.

Kurz, also rosa gebraten, schmeckt Wild am besten. Allerdings sind bei uns in Deutschland Bestrebungen im Gange, den Genuß von rosa gebratenem Wild in Gaststätten zu verbieten. Veterinärmedizinische Bedenken gegen mögliche Übertragung von Krankheiten – bekannten, wie Tollwut, und noch nicht erforschten und kaum zu erkennenden durch Viren – stehen dahinter. Augenblicklich scheint diesen Bestrebungen jedoch der Erfolg wieder versagt, nachdem es vor kurzem noch so aussah, als wäre jeder kulinarische Wildgenuß in Deutschland bald vorbei.

Kaufen Sie Wild am besten frisch. Zwar läßt sich das Fleisch sehr gut einfrieren, hält sich wegen seines geringen Fettgehaltes auch ausgezeichnet. Aber man ist nie ganz sicher, wie oft so ein Tier gefroren war. Es kann nämlich durchaus sein, daß das ganze Tier eingefroren wurde, dann zum Zerlegen aufgetaut war und nun die einzelnen Stücke erneut eingefroren wurden. Fragen Sie auch immer ausdrücklich nach, ob das Wild tatsächlich nie gefroren war – manche Händler „vergessen" nämlich mal die Deklaration.

Gutes frisches Wild, möglichst „in der Decke" (wie der Jäger sagt, also im Fell) abgehangen und erst nach drei Tagen ausgelöst und zerlegt, hat eine frische rote Farbe, keine violettbräunlichen Ränder und Flecken. Graubräunliche Farbe des Fleisches deutet darauf hin, daß das Wild nach dem Schießen nicht richtig versorgt wurde, „verhitzt" ist – was den Geschmack empfindlich beeinträchtigt. Auch eingefrorenes Wild darf nicht grau und „tot" aussehen!

Deutsches Wild bekommt man in größeren Städten in Wildgeschäften, die meist auch Geflügel und Fisch anbieten – das Wild stand traditionellerweise eben nur kurze Zeit zur Verfügung, und der Laden forderte das ganze Jahr über Ware. Wer in Kleinstädten oder auf dem Land lebt, kann andere Wege gehen, wenn er nicht ohnehin einen Jäger oder Förster kennt, von dem er ab und zu sein Wild bekommen kann: Erkundigen Sie sich bei Ihrer Gemeindeverwaltung, wer für welches Revier zuständig ist und Wild verkauft. Manchmal bekommt man nur ganze oder halbe Tiere (die man dann selbst zerlegen, portionieren und einfrieren muß), oft aber auch bereits vorbereitete Stücke, an denen nur noch die „Feinarbeit" vorzunehmen ist. Der persönliche Kontakt zum Jäger garantiert im übrigen etwas sehr wichtiges: Ein Tier, das im Schuß tot zusammenbricht, hat immer eine bessere Fleischqualität als eines, das nicht gleich tödlich getroffen wurde, sondern noch Streßhormone entwickelte und versäuert ist.

Unser tiefgekühltes Wild kommt zum großen Teil aus Osteuropa, vor allem Ungarn, in zunehmendem Maße aber aus Neuseeland – dort werden die Tiere entweder wildlebend gejagt oder in riesigen Gehegen, die ganze Berge und Gebirgszüge umfassen können, fast wie in Freiheit gehalten. Importiertes Wild unterliegt immer strengen veterinärmedizinischen Kontrollen in den Ursprungsländern – den Importeuren wäre ein eventuelles Risiko zu groß.

Deutsches Wild wird vom Jäger begutachtet – der ja ein im internationalen Vergleich ungewöhnlich umfassendes Wissen in einer Prüfung vorweisen muß – und von ihm, sowie sich auch nur die kleinsten Anzeichen einer Anomalie ausmachen lassen, dem Tierarzt vorgelegt. Läuft alles nach den gesetzlichen Regelungen, sollte alles Wild, das man kaufen kann, in Ordnung sein.

Wein zu Wild

Wild, da braucht man eigentlich gar nicht zu überlegen, verlangt nach Rotwein. Je dunkler die Farbe, desto kräftiger sollte der Wein sein – ein intensiv schmeckender Hase braucht dringend einen würzigen, säurereichen Rotwein, der ihm Widerpart leisten kann. Ein zarteres Reh verträgt einen differenzierteren, in seinem Ausdruck reicheren Wein. Allerdings kommt es dabei sehr auf die Zubereitung an – für unseren schlicht gebratenen Rehrücken eignet sich ein eleganter, duftiger Wein:

ein guter deutscher, natürlich trocken ausgebauter *Spätburgunder* aus Aßmannshausen im *Rheingau*, von der *Ahr*, aus *Württemberg*, aus dem *badischen Glottertal* oder vom *Kaiserstuhl;* ein zarter und doch kräftiger und ausdrucksvoller *Burgunder* von der *Côte de Beaune;* ein kraftvoller, gradliniger, von der zurückhaltenden Fruchtigkeit des Cabernet Sauvignon geprägter *Bordeaux* aus einem guten Châteaux und einem nicht zu schweren Jahrgang (81, 87) aus dem *Médoc;* ein Wein aus dem nordspanischen *Rioja*-Gebiet, duftend nach alten Rosen und Veilchen; ein wuchtiger *Amarone* aus dem *Valpolicella*-Gebiet, gepreßt aus getrockneten Trauben; ein nicht zu junger *Chianti* aus einem guten Jahrgang (81, 83, 85) der mit seinem an Waldbeeren erinnernden Geschmack bestens paßt.

Zu geschmortem Wildbraten, etwa einer Keule oder einem Ragout, harmoniert besser ein Wein mit mehr Tiefe und Gehalt: etwa ein gerbstoffreicher *Barolo* oder *Barbaresco* aus dem Piemont; ein *Brunello di Montalcino* aus der südlichen Toskana oder einer der eindrucksvollen, im neuen Eichenholzfaß (Barrique) ausgebauten Tafelweine aus dem *Chianti*-Gebiet; ein wuchtiger *Burgunder* von der *Côte de Nuits;* einer der gewaltigen Roten von der *Rhône (Hermitage, Cornas, Côte Rôtie, Châteauneuf-du-Pape);* ein mächtiger *St. Emilion* oder ein von der an Sauerkirschen erinnernden Merlottraube geprägter *Pomerol* aus dem Bordeaux-Gebiet; ein schwerer, nicht zu junger und doch preisgünstiger *Dao* aus Portugal; einer der nachhaltigen, oft vom berühmten und begehrten Minzeton beherrschten *Cabernet-Sauvignon*-Rotweine aus Kalifornien, Südafrika, Chile, Neuseeland oder Australien; oder schließlich einer der noch überaus raren, aber ausgezeichneten *deutschen Rotweine* aus dem *Barrique*, die man inzwischen in fast allen Weinbaugebieten aufstöbern kann, wenn man sich Mühe gibt.

XV. FESTE FEIERN – FESTE FEIERN

Chinesisches Fondue, ein Katerfrühstück
und jede Menge Tips

Die Chinesen sind ein geselliges Volk und ein gastfreundliches obendrein: zwei Eigenschaften, die – wie man weiß – nicht immer notwendigerweise zusammentreffen. Deshalb ist es kein Wunder, daß sie Gerichte lieben, die das für Gäste Angenehme mit dem für Gastgeber Nützlichen verbinden. Der Feuertopf entspricht etwa dem bei uns bekannten Fleischfondue. Doch wird statt in schwerem Öl in leichter Brühe gegart. Und zwar nicht nur Fleisch – in feinsten Scheiben –, sondern auch Gemüse aller Art, sogar Fische und Meeresfrüchte. Das alles wird wunderschön auf Platten angeordnet. Jeder Gast kocht sich sein Süppchen selbst, das übrigens zum Schluß, angereichert mit Reis, Nudeln oder verquirltem Ei, in kleinen Schälchen serviert wird, damit wirklich niemand hungrig vom Tisch geht – die Chinesen glauben ja, daß sich das Essen im Bauch wie ein Berg aufschichtet,

Ein original chinesischer Feuertopf kostet rund 100 Mark. Die Anschaffung lohnt sich nur, wenn man das Gericht öfter serviert.

wonach die letzten Hohlräume zum Schluß noch mit Suppe ausgegossen werden sollten.

Sobald man sich zu Tisch gesetzt hat, ist für die Hausfrau jeder Streß vorbei. Sie kann sich entspannt ihren Gästen, dem Essen und den Gesprächen widmen. Es macht Spaß, Bissen für Bissen selbst zu kochen, vor allem, weil es ja keine echte Arbeit ist, sondern geselliges Vergnügen.

Erfunden haben diese Fondue die Mongolen, die sich an langen, eisigkalten Winterabenden nicht nur innerlich, sondern auch äußerlich an der Glut des Feuertopfes wärmten. Denn der originale Feuertopf wird mit richtiger Holzkohle betrieben. Das kann man ohne Probleme oder Geruchsbelästigung sogar in der Wohnung machen, wenn man in den „Kamin" des Geräts nur vollkommen durchglühte Holzkohlen legt, wie man es in Asien auch tut. Dazu entfacht man mit Trockenspiritus oder speziellem Grillanzünder draußen auf dem Balkon, im Garten oder im Kamin in einem kleinen Grillgerät (oder einem tönernen Blumentopf, den man dabei allerdings opfern muß, denn er übersteht die Hitze nicht heil) ein ganz normales Grillfeuer. Die glühenden Kohlen werden dann kurz vor dem Auftragen mit der Kohlenzange vorsichtig in den Kamin gelegt.

Auch während des ausgedehnten Essens kann man immer wieder nachlegen (dabei den Deckel auf den Topf setzen, damit keine Asche in die Brühe fällt), wenn man immer wieder neue Kohle durchglühen läßt.

Das Anzünden der Holzkohle geht übrigens ganz schnell und erstaunlich problemlos – wobei allerdings die Funken nur so sprühen! –, wenn Sie einen Fön zu Hilfe nehmen und mit dem kalten Wind die Glut verstärken. Sie können allerdings auch die Kohlen im Gerät mit einem Anzünder zum Brennen bringen, müssen dann aber unbedingt etwas Wasser in die Schale für die Fleischbrühe geben, damit der Topf nicht allzu heiß wird!

Besonders ängstlichen Naturen könnten wir höchstens empfehlen, das Feuertopfessen auf einen Sommerabend auf dem Balkon zu verschieben, wo die Glut keinen Schaden anrichten kann. Oder man nimmt statt des echten Topfes einen praktikableren Ersatz, der, weniger glutvoll, natürlich auch weniger romantisch ist: beispielsweise einen ganz normalen Kochtopf, den Sie auf einer elektrischen Heizplatte in die Tischmitte stellen.

Dem Prinzip des Feuertopfes am nächsten kommen Sie allerdings mit der folgenden Konstruktion: Nehmen Sie eine Gugelhupfform aus Metall, deren Mittelsäule nach oben nicht geschlossen ist, sondern eine Öffnung hat. Das ist wichtig, weil die Gugelhupfform mit Öffnung nach oben auf ein Rechaud gestellt wird, das mit einem Teelicht oder Spiritus beheizt wird. In die Form füllt man nun die in der Küche aufge-

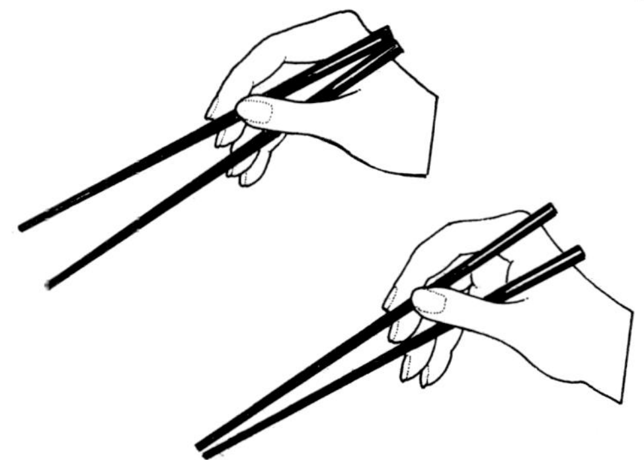

Essen mit Stäbchen: Das eine Stäbchen fest in die Daumenbeuge und auf den Ringfinger legen, das andere zwischen Daumen, Zeige- und Mittelfinger wie einen Bleistift halten. Nur dieses Stäbchen wird bewegt.

kochte Brühe; das Rechaud hält sie am Köcheln, durch den Schornstein bekommt die Flamme den nötigen Zug.

Direkt am Schornstein köchelt die Brühe immer stärker als an der Außenseite der Wanne. Diese Temperaturunterschiede muß man nutzen: Empfindliches Fleisch, zarten Fisch legt man eher außen ein, Gemüse darf an der Innenseite garen.

Kleine Drahtsiebe (gibt es in China- und guten Haushaltsläden) sind nützlich: Darin versenkt man all das in die Brühe, was sich schlecht mit Stäbchen – die natürlich das Haupt-Eßwerkzeug bilden – herausheben oder auf Fonduegabeln spießen läßt.

Zu Beginn eines Feuertopfessens werden alle Gäste ziemlich eifersüchtig darauf achten, daß ihnen ja kein anderer ihr Fleischstück stibitzt. Aber Sie werden sehen: Schon nach kurzer Zeit werfen alle ihre Stückchen ohne Kontrolle in den gemeinsamen Topf, und jeder darf herausfischen, was ihm eben in sein Drahtnetz kommt. Vorausgesetzt, Sie haben genügend vorbereitet.

Zum Schluß wird die inzwischen gehaltvolle Brühe in die Schälchen der Gäste verteilt. Mit etwas Reis verstärkt, nach Belieben mit verquirltem Ei angereichert und je nach Geschmack mit Sojasauce nachgewürzt.

Fondue auf chinesische Art

Man schneidet dafür das Fleisch in dünne Scheiben, sie garen dann rasch und gleichmäßig. Welches Fleisch? Lende oder Filet vom Rind, Kalb oder Lamm, Hähnchenbrust, selbst Reh oder Hirsch, auch Fischfilet oder Garnelen – wer mag, nimmt eine Mischung aus verschiedenen Sorten.

Damit sich das Fleisch gut in dünne Scheiben schneiden läßt, friert man es kurze Zeit an, so wird es fest und bleibt auf der Aufschnittmaschine in Form. Wer keine Maschine hat, sollte das Fleisch bereits aufgeschnitten beim Metzger bestellen.

1. Das Fleisch jeweils sorgfältig parieren, das heißt von Häuten und Sehnen säubern. Jede Sorte getrennt in Alu- oder Klarsichtfolie wickeln, dabei schön rund formen, damit die Scheiben später eine hübsche Form haben.

2. Im Gefrierfach zwei, drei Stunden fest werden, aber nicht richtig gefrieren lassen.

3. Erst dann in dünne Scheiben schneiden und dachziegelartig auf einer Platte dekorativ anrichten. Mit Folie zugedeckt bis zum Essen kalt stellen.

4. Gemüse putzen und zerkleinern: Blumenkohl in Röschen teilen; Chinakohl (oder Wirsing) in Blätter zerlegen, in drei Zentimeter breite Streifen schneiden; Selleriestangen schräg in Scheiben schneiden;

Champignons in Blätter hobeln, sofort in Zitronensaft wenden, damit sie hell bleiben; Frühlingszwiebeln in Stücke, Möhren in streichholzfeine Streifen, Zwiebeln in Ringe schneiden; Spinat entstielen und gründlich waschen.

5. Die Nudeln mit kochendem Wasser überbrühen und einweichen. Die Brühe schließlich aufkochen, in den Fonduetopf füllen und zu Tisch bringen.

Außerdem gekochten Reis bereithalten. Und verschiedene Dips. Das können natürlich alle Dips sein, die Sie auch sonst zum Fondue servieren, selbstgemacht oder fertiggekauft. Am stilechtesten jedoch sind natürlich asiatisch gewürzte, zum Beispiel:

Ingwer-Soja-Dip

Zutaten einfach miteinander verrühren.

Soja-Chili-Dip

Die Zutaten miteinander verquirlen.

Zitronen-Soja-Dip

> **5 EL Sojasauce**
> **3 EL Zitronensaft**
> **1 TL Zucker**

Die Zutaten einfach miteinander verrühren.

*

Ein bißchen mehr Mühe machen folgende Saucen und Dips – sie passen ebenfalls vorzüglich zum asiatischen Fondue:

Ingwer-Dip

> **3–4 Knoblauchzehen**
> **1 nußgroßes Stück Ingwerwurzel**
> **2–3 Frühlingszwiebeln**
> **6 EL Sojasauce**
> **3 EL geschmacksneutrales Öl**
> **1/2 TL Zucker**

1. Die Gemüse putzen und grob zerkleinern.
2. Mit den übrigen Zutaten im Mixer fein pürieren.
TIP: Nach Belieben eine Chilischote mitmixen, um die Sauce zu schärfen.

Mandel-Dip

> **120 g Mandeln**
> **0,1 l Hühnerbrühe**
> **6 EL Apfelessig**
> **4 EL Sojasauce**
> **2 EL Zucker**

1. Die Mandeln mit kochendem Wasser überbrühen, einige Minuten einweichen, dann unter kaltem Wasser abschrecken und die Haut abziehen.
2. Die geschälten Mandeln in der trockenen Pfanne kurz rösten.
3. Mit den übrigen Zutaten im Mixer fein pürieren.

Senf-Dip

> **je 1 EL Essig, Sojasauce und Sherry**
> **6 EL Wasser**
> **1 gehäufter EL englisches Senfpulver**

Die Flüssigkeiten aufkochen, und das Senfpulver mit dem Schneebesen einrühren, bis die Mischung glatt und ohne Klümpchen ist.

*

Unser Dessert ist ganz und gar europäisch – das Rezept stammt aus der Toskana:

Der einfachste Apfelkuchen der Welt

Sie brauchen hierfür eine Form von 26 cm Durchmesser, die möglichst geschlossen sein sollte – wie eine Pieform oder mit Alufolie ausgelegt –, damit der ziemlich flüssige Teig nicht auslaufen kann, denn es ist eine recht saftige Angelegenheit. Wichtig für das Gelingen ist auch, daß die Äpfel beim Backen nicht zerschmelzen und zuviel Saft abgeben – nehmen Sie also eine Sorte, die ihre Form gut bewahrt, etwa Gravensteiner, Cox Orange, Boskoop, Golden Delicious.

1. Die Äpfel schälen, vierteln, vom Kerngehäuse befreien und in dünne Scheibchen hobeln. Sofort mit Zitronensaft beträufeln, damit sie schön hell bleiben.

2. Alle übrigen Zutaten in einer Schüssel miteinander glatt rühren. Die Apfelscheibchen untermischen.

3. Die Masse in eine gebutterte, mit Mehl ausgestreute Form füllen.

4. Bei 200 Grad etwa 50 bis 60 Minuten backen, bis der Kuchen goldgelb geworden, aber auch sicher durchgebacken ist.

TIP: Am besten schmeckt er noch lauwarm, dick mit Puderzucker bestäubt.

Feste feiern will gelernt sein!

Wer ein Fest geben will, das etwas Besonderes sein und wirklich perfekt gelingen soll, ohne die Gastgeber total zu schaffen, muß viel mehr überlegen und einplanen, als die meisten Menschen so gemeinhin denken. Bereitet man jedoch alles gründlich und richtig vor, so ist das Gastgeben fast ein Kinderspiel!

Das Wichtigste beim Fest selbst: Ruhe bewahren, gelassen bleiben, nicht hektisch werden. Das ist vielleicht leichter gesagt als getan, aber mit Ruhe kann man sogar handfeste Pannen zu einem Nichts zusammenschrumpfen lassen. Besser natürlich: Es kommt erst gar nicht zu Pannen! Und dagegen hilft nur eine sorgfältige Planung . . .

Zunächst muß man sich überlegen, was für ein Fest stattfinden soll, wie viele Leute eingeladen werden, was es kosten darf, wo das Fest stattfinden und wie es organisiert sein soll.

– Ganz gleichgültig, wie Sie ein Fest ausrichten: Versuchen Sie stets, sich in konkret ausgedachten Situationen vorzustellen, was bei dem Fest passieren wird! Beispiel: Kommen rund 20 Gäste und bringen alle Blumen mit, dann müssen Sie eine ganze Menge Vasen bereitgestellt haben, wenn Sie nicht schon ganz zu Anfang ins Schwitzen geraten wollen. Oder: Es ist ein kalter Winterabend, und alle haben einen dicken Mantel mit, die Damen kommen in pelzgefütterten Stiefeln und wollen sich „nur schnell, ohne Umstände!" ihre kleinen Hochhackigen anziehen – Sie sollten sich vorher überlegen, wo Sie die Mäntel unterbringen (vielleicht im Schlafzimmer, einfach aufs Bett) und wo die schneenassen Stiefel hingestellt werden (auf Zeitungspapier).

– Man kann tolle Feste feiern für ganz wenig Geld – ein Faß Bier, Wasser, Würstchen, Kartoffelsalat, Brot und ein einfacher Käse kann für sechs bis sieben Mark pro Person die Grundlage eines langen Abends sein. Nach oben sind freilich, vor allem bei einem aufwendigen Menü, keine Grenzen gesetzt.

– Für jedes Fest wichtig: Das Platzangebot muß stimmen! Das heißt nicht, daß riesige Räume zur Verfügung stehen müssen – im Gegenteil bestreiten so manche Feste ihren Ruf dadurch, daß ein unheimliches Geschiebe und Gedränge herrscht. In diesem Fall aber muß genügend Platz zum Abstellen von Gläsern, abgegessenen Tellern und Aschenbechern sein. Und man darf nicht dauernd in Sackgassen und Ecken landen, sondern die Ströme der Gäste müssen frei zirkulieren können.

– Überhaupt ist es wichtig, daß Begegnungen der Gäste stattfinden können und man sich nicht den ganzen Abend mit denselben Leuten unterhält (unterhalten muß, womöglich!). Dazu kann man als Gastgeber selbst beitragen, indem man immer wieder verschiedene Leute einander vorstellt. Oder indem man die Gäste nach den einzelnen Gängen an den Tischen teilweise umsetzt. Oder indem man Spiele macht. Oder indem man tanzt . . .

– Wie alt sind die Gäste? Während man junge Leute fast einen ganzen Abend im Stehen bewirten kann, braucht man für ältere ausreichend viele Sitzgelegenheiten. Und wenn es für Heranwachsende ein paar Kissen und vielleicht Obstkisten schon tun, sitzen ältere Herrschaften doch lieber bequemer.

– Wie ist die Zusammensetzung? Für ein Zusammentreffen von mehreren Generationen muß man auf die Bedürfnisse der verschiedenen Altersstufen Rücksicht nehmen; es kann dann nicht nur einfach Cola geben, sondern man muß sich für verschiedene Geschmacksrichtungen etwas ausdenken.

– Was ist der Anlaß des Festes? Während eine Familienfeier einen lockeren Rahmen verlangt, kann eine geschäftliche Einladung ein ganzes Zeremoniell nötig machen. In beiden Fällen aber muß man, gibt es ein gesetztes Essen mit mehreren Gängen, Zeit für Reden einplanen.

– Gibt es ein Motto? Etwa zum Karneval/ Fasching. Oder wollen Sie einen Abend mit Spielen veranstalten? Eine Cocktailparty im Garten verlangt einen anderen Rahmen als ein Grillfest an derselben Stelle – für das eine Ereignis sollen die Gäste vielleicht in Abendkleidung erscheinen, für den anderen Anlaß sind Jeans gewiß praktischer. Das muß man den Gästen natürlich auch mitteilen – und es bestimmt den Charakter der Veranstaltung: Bekanntlich machen Kleider Leute und verändern das Benehmen.

– Aus den angeführten Punkten ergibt sich recht schnell, daß man grundsätzlich zwischen gesetztem Essen oder Selbstbedienung am Büfett entscheiden muß. In ersterem Falle kann man eine Tischordnung machen (wobei es darauf ankommt, wen man neben wen setzt!) oder die Gäste sich selbst plazieren lassen; dies allerdings kann dazu führen, daß sich lauter Grüppchen von Leuten bilden, die sich ohnehin gut kennen, und sich die Gäste nicht vermischen.

– Musik ist immer gut – aber sie darf nicht zu laut sein. Nichts Schlimmeres als musikalischer Terror, der jede Unterhaltung zunichte macht! Und auch wenn in disco-artiger Atmosphäre getanzt wird (Nachbarn zumindest informieren, besser gleich einladen!) sollte irgendwo eine Oase der Ruhe bleiben . . .

– Will man nicht im Bücherregal Teller mit Speiseresten finden, auf der Fensterbank hinter den Gardinen halbgeleerte Gläser, so muß man eine kontinuierliche Entsorgung einplanen: Am besten, es geht immer wieder jemand durch den Raum/die Räume und sammelt alles ein, was offensichtlich nicht benötigt wird. Aber wer?

– Spannen Sie Ihre Kinder oder die Kinder von Freunden mit ein – ein paar Mark verdient sich jeder gerne. Oder fragen Sie beim Studentenschnelldienst nach.

– Vielleicht finden Sie jemand, der Ihnen ab und zu die Spülmaschine bestückt – während des Festes zu spülen ist aber nur sinnvoll, wenn Sie die Küche nicht zum Aufbau Ihres Büfetts brauchen und eine Tür den Lärm vom festlichen Ort fernhält. Oder können Sie die Küche der Nachbarin benutzen?

– Gibt es keine Möglichkeit, zwischendurch zu spülen, und reichen die eigenen Bestände an Gläsern, Tellern und Besteck nicht aus, kann man das Nötige beim Party-Service leihen, in manchen Gemeinden beim Bürgermeisteramt – oder fragen Sie in Ihrer Stammgaststätte nach. Auch manche Betriebskantinen sind bereit, auszuhelfen.

– Beachten Sie dabei, daß es immer von Vorteil ist, wenn erheblich mehr Teller, Gläser und Besteck vorhanden sind als Gäste eingeladen!

– Auch ein anderes Problem der Entsorgung muß gelöst werden: Nichts ist schlimmer, als wenn für 40 Personen nur ein Klo zur Verfügung steht – nötigenfalls auch bei Nachbars anfragen. Und die Türen ausschildern – nicht jeder muß Ihr ganzes trautes Heim durchstöbern, bis er endlich die richtige Tür findet. Wenn möglich: Für Damen (vorzugsweise das Bad, in dem sie sich rasch noch mal zurechtmachen können) und Herren getrennte Örtchen.

– Versuchen Sie, die Getränke mit optimaler Temperatur bereitzuhalten. Im Winter ist das Kühlen auf Balkon, Terrasse oder im Garten ja einfach. Im Sommer kann man sich in einem nahen Hotel, Gasthaus oder bei einer Brauerei Eis besorgen; oder man macht sich im Tiefkühlschrank selbst einen Vorrat – bestens bewährt haben sich Joghurtbecher und Einfrierdosen. Falls größere Mengen von Flaschen zu kühlen sind, bietet sich die Badewanne an. Und ein Bierfaß kann man mit ein paar Eisklötzen unter einer Wolldecke prima kalt halten (aber abtropfendes Wasser darunter auffangen!).

– Wenn Sie mit Sorgfalt ein Büfett aufbauen, lassen Sie es sich nicht achtlos plündern: Eine Beschriftung der verschiedenen Schalen und Töpfe mit Hinweisen, was wozu paßt (Beispiel: Grüne Kräutersauce, paßt zu den Nudeln und zum gekochten Fleisch), führt Ihre Gäste. Und stellen Sie den Nachtisch oder Kuchen erst dann auf, wenn die meisten Gäste mit dem Essen fertig sind – es gibt nämlich oft (meist männliche) Naschkatzen, die mit dem Süßen anfangen und den anderen kaum mehr was übriglassen ...

Über den richtigen Umgang mit Alkohol

Eine Binsenweisheit voraus: Manche Menschen vertragen viel, andere nur wenig Alkohol. Für alle gilt jedoch: Wer Alkohol getrunken hat, darf sich danach auf keinen Fall an das Steuer seines Autos setzen. Und zwar nicht nur unmittelbar nach dem Trinken, sondern auch nicht am Morgen danach.

Dazu ein Beispiel: Ein etwa 70 kg schwerer Mensch erreicht einen Promillewert von

1,0, wenn er rund 50 g reinen Alkohol zu sich nimmt. Vollbier enthält zwischen 35 und 45 g Alkohol pro Liter, in einem Liter Wein sind 80 bis 100 g Alkohol enthalten, und auf einen Liter Sekt kommen ebenfalls rund 100 g Alkohol. Wer am Abend einen Liter Wein getrunken hat, dürfte also zwischen 1,3 und 1,5 Promille erreicht haben.

Der Abbau von Alkohol wird weder durch Kaffee noch irgendwelche Ernüchterungsmittel verbessert. Es werden pro Stunde nur etwa 0,1 Promille Alkohol abgebaut. Das bedeutet: Wer um Mitternacht mit 1,5 Pomille ins Bett geht, hat beim Aufstehen um 7 Uhr am nächsten Tag immer noch 0,8 Promille im Blut! Schwedische Untersuchungen haben außerdem ergeben, daß die Fahrleistungen von Autofahrern nach einem feuchtfröhlichen Abend auch dann noch eingeschränkt sind, wenn der Blutalkohol bei Null angelangt ist. Verkaterte Fahrer bieten eine um 20 Prozent schlechtere Leistung, als sie normalerweise haben.

Um einem Kater am nächsten Morgen vorzubeugen, sollten Sie beachten:
– Wer schnell trinkt, wird schnell betrunken. Fünf Biere, auf vier Stunden verteilt, führen zu weniger Promille als die gleiche Menge, innerhalb einer Stunde getrunken.
– Besonders schnell wird Alkohol aufgenommen aus warmen Getränken (z. B. Grog, Irish Coffee), durch süße Getränke (z. B. Cocktails oder Liköre) und mit kohlensäurehaltigen Getränken (z. B. Sekt).
Verzögert wird die Alkoholaufnahme durch milch- und eiweißreiche, fettreiche und faserstoffreiche Mahlzeiten. Wer eingeladen ist, sollte deshalb schon zu Hause ein belegtes Brot mit Wurst oder Käse essen, um dem Begrüßungstrank nicht schutzlos ausgeliefert zu sein.

Wer zuviel getrunken hat und einen Kater am nächsten Morgen fürchtet, sollte vor dem Zubettgehen ein Glas Orangensaft trinken (Vitamin C fördert den Abbau von Alkohol) und eventuell zwei Tabletten Aspirin o. ä. einnehmen.

Frauen vertragen Alkohol gleich in zweifacher Hinsicht schlechter als Männer.

Die erste Ursache liegt in einem Enzym, das seine Aktivitäten bereits in der Magenschleimhaut entfaltet. Es heißt Alkoholdehydrogenase und arbeitet bei Frauen offenbar nur mit halber Kraft oder noch träger. Normalerweise sorgt dieses Enzym dafür, daß ein Teil des Alkohols schon im Magen entschärft wird, also noch bevor er ins Blut gelangt und damit in den Kopf steigt. Und auch bevor er mit dem Blut zur Leber transportiert wird, um dort dann weiter entsorgt zu werden.

Die zweite ist: Die Leber der Frauen wird bei gleichen Mengen Alkohol – also wenn sie genausoviel getrunken haben wie Männer – mit einer höheren Konzentration belastet. Das nimmt die Leber übel und reagiert häufiger als bei Männern mit Komplikationen, im schlimmsten Fall mit einer Leberzirrhose. Die Zahl der Leberzirrhosen hat sich in den letzten dreißig Jahren bei Männern zwischen 25 und 45 Jahren verdoppelt, bei Frauen in der gleichen Altersgruppe dagegen verdreifacht. Leberspezialisten empfehlen deshalb den Frauen, täglich nicht mehr als 20 g Alkohol zu trinken. Soviel sind aber schon in zwei Gläschen Sekt oder in einem Viertele oder Schoppen Wein enthalten. Männer dürften aufgrund ihrer andersartigen Stoffwechselverhältnisse eine dreimal höhere Menge vertragen: Der Wiener Sportmediziner Prof. Ludwig Prodop meint, eine Bouteille guten, trocke-

nen Weines am Tag sei ein noch durchaus
gesunder Genuß. Das gilt jedoch nur für die
Männer und nicht für die Frauen, leider.

Tips und Ideen fürs Katerfrühstück

Wer dennoch ein wenig zu tief ins Glas ge-
blickt hat, mag am nächsten Morgen leiden.
Dann ist ein Alka-Seltzer angesagt und unbedingt etwas Erfrischendes, Stärkendes,
Säuerliches, den Verlust an Salzen Ausglei-
chendes. Hier ein paar Vorschläge:

Ingwereier

> **10 Eier**
> **4–6 getrocknete Chilischoten**
> **1 EL Koriandersamen**
> **1 EL gefriergetrockneter (oder in Essig
> eingelegter) rosa Pfeffer**
> **je 1 EL weißer und schwarzer Pfeffer**
> **1 EL Senfkörner**
> **je 1 TL Wacholderbeeren und Piment-
> körner**
> **5 Lorbeerblätter**
> **1 daumenlanges Stück Ingwerwurzel**
> **1 l Wasser**
> **80 g Salz**

1. Die Eier in knapp zehn Minuten hart kochen, dann abschrecken und vorsichtig auf
der Tischplatte rollen, damit die Schale
rundum angeknickt wird – so kann der
Würzsud besser eindringen.
2. Für den Sud die Gewürze mit dem in
Scheiben geschnittenen Ingwer im Wasser
aufkochen, das Salz darin auflösen.

3. Lauwarm über die Eier gießen, die jetzt
24 Stunden lang ziehen sollten.
TIP: Die Eier zum Butterbrot servieren;
nach Belieben kann sich jeder sein Ei nach
Gusto noch mit Senf, Soja- oder Chilisauce
anmachen oder es einfach pur verspeisen.

Herings-Dips

Matjes sind junge, sozusagen noch jung-
fräuliche Heringe, die noch nie gelaicht haben. Sie sind besonders zart und geschmackvoll. Um ihr unvergleichliches
Aroma zu erhalten, salzt man sie nur ganz
sparsam ein, deshalb kann man sie verwenden, ohne sie zu wässern. Allerdings sind
sie deshalb nur kurze Zeit haltbar. Heute
sind sie dank Tiefkühltechnik rund ums
Jahr erhältlich. In Öl eingelegte Matjes sind
im allgemeinen stark gesalzen und müssen
gewässert werden. Wie man sie entgrätet,
wird auf Seite 70 gezeigt.

Salzheringe, zur besseren Haltbarkeit kräftig eingesalzene Heringe aus späteren Fän-
gen, sind weniger delikat und müssen vor
dem Verarbeiten meist in immer wieder ge-
wechseltem Wasser gewässert werden.
Für unsere Gerichte kann man beide Sorten
verwenden, Matjes jedoch schmecken feiner.

Rotweinhering

1. Die Matjesfilets schräg in Stücke schneiden und in einen Steinguttopf schichten.
2. Für den Sud Rotwein, Essig, Gewürze
und in Ringe gehobelte Zwiebeln etwa fünf

8 Matjesfilets
Würzsud:
1/4 l kräftiger Rotwein
1/8 l Rotweinessig
100 g Zucker
2 große Zwiebeln
je 1 EL weiße und schwarze Pfefferkörner
1 TL Piment
1 Zimtstange
2 Lorbeerblätter
2 Gewürznelken

Minuten köcheln. Abkühlen lassen, bevor er über die Heringe gegossen wird.
3. Die Heringe über Nacht kaltstellen und durchziehen lassen.

Heringstopf

8 Matjesfilets
2 Äpfel
2 Zwiebeln
Marinade:
1/8 l Essig
je 1 TL Pfefferkörner, Wacholderbeeren, Piment und Senfkörner
2–3 Lorbeerblätter
1 Zwiebel
1 TL Zucker
je 100 g süße und saure Sahne

1. <u>Für die Marinade</u> Essig, Gewürze, fein-gehackte Zwiebel und Zucker in einem

Topf aufkochen, etwa zehn Minuten kö-cheln lassen. Durch ein Sieb filtern, abge-kühlt mit den beiden Sahnesorten ver-quirlen.
2. Die Matjesfilets schräg in Stücke schnei-den, Äpfel und Zwiebeln in dünne Schei-ben hobeln.
3. Abwechselnd in einen Steinguttopf schichten, mit der Marinade übergießen und über Nacht im Kühlschrank durchzie-hen lassen.

Heringshäckerle

ZUTATEN FÜR VIER PERSONEN:

8 Matjesfilets
2 Salzgurken
2 Zwiebeln
1 Bund Petersilie
2 hartgekochte Eier
etwas Zitronensaft
200 g Butter

1. Matjesfilets, Gurken und Zwiebeln von Hand sehr fein würfeln – nicht durch den Wolf drehen, sonst behält das Häckerle kei-ne Struktur.
2. Alles mischen, dabei mit Zitronensaft würzen. Zum Schluß die feingehackte Pe-tersilie, die gewürfelten Eier und die weich gerührte Butter untermischen. Gründlich vermengen und gut durchziehen lassen.
3. Damit die Butter im Häckerle wieder schön streichfähig wird, vor dem Servieren Zimmertemperatur annehmen lassen.

XVI. Wiener Schnitzel

*Sonntagsessen oder Alltagskost –
und was Kinder mögen*

Wiener Schnitzel – Ehrenrettung einer zugrundegerichteten Delikatesse

Seine dünne, goldbraune Kruste muß so trocken sein, sagt man in Wien, daß man sich daraufsetzen könnte, ohne befürchten zu müssen, ein Fettfleck würde anschließend die Hose zieren ...

Als knusprige Hülle sollte sie sich über dem Fleisch wölben, darf auf keinen Fall daran kleben. Sie ist perfekt, wenn sich eine Messerklinge bequem dazwischenschieben läßt. Sie verbirgt, von ihr geschützt und daher saftig zart gehalten, ein behutsam flachgeklopftes Schnitzel, aus erstklassigem Kalbfleisch, am liebsten aus der Nuß oder dem Frikandeau geschnitten, dem besten Stück der Oberschale (bzw. der Keule). Sparsam gesalzen, vorsichtig gepfeffert, mutig mit einer Spur Muskat gewürzt – was übrigens Kalbfleisch immer guttut. Natürlich keine irgendwie geartete Sauce, sondern nichts weiter als ein Zitronenschnitz dazu und, eventuell, Petersilie – die, sekundenlang im heißen Fett gebacken, ebenfalls knusprig ist.

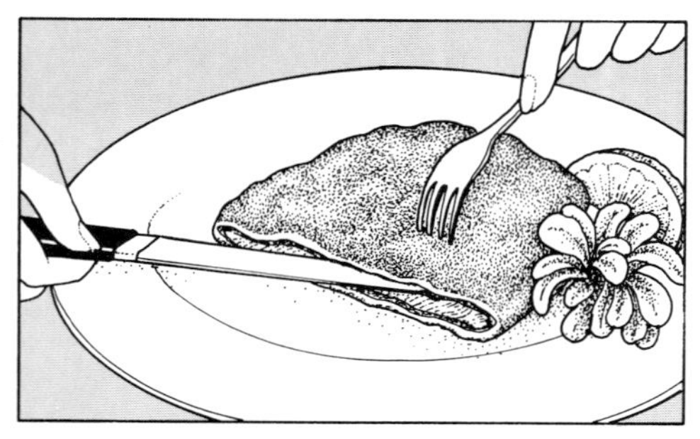

Perfekt gebraten ist ein Wiener Schnitzel, wenn man mit der Messerspitze zwischen Kruste und Fleisch fahren kann.

Nie darf ein Wiener Schnitzel aus einem anderen als Kalbfleisch sein, sonst ist's Betrug. Ein paniertes Schweine-, Puten- oder Irgendwasschnitzel darf allenfalls das Attribut „Wiener Art" tragen.

Mal ehrlich: Wann haben Sie zum letzten Mal ein wie hier beschriebenes, perfektes Wiener Schnitzel serviert bekommen? Es ist nämlich leider längst ein ebenso seltener wie großartiger Genuß!

Als man ein Restaurant noch lobte, weil die Schnitzel „so groß" waren, „daß sie über den Tellerrand hingen", kam es mehr auf den Umfang der Portionen an als auf ihren Geschmack. Damals konnte es durchaus sein, daß sich unter einem dicken Bröselpanzer flachsiges Fleisch versteckte, das obendrein in seiner aromaschützenden Hülle den unangenehmen Geruch des nicht mehr Taufrischen verstärkt entwickeln konnte. Wahrlich kein Vergnügen! Für diesbezüglich schlechte Erfahrungen machte man statt des Wirts die Panierung verantwortlich und zog schließlich, um sicherzugehen, das nackte, unverhüllte „Naturschnitzel" vor, mit und ohne Rahm-, Jäger- oder Champignonsauce. Das Wiener Schnitzel wurde unterdessen zum Inbegriff nicht nur langweiliger, sondern auch zweifelhafter Gasthausküche. Ein Los, das ein präzise und korrekt zubereitetes Wiener Schnitzel wahrlich nicht verdient hat!

Übrigens: Die Heimat des Wiener Schnitzels liegt, entgegen anderslautenden Vermutungen, nicht in Wien! Vielmehr stammt es aus der Lombardei; seine Urmutter ist die „costoletta alla milanese", das Kotelett auf Mailänder Art, dem in seiner Heimat durchaus kein besseres Geschick widerfuhr: Es ist ebenfalls zum ungeliebten Gasthausklassiker herabgesunken. Feldmarschall Radetzky, der 1848 nach Oberitalien geschickt wurde, um die Revolution gegen den Habsburger Kaiser niederzuschlagen, soll das Rezept mitgebracht haben. In Wien hat man statt des Koteletts eben ein Schnitzel zur Hand gehabt . . .

Zu unserem Menü: Vorneweg gibt's eine

Grießklößchensuppe

Die Grießklößchen kann man übrigens prima auf Vorrat produzieren. Sie halten sich im Kühlschrank, natürlich gut zugedeckt, auf jeden Fall zwei Tage. Im Gefrierfach bleiben sie monatelang frisch. Sie sind bei Zimmertemperatur in zwei Stunden völlig aufgetaut und brauchen dann nur noch in heißer Brühe erwärmt zu werden – deshalb hier die Hälfte der Portion auf Vorrat:

> *ZUTATEN FÜR 24 GRIESSKLÖSSCHEN,*
> *AUSREICHEND FÜR SECHS BIS ACHT*
> *PORTIONEN:*
>
> **1/8 l Milch**
> **40 g Butter**
> **Salz**
> **Pfeffer aus der Mühle**
> **frisch geriebene Muskatnuß**
> **50 g Grieß**
> **1 Ei**
> **2 EL Petersilie**

1. Die Milch mit der Butter aufkochen, salzen, pfeffern und großzügig mit Muskat würzen.
2. Den Grieß hineinstreuen und so lange rühren, bis sich ein Kloß bildet, der sich glatt vom Topfboden löst.

3. Etwas abkühlen lassen, dann ein Ei unterrühren und die gehackte Petersilie einarbeiten. Den Grießklößchenteig für eine Stunde kalt stellen.
4. Schließlich mit zwei Teelöffeln Nocken abstechen und schön oval formen.
5. In leise siedendem Salzwasser garen – die Klößchen verdoppeln dabei ihr Volumen.
6. In kräftiger Fleischbrühe, mit reichlich Schnittlauch bestreut, servieren.

Fleischbrühe

> *ZUTATEN FÜR GUTE 1,5 LITER,*
> *AUSREICHEND FÜR SECHS BIS ACHT*
> *PORTIONEN:*
>
> **1 kg Rinderbrust und einige Fleischknochen oder ein paar Stücke Ochsenschwanz**
> **1 großes Bund Suppengrün oder 1 Stück Sellerie sowie je 1 Möhre, Lauchstange, Petersilienwurzel und Zwiebel**
> **6 Petersilienstengel**
> **2 l Wasser**
> **je 1 TL Pfeffer- und Pimentkörner**
> **2–3 Lorbeerblätter**
> **1 gestrichener TL Salz**

1. Fleisch und Knochen in einen Suppentopf betten, das geputzte Wurzelwerk nur grob zerkleinert oder im Ganzen zufügen. Zwiebel mit Schale (sie gibt der Brühe Farbe) halbieren, auf einem Stück Alufolie auf der heißen Herdplatte anrösten und in den Suppentopf füllen – das gibt der Brühe Geschmack.

2. Petersilienstengel zufügen, mit Wasser auffüllen und die Gewürze einstreuen.

3. Ohne Deckel langsam zum Kochen bringen und so lange köcheln, bis der oben gesammelte Schaum sich wieder gelegt hat; erst dann den Deckel auflegen. Dieser Schaum ist aus dem Fleisch gelöstes Eiweiß – und sorgt dafür, daß die Brühe nachher schön klar bleibt; allerdings nur, wenn sie niemals richtig wallend kocht. Deshalb die Suppe unterhalb des Siedepunkts leise ziehen lassen – etwa drei Stunden lang.

4. Dann das Fleisch herausnehmen, von jeglichem Fett und allen Häuten befreien – diese zurück in den Topf geben, die Brühe ruhig noch eine Stunde köcheln lassen. Das Fleisch für einen kleinen Vorspeisensalat oder als Suppeneinlage verwenden.

5. Die Brühe durch ein Sieb filtern und kalt stellen. Am nächsten Tag ist die Fettschicht an der Oberfläche fest geworden und läßt sich mühelos abheben. Die klare, entfettete Brühe mit Grießklößchen servieren.

Wiener Schnitzel

Wir nehmen hierfür entweder bleistiftdicke Doppelscheiben aus der Kalbsnuß, die an der einen Längsseite noch zusammenhängen (jeweils etwa 120 bis 150 g schwer), oder ebenso dünne Scheiben aus der Oberschale.

Scheibe aus der Kalbsnuß aufschneiden

1. Zunächst das Fleisch entsprechend seiner Textur klopfen: Zartes Fleisch mit der glatten Seite eines Fleischklopfers oder mit der flachen Klinge eines breitschneidigen Messers vorsichtig flach klopfen – die Scheiben sollten dann etwa vier Millimeter dünn sein. Sollte das Fleisch mehr elastisch als mürbe sein, energischer klopfen, bis sich die Fasern entspannen – sie dürfen jedoch nicht zerstört werden.

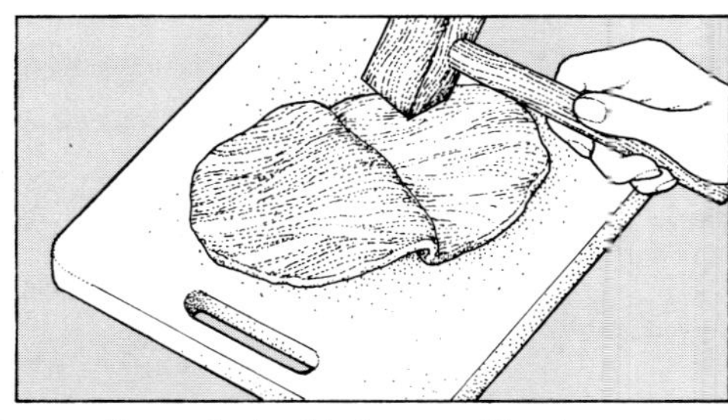

Schmetterlingsschnitzel behutsam klopfen

2. Falls der Metzger ihn nicht bereits sorgfältig entfernt hat, den Hautrand rundum mit einem spitzen Messer einritzen, damit sich die Schnitzel in der Hitze nicht wölben.

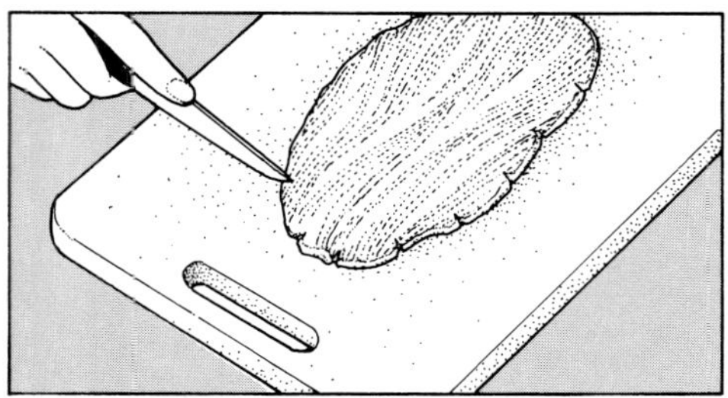

Rundum die Ränder einschneiden

3. Das Fleisch erst unmittelbar vor dem Zubereiten salzen, pfeffern und mit Muskat würzen.

4. Drei Teller bereitstellen: einer für das Mehl, ein anderer für die verquirlten Eier und der dritte für die Semmelbrösel.

5. Das Fett zweifingerhoch in einer großen Pfanne erhitzen.

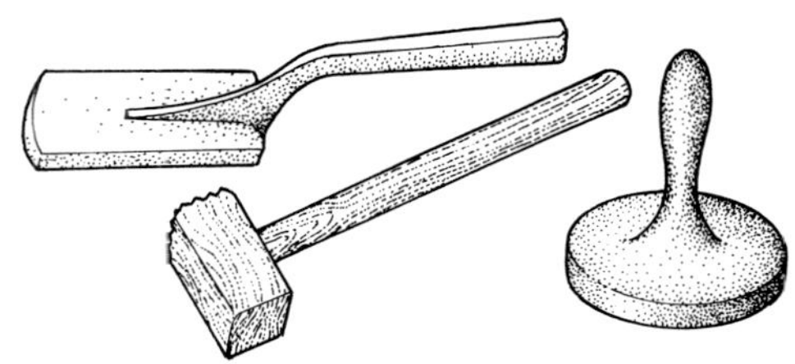

Verschiedene Fleischklopfer

6. Erst wenn es heiß ist, die Schnitzel zuerst in Mehl wenden; alles Überschüssige abschütteln, dann im Ei drehen und zuletzt in die Brösel legen und wenden, bis sie überall davon überzogen sind. Die Brösel vorsichtig andrücken, damit sie besser haften.

7. Das Schnitzel sofort ins heiße Fett legen, das nunmehr aufrauschen soll. Nur so viele Schnitzel auf einmal hineinlegen, wie bequem nebeneinander schwimmen können.

8. Öfters an der Pfanne rütteln und dadurch die Schnitzel so bewegen, daß immer wieder heißes Fett über die Oberfläche schwappen kann – das ist wichtig, damit die Panierung aufgehen und sich über dem Fleisch wölben kann. *Soufflieren* heißt das.

9. Nach einer Minute sollte die Unterseite golden gebräunt sein, dann wenden und andere Seite unter Rütteln bräunen.

TIP: Wenn nötig, die Schnitzel im 100 Grad heißen Ofen wenige Minuten warm halten, dafür jedoch auf keinen Fall übereinanderlegen, weil sonst die Kruste aufweicht.

Servieren: Mit einem Zitronenschnitz garnieren. Außerdem passen dazu verschiedene Salate, zum Beispiel Kraut-, Gurken-Kartoffelsalat und Salat aus roter Bete.

*

Semmelbrösel kann man übrigens ganz leicht selber machen: trockenes, übriggebliebenes Weißbrot, nach Belieben natürlich auch Graubrot oder Vollkornbrot, im Mixer, in der guten alten Semmelbröselreibe oder mit Hilfe eines Nudelholzes auf einem Backblech zerkleinern. Dabei mit Klarsichtfolie zudecken, damit die Brösel nicht in der Gegend herumfliegen.

Nun unsere Beilagen, alle jeweils für vier Personen berechnet – wenn etwas übrigbleibt, macht es ja nichts . . .

Kartoffel-Gurken-Salat

750 g festkochende Kartoffeln
Salz
1 Zwiebel
4 EL Essig oder Zitronensaft
frisch gemahlener Pfeffer
4 EL erstklassiges Salatöl
2–4 EL heiße Fleischbrühe
1/2 Salatgurke
1 Bund Schnittlauch

1. Die Kartoffeln in der Schale gar kochen, dem Kochwasser 1 TL Salz zufügen. Die Kartoffeln nur ein wenig auskühlen lassen.

2. Inzwischen die feingeschnittene Zwiebel mit Essig, Öl, Salz und Pfeffer in der Salatschüssel verrühren.

3. Die Kartoffeln pellen, in Scheiben schneiden und zufügen. Mit der Brühe beträufeln und sorgsam mischen.

4. Die Gurke schälen – wenn sie sehr dicke Kerne haben sollte, auch entkernen, sonst einfach auf dem Hobel in Scheiben schneiden und zusammen mit dem in Röllchen geschnittenen Schnittlauch unter die Kartoffeln mischen.

TIP: Den Salat etwas durchziehen lassen, bevor er serviert wird.

Krautsalat

1 kleiner Weißkohlkopf (ca. 600 g)

1 EL Salz

50 g durchwachsener Speck in dünnen Scheiben

1 Zwiebel

1 Knoblauchzehe

3–4 EL Essig

Kümmel

Pfeffer

1–2 EL gutes Salatöl

1. Den Kohlkopf putzen, welke oder zu feste Außenblätter entfernen. Den Kohl vierteln, den dicken Strunk herausschneiden. Die Kohlviertel auf dem Gemüsehobel in feine Streifen schneiden.

2. Mit Salz bestreuen und gründlich mit den Händen durchkneten. Schließlich eine

Viertelstunde stehenlassen, bevor die Kohlstreifen abgespült und fest ausgedrückt werden. (Wem das Kraut so zu hart ist, sollte es mit kochendem Wasser übergießen.)

3. Den Speck in schmale Streifen schneiden, in einer trockenen Pfanne sanft ausbraten, dabei nicht zu knusprig werden lassen.

4. Die feingehackte Zwiebel und Knoblauchzehe zufügen. Weich dünsten, aber nicht bräunen. Zum Schluß mit Essig ablöschen, Kümmel zufügen und pfeffern.

5. Über das Weißkraut gießen, gründlich mischen. Erst jetzt das frische, rohe Öl zugeben (evtl. nachsalzen) und nochmals sorgfältig mischen.

TIP: Der Salat darf ruhig etwas durchziehen, bevor serviert wird.

Rote-Bete-Salat

1–2 Rote-Bete-Knollen (ca. 350–400 g)

1 große Zwiebel

1 EL Honig

3 EL Essig

4 EL Rotwein

je 1/2 TL Pfeffer-, Wacholder- und Pimentbeeren

2 Lorbeerblätter

2 Gewürznelken

3 EL erstklassiges Öl

Salz

1. Rote Bete waschen und bürsten, ohne ihre Schale zu verletzen. In Wasser gar kochen – sie müssen sich leicht mit dem Messer oder einer Nadel durchstechen lassen.

2. Abschrecken, pellen, in Scheiben schneiden. Die Zwiebel in Scheiben hobeln. Zusammen in eine Schüssel füllen.
3. Für die Marinade Honig, Essig und Rotwein mit allen Gewürzen aufkochen. Heiß durch ein Sieb über die rote Bete gießen, gründlich mischen und durchziehen lassen.
4. Erst kurz vor dem Servieren das Öl untermischen und nochmals abschmecken.

*

Die delikate Variante zum Wiener Schnitzel aus der Schweiz:

Cordon bleu

Dieser Küchenklassiker verdankt seinen Namen wahrscheinlich jener legendären Kochschule in Paris, in der schon Generationen von höheren Töchtern in die Geheimnisse der großen Küche eingeführt wurden, hat also nichts mit Frankreichs König Heinrich III. zu tun, der das „Blaue Band" als Orden vom Heiligen Geist (St. Esprit) gestiftet hat.

ZUTATEN FÜR VIER PERSONEN:

8 sehr dünne Kalbsschnitzel
4 Scheiben Emmentaler oder Gruyèrekäse
4 Scheiben gekochter Schinken
Salz
Pfeffer
2 gehäufte EL Mehl
2 Eier
ca. 100 g Semmelbrösel
Schmalz zum Backen

---

1. Vier Schnitzel jeweils mit einer Käse- und Schinkenscheibe belegen, mit den anderen vier Schnitzeln abdecken. Rundum die Ränder etwas einschneiden. Das Fleisch salzen und pfeffern.
2. Zuerst in Mehl, dann in verquirltem Ei und schließlich in den Bröseln wenden. Besonders darauf achten, daß der Rand dicht genug ist, damit kein weicher Käse auslaufen kann.
3. Die Schnitzel schwimmend im heißen Fett golden ausbacken.
Dazu Salzkartoffeln und gedünsteten Spinat servieren!

Was trinkt man zum Wiener Schnitzel?

Die Frage ist leicht beantwortet: Was einem schmeckt! Schaut man sich nämlich in verschiedenen Landschaften um, stellt man fest, daß überall etwas anderes zum Wiener Schnitzel getrunken wird, eben das landesübliche Getränk. Tatsächlich paßt ebenso ein leichter wie ein kräftiger Weißwein, der allerdings nicht zu süß (mild) sein sollte. Bestens ein Rosé (Weißherbst), der ebenfalls frisch und säurebetont sein sollte, denn die Säure macht die doch immer ein wenig fetthaltige Panierung etwas leichter verdaulich.
Es kann aber ebenso ein leichter Rotwein (Spätburgunder, Trollinger) sein – oder ein Bier. Daß stilles oder sprudelndes Wasser auch dazu paßt, ist klar; und Kindern schmeckt Limonade oder Apfelsaft sicher ebenfalls vorzüglich.

Schnitzel – Kinders Lieblingsessen!

Das Wiener Schnitzel gilt als ein typisches Kinderessen – vielleicht, weil es keinen sehr ausgeprägten Geschmack hat. Kinder scheinen ohnehin eine Panierung zu lieben, die ihnen verbirgt, was sie eigentlich essen – so auch bei Fischstäbchen zu beobachten. Kinder brauchen, damit sie gesund und leistungsfähig sind, besonders viel Eiweiß. Gerade daran mangelt es aber häufig, denn mit Pommes frites, Nudeln, Brot, Gebäck und vor allem Süßigkeiten werden sie heute nur zu oft mehr als reichlich mit Kohlenhydraten vollgestopft, während das wertvollere und schnell vom Körper verwertbare Eiweiß in der Regel zu kurz kommt. Dabei weiß man, daß Eiweißmangel rasche Ermüdung und Konzentrationsstörungen zeitigt. Fleisch, vor allem Geflügel- und Kalbfleisch, ist für Kinder tatsächlich besonders wichtig, da dieses Eiweiß – ebenso wie das von Fischen – am leichtesten verdaulich ist. Günstig wäre es, dieses tierische Eiweiß durch pflanzliches zu ergänzen.

Denn ganz sicher sollte die Ernährung von Kindern nicht so einseitig sein, wie es oft der Fall ist – im Gegenteil: Je natürlicher und unkomplizierter, je frischer und damit wertvoller, je phantasievoller und abwechslungsreicher man kocht, desto sicherer essen Kinder das, was ihr Organismus wirklich braucht. Wissenschaftler haben festgestellt, daß Kinder, die nicht von immer gleicher, denaturierter, industrieller Kost verdorben sind, sondern mit frischen, sorgfältig zubereiteten Lebensmitteln der entsprechenden Jahreszeit aufwachsen, sehr genau und spezifisch das essen, was ihrem Körper gerade zugeführt werden muß – mal mehr Eiweiß, mal mehr Kohlenhydrate, mal mehr Fett. Dabei geben sie ganz bestimmten Lebensmitteln, die gewisse Vitamine, Mineralien oder Spurenelemente enthalten, den Vorzug. Freilich ist diese Feinabstimmung mit unseren nur noch in geringem Maße vorhandenen Instinkten nur dann möglich, wenn die entsprechende Auswahl da ist und das Kind nicht gezwungen wird, etwas Bestimmtes zu essen, was es gerade nicht will („Was auf den Tisch kommt, wird gegessen!" lautet der schädigende Satz), oder mehr in sich hineinzustopfen, als es eigentlich mag („Was auf dem Teller ist, wird aufgegessen!" grenzt gar manches Mal an mutwillige Körperverletzung). Geduld und Augenmaß sind gefragt, wenn auch sicher nicht immer leicht zu bewahren.

Aber wenn man zustimmt, daß bewußt gutes Essen und der Genuß zu unserer Kultur gehören, dann lohnt sich diese gewisse Mühe auch bei der Erziehung des Geschmacks – denn je abwechslungsreicher und besser Kinder mit den Geschenken der Natur umzugehen lernen, desto mehr können sie später, als Erwachsene, sich an der Vielfalt einer gepflegten Tafel erfreuen.

*

Unser Dessert läßt sich wunderbar vorbereiten und steht dann fix und fertig im Kühlschrank bereit:

Halbgefrorenes aus weißer Schokolade mit Blutorangensalat

1. Für das Eis die Eier trennen. Eigelb und 20 g Zucker mit dem Handrührer dick und schaumig schlagen.

2. Unterdessen die Schokolade in Stücke bröckeln und in 100 g Sahne auflösen. Dafür zunächst nur zwei Drittel in die aufkochende Sahne geben und auf mildem Feuer schmelzen. Sobald sie flüssig geworden ist, den Topf vom Feuer ziehen und die restliche Schokolade zufügen.

3. Wenn sie vollkommen geschmolzen ist, unter die Eigelbcreme rühren. Etwas abkühlen lassen.

4. Die Eiweiß und die Sahne getrennt steif schlagen – zum Eischnee eine kleine Prise Salz, an beide Massen einen Teelöffel Zucker (jeweils 5 g) geben, damit sie fester werden.

5. Unter die abgekühlte Eigelb-Schokolade-Masse den steifgeschlagenen Eischnee und schließlich die geschlagene Sahne ziehen.

6. In eine mit Klarsichtfolie ausgelegte Kasten- oder Puddingform füllen – mit Hilfe der Folie läßt sich das Eisparfait leichter aus der Form lösen. Im Gefrierfach mindestens sechs Stunden, besser eine Nacht lang fest werden lassen.

7. Für den Salat die Schale einer Orange mit einem Kartoffelschälmesser hauchdünn abschneiden, in haarfeine Streifchen schneiden – Zesten nennt sie der Fachmann.

8. In einem kleinen Topf den Zucker mit Rotwein sowie Orangenlikör aufkochen, die Zesten zufügen. Einige Minuten köcheln, bis die Flüssigkeit sirupartig wird.

9. Inzwischen für die Orangenfilets die Schale mit einem Messer bis auf das Fleisch abschneiden. Die einzelnen Orangenschnitze mit dem Messer aus den sie jeweils umgebenden Häuten lösen.

10. Die Orangenfilets in eine Schüssel füllen, mit dem abgekühlten Rotweinsud übergießen. Etwas durchziehen lassen.

11. Zum Servieren kurz heißes Wasser über die Unterseite der Eisform laufen lassen, das Eis stürzen. Die Folie abziehen.

12. Quer in Scheiben oder entsprechende Portionsstücke schneiden und auf *gekühlten* Tellern anrichten. Den Orangensalat danebensetzen und alles mit gehackten Pistazien überstreuen.

XVII. VEGETARISCHES OSTERMENÜ

*Wie aus simplem Spinat eine
edle Delikatesse wird*

SPINAT –
EINE KLEINE WARENKUNDE

Wir unterscheiden grundsätzlich zwei Arten von Spinat, die jeweils eine andere Art von Behandlung verlangen: Da gibt es einmal den **Winterspinat**, der im Spätsommer gesät wird, im Herbst und den Winter über an den wärmeren Tagen langsam wächst und kompakte Pflanzen mit festen und großen Blättern bildet. Er gedeiht in den milderen Gegenden Deutschlands, kommt aber zum überwiegenden Teil aus Frankreich, Italien und Spanien zu uns, wo die Witterungsbedingungen günstiger sind.

Sein Geschmack ist kräftig, ein wenig herb und sehr gemüsig. Meist werden die ganzen Pflanzen mit Wurzelansatz angeboten, seltener nur die großen Blätter. Man muß sie mehrmals gründlich waschen, sorgfältig von den harten, manchmal sehr faserigen Stielen befreien, kann die Herzen aber ganz lassen – sie sorgen im zubereiteten Spinatgemüse für einen angenehmen Biß. Insgesamt verlangt die feste Struktur der Blätter eine längere Garzeit, dafür verkochen sie aber kaum.

Zweierlei Spinat

Bei uns beliebter ist der zartere, aber auch weniger geschmacksintensive **Jungspinat**, der im Frühjahr aus dem Unterglasbau kommt, im Spätfrühling und Frühsommer vom Freiland. Da er bei höheren Temperaturen schneller wächst, bilden die Blätter weniger Zellstoffe, bewahren – vor allem, wenn im Gewächshaus oder in Folientunneln gezogen – eine sehr empfindliche Struktur. Fast immer als Schnittspinat angeboten, macht er beim Verlesen dann viel Arbeit, wenn die Stiele lang und viel fester sind als die Blätter, so daß man sie entfernen muß. Glück hat, wer Spinat im eigenen Garten anbauen kann – beim Ernten knipst man die Blätter direkt am Stiel ab, der an der Pflanze bleibt, und hat somit die Verlesearbeit ohne Zeitverlust hinter sich gebracht. Das Waschen dagegen macht keine Mühe, sind keine angefaulten Blätter dabei, ist man im Handumdrehen damit fertig.

Frisch muß er sein!

Gleichgültig, welche Art von Spinat Sie haben: Achten Sie beim Einkauf darauf, daß die Blätter nicht welk sind – schon nach ein paar Stunden bei normaler Temperatur welken die Blätter von Winterspinat, beim empfindlichen Jungspinat, die feuchte und schützende Atmosphäre des Glashauses gewohnt, geht das noch schneller. Welke Blätter signalisieren nicht nur den Verlust von Geschmack, sondern vor allem auch von Vitaminen! Man kann davon ausgehen, daß sich der Gehalt der Vitamine (A, B und C) innerhalb von 24 Stunden nach der Ernte wenigstens halbiert hat. Länger hält sich allerdings der mit Wurzeln und Stielen geschnittene Winterspinat, besonders, wenn er gut gekühlt – eventuell mit Eis bedeckt – und von sehr hoher Luftfeuchtigkeit umgeben verschickt wird. Natürlich sollten die Blätter nicht gelb oder angefault sein.

Und weil das so ist, sollten Sie von Spinat niemals „einen Vorrat anlegen"! Freilich: Gibt's morgens auf dem Markt frischen Gärtnerspinat, dann können Sie schon mal für den nächsten Tag einkaufen. Lassen Sie ihn sich am besten gleich in eine Plastiktüte packen – aber nicht stopfen, sonst werden die Blätter gequetscht oder gebrochen und halten sich schlechter. Achten Sie darauf, daß die Blätter etwas feucht sind, damit sie nicht welken. Notfalls zu Hause noch etwas Wasser drauftröpfeln, die Tüte gut verschließen und den Spinat in den Kühlschrank (unteres Fach legen). Oder aus der Tüte locker ins Gemüsefach packen und mit Wasser besprengen. Dennoch: Auch so bleibt der Spinat nur bis zum nächsten Tag frisch.

Bekommen Sie ganz frischen Spinat, so können Sie ihn auch einfrieren – falls sich das vom Preis her lohnt. Das sollte so schnell wie möglich nach der Ernte geschehen! Hat man einen eigenen Garten, so erntet man am besten am Morgen, wenn die Blätter noch feucht vom Tau sind. Danach sofort waschen und nur so lange in sprudelnd kochendem Salzwasser blanchieren, bis die Blätter zusammengefallen sind. In Eiswasser abschrecken und vollkommen abkühlen, dann portionsweise herausnehmen und bulettenartige Pakete zusammenpressen – so läßt sich der Spinat platzsparend aufbewahren. Die Buletten am besten auf Folie legen und schnellgefrieren, erst jetzt in einen Folienbeutel packen und diesen ohne Luft gut verschließen: So können Sie die gewünschte Menge in einzelnen Portionen problemlos entnehmen. Den Spinat vor der Zubereitung vollkommen auftauen

lassen – die Blätter lassen sich dann leicht wieder auseinanderzupfen oder kleinschneiden.

Die blanchierten Spinatblätter gut ausdrücken, dabei zu einem Bällchen formen und in feine Streifen schneiden

Wie gesund ist Spinat?

Kinder mußten früher Spinat essen, weil er angeblich viel Eisen enthält und deshalb blutbildend wirkt: fatale Auswirkungen eines Kommafehlers, den Mitte des 19. Jahrhunderts ein Wissenschaftler fahrlässig beging. Zwar erkannte man diesen Fehler sehr bald, aber er hatte sich doch in die Literatur eingeschlichen und fristete in den Kochbüchern ein hartnäckiges und unausrottbares Dasein. Das Ergebnis war der berühmte Brei, den die armen Kinder generationenlang umsonst über die Fütternden verprusteten... 15 mg Eisen braucht der Mensch pro Tag, 100 g frischer Spinat liefern 3 mg. Und auch die werden vom Körper nur aufgenommen, wenn man sich gleichzeitig weiteres Vitamin C zuführt – günstig also, was die Italiener machen, die sich den Spinat auf dem Teller mit Zitronensaft beträufeln.

Kalter Spinat!

Spinat dürfe man nicht aufwärmen, heißt es immer. In früheren Zeiten eine berechtigte

Warnung, denn da man Spinat einst nur im Sommer kannte und es noch keinen Kühlschrank gab, war Gefahr im Anzug. Einmal, weil der Spinat in den damals üblichen Eisen- oder Kupfertöpfen sich mit dem Metall verband, wobei ohne Kühlung und unter dem Einfluß von Sauerstoff Gifte entstehen konnten, sich die Bakterien schnell vermehrten und sich Schimmel bildete, zum anderen aber, weil unter der Einwirkung von Bakterien das im Spinat oft reichlich enthaltene, an sich völlig ungefährliche Nitrat in Nitrit umgewandelt werden kann, das dann seinerseits im Verdauungstrakt des Menschen mit anderen Stoffen zu Nitrosaminen reagiert, bei denen man eine krebsfördernde Wirkung annimmt. Kühlt man aber den Spinat nach dem Kochen rasch ab und bewahrt ihn dann verschlossen im Kühlschrank auf, so kann er dort ohne jegliche Gefahr ein (pürierter Spinat) oder zwei Tage (Blattspinat) bleiben.

Die Garzeiten

Wie und wie lange garen? Fester Winterspinat kann ruhig einmal ein Viertelstündchen schmoren, auf nicht zu kräftiger Flamme in wenig Fett (Olivenöl), während zarter Blattspinat nur eben in 30 Sekunden in sprudelnd kochendem Salzwasser zusammenzufallen braucht, um gar zu sein. Wichtig beim Abwellen (Blanchieren) in kochendem Wasser: Reichlich Wasser in einem großen Topf aufkochen, damit der zugefügte Spinat das Wasser nicht so stark abkühlt, daß es zu kochen aufhört. Und nach dem Kochen (rechnen Sie bei Freilandspinat eine gute bis knappe zwei Minuten, bei Winterspinat drei bis fünf Minuten)

sofort abgießen und in eiskaltem Wasser abschrecken – das unterbindet den Gar- und Umwandlungsprozeß, stabilisiert Farbe und Vitamine. Vor dem weiteren Zubereiten die Blätter ausdrücken.

Den blanchierten Spinat können Sie nun so, wie er ist, braten, dünsten oder hacken und anderweitig verwenden, etwa zum Spinatpudding.

Bereiten Sie aus dem Spinat ein Blattgemüse, so geben Sie die Blätter einfach tropfnaß in einen gut schließenden Topf und lassen Sie sie zusammenfallen. Erst dann mit Butter oder Öl würzen. Oder die leicht abgetropften Blätter an in Fett angedünstete Zwiebeln (und Knoblauch) geben, gut zudecken und zusammenfallen lassen. Erst dann umwenden. Mit Muskatnuß und eventuell Zitronenschale und -saft würzen – dann darf der Spinat aber nicht mehr stehenbleiben oder gar warm gehalten werden, denn er verliert rasch seine schöne, saftig grüne Farbe und verfärbt sich häßlich braun.

Letzter Tip:

Die zarten Blätter von ganz frischem Jungspinat eignen sich vorzüglich als Salat – allein mit etwas gehackter Zwiebel angemacht, in bunt gemischten Salaten oder mit ebenso viel frisch gehobelten, rohen Champignons!

Kressecremesuppe

1. Die Kresse sorgfältig verlesen und waschen. Nur dicke Stiele abknipsen, die dünneren dürfen ruhig dranbleiben.

2. Mit der Butter im Mixer zur homogenen Kräuterbutter mixen. Schließlich die kochendheiße Brühe in den laufenden Mixer gießen.

3. Die schaumig-cremige Suppe mit Salz, Pfeffer, Muskat und etwas abgeriebener Zitronenschale würzen. Noch einmal aufmixen und sofort in Suppentellern oder -tassen servieren.

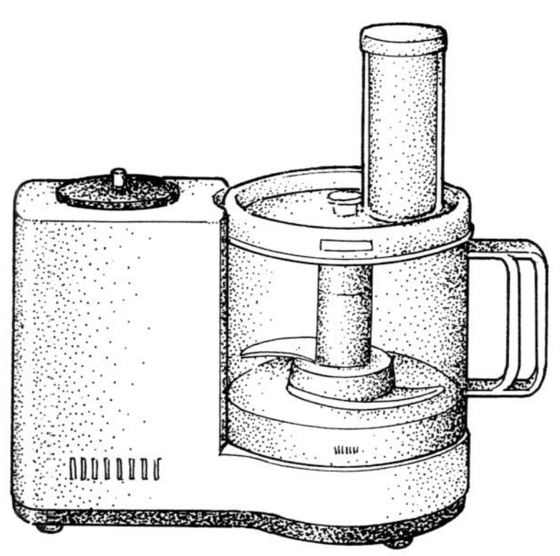

Die Kompakt-Küchenmaschine, ein Mixgerät, das für die feine Küche wirklich unentbehrlich ist, weil es in Sekundenschnelle das macht, wofür früher ein Koch stundenlang arbeiten mußte: ein feines Püree oder eine sämige Sauce oder eine perfekt gebundene, samtige Suppe!

Spinatpudding mit Morchelsauce

1. Die Brötchenrinde rundum auf einer feinen Reibe abraspeln. Die Brötchen dann mit einem Sägemesser in dünne Scheiben schneiden. (In Bayern kann man fertiges, sogenanntes Knödelbrot verwenden, das man beim Bäcker kaufen kann.)

2. In einer Schüssel vorsichtig mit der heißen Milch benetzen – nicht alles auf einmal darüberschütten! Wieviel Milch nötig ist, hängt davon ab, wie trocken die Semmeln waren. Die Brötchen eine halbe Stunde einweichen.

3. Unterdessen den Spinat gründlich verlesen, dicke Stiele abknipsen. Die gründlich (mehrfach!) gewaschenen Blätter in reichlich kochendes Salzwasser werfen. Je nach Stärke der Blätter eine bis drei Minuten blanchieren, dann abgießen und in eiskaltem Wasser abkühlen. Schließlich jeweils eine Handvoll aus dem Wasser fischen, zu Bällchen formen und dabei gut ausdrücken. Mit einem Messer in feine Streifen schneiden.

4. Zwiebel und Knoblauch fein hacken, in der heißen Butter weich dünsten, aber nicht bräunen.

5. Etwas abgekühlt zum eingeweichten Brot geben, ebenso die Eigelb und den Spinat. Mit der Hand gründlich mischen. Die Masse mit Salz, Pfeffer, Muskatblüte und einer Spur Cayennepfeffer kräftig abschmecken.

6. Eine Puddingform aus Keramik, Glas oder Porzellan dick mit Butter auspinseln. Mit den abgeriebenen Brötchenrindenbröseln ausstreuen.

7. Erst jetzt die Eiweiß steif schlagen und erst ein Drittel davon, dann den Rest unter die Puddingmasse heben.

8. In die vorbereitete Form füllen, die jetzt bis etwa drei Zentimeter unterhalb ihres Randes ausgefüllt sein darf – weil der Pudding noch aufgeht. Die Form mit ihrem Deckel oder mit Alufolie dicht verschließen – die Folie rundum mit einem Gummiband festschnüren, damit sie sich nicht löst.

9. In einen Topf stellen, der die Form völlig aufnehmen kann und so weit mit kochendem Wasser gefüllt ist, daß die Form bis zwei Zentimeter unterhalb ihres Randes davon umgeben ist. In diesem Wasserbad

auf mittlerem Feuer 75 Minuten sanft ziehen lassen – darauf achten, daß das Wasser niemals ins Kochen gerät, weil sonst der Pudding unschöne Bläschen bekommt und nicht mehr zart bleibt.

10. <u>Für die Sauce</u> bereits am Vortag 1/8 l Wasser und 1/8 l Sahne aufkochen, über die Morcheln gießen. Die Pilze über Nacht einweichen, sie verdoppeln dabei ihr Volumen.

11. Die Morcheln unter fließendem Wasser gründlich ausspülen, damit aller Sand, der zwischen den Falten sitzt, herausgelöst wird. Die Einweichflüssigkeit durch ein Filterpapier (Kaffeefilter) gießen, um allen Sand aufzufangen.

12. Die Schalotten fein schneiden, in der heißen Butter andünsten. Die Morcheln halbieren oder vierteln, in jedem Fall von ausgefransten Stielen befreien, ebenfalls mitdünsten. Schließlich mit Madeira ablöschen und einkochen. Milch und Sahne zufügen und nunmehr etwa zehn Minuten sanft köcheln, bis die Sauce cremig wird. Mit Salz, Pfeffer und einigen Tropfen Zitronensaft würzen. Zum Schluß gehackte Petersilie unterrühren.

Übrigens: Wer auf Alkohol verzichten möchte, kann dies selbstverständlich tun. Einfach sofort mit Milch und Sahne aufgießen – auch so schmeckt die Sauce wunderbar!

TIP: Natürlich kann man die Sauce auch mit frischen Pilzen zubereiten, zum Beispiel mit Champignons: In diesem Fall braucht man etwa 500 g frische Pilze, die zusammen mit den gehackten Schalotten zunächst angedünstet, schließlich ebenso mit Madeira und Sahne aufgefüllt und eingekocht werden.

Obstsalat

1. Die Früchte vorbereiten: Apfel vierteln, schälen, vom Kerngehäuse befreien, in Scheibchen schneiden. Ebenso die Birne. Beides mit etwas Zitronensaft beträufeln, damit sie sich nicht verfärben.

2. Banane schälen und in Scheiben schneiden. Kiwi schälen und in Stücke schneiden. Babyananas schälen und ebenfalls in Stücke schneiden. Karambola gut waschen und quer in dünne Scheiben schneiden. Baumtomate wie die Kiwi schälen und in Scheiben schneiden.

3. Vom Pfirsich die Haut abziehen (falls nötig, zuvor in kochendes Wasser tauchen), entsteinen und in Spalten schneiden. Orange filieren. Pomelo schälen, die Schnitze aus ihrer dünnen Haut lösen und in Stücke teilen. Die Beeren waschen und, wenn nötig, entstielen.

4. Alles Obst in einer großen Schüssel mischen und kurz durchziehen lassen.

5. Dazu entweder flüssige frische Sahne oder Himbeermark servieren, das ganz leicht selbst gemacht ist:

6. Frische oder aufgetaute Tiefkühlhimbeeren mit etwas Zucker oder Honig mixen und anschließend durch ein Sieb streichen.

Die richtige Puddingform

Früher gehörte eine Puddingform zur Grundausstattung eines perfekten Haushalts. Aber seit Puddinge ein wenig aus der Mode geraten sind, findet man sie nur noch selten. Viele wurden auf dem Flohmarkt verkauft oder zum alten Gerümpel gegeben. Heute ist es gar nicht so einfach, die richtige Form aufzutreiben. Meistens werden Formen aus Aluminium angeboten, die für Gerichte, in denen Zwiebeln enthalten sind, nicht verwendet werden sollen. Zwiebeln oxydieren darin und entwickeln einen unangenehm metallischen Geschmack.
Besser geeignet sind dafür Puddingformen aus Keramik, Steinzeug oder Steingut oder aus Edelstahl, wie sie im Gastronomiebedarf verkauft werden. Sie verfügen stets über einen Deckel, mit dem sie dicht verschlossen werden können. Natürlich kann man auch eine Gugelhupf-, beziehungsweise Napfkuchenform nehmen. Wichtig ist der Kamin in der Mitte, der dafür sorgt, daß die Masse gleichmäßig gart.

Was trinkt man zum Spinatpudding mit Morchelsauce?

Die Sauce verlangt einen eher kräftigen, runden und gereiften Wein, die etwas säuerlich-rauhen Spinatblätter dagegen werden durch einen jungen, frischen, säurereichen und spritzigen Wein besser ergänzt – es gilt einen Wein zu finden, der beide Tendenzen miteinander vereint. Am besten eignet sich eine kräftige, trockene *Riesling Spätlese* oder auch *Weiß-* oder *Grauburgunder,* vorausgesetzt, sie haben ein paar Jährchen auf dem Buckel und wurden rechtzeitig geerntet und verfügen über ausreichend frische Kraft und Säure. Wir haben uns für eine 1986 Riesling Spätlese aus *Rheinhessen,* von der Spitzenlage *Niersteiner Auflangen* entschlossen und waren sehr zufrieden. Eine Riesling Spätlese von *Mosel, Saar* oder *Ruwer* sollte wenigstens aus dem Jahre 83 oder 85 sein, ebenso ein *Rheingauer* Riesling. Aus den Gebieten *Nahe, Franken, Rheinhessen, Rheinpfalz, Württemberg* oder *Baden* sollten Riesling Spätlesen aus 85 oder 86 stammen, bei den *Burgundern* kann man auch 88er in Betracht ziehen. Gut würden auch *österreichische* und *Elsässer* Weine der erwähnten Rebsorten passen.

Morcheln

Manchmal schon im März, öfters im April oder sogar noch im Mai braucht es nur ein paar Tage schön warm zu sein und dann zu regnen, schon sprießen sie, die Morcheln. Aber wo? Sie scheinen sich verkrochen zu haben, denn was unseren Vorfahren noch ein durchaus normales Frühlingsgericht war, ist heute zu einer Delikatesse aufgestiegen. Für ein Pfund frische Morcheln muß man gut und gerne seine 50 Mark hinlegen, in manchen Jahren kosten sie weitaus mehr (bis zu 500 DM/kg). Klassische Morchelgegenden sind die Schwäbische und Fränkische Alb, der Schweizer Jura, die französischen Mittelgebirge und die gesamte Alpenregion. Dort findet man sie in den Wäldern, an den Hängen, vor allem aber in den lichten, von Gebüsch durchzogenen Talwäldern auf sandigen Schwemmböden. Freilich kommen sie auch in anderen Gegenden vor, aber nirgends so häufig. Es kann jedoch auch heute noch Jahre geben, in denen die Witterung ideal für das Wachstum der seltsamen Pilze verläuft, in denen die Morcheln in Unmengen auftreten und man sie dann zum Trocknen aufgereiht in den Dachboden hängt.

Die größten Feinde der Morcheln – wie aller anderen Pilzarten – sind die Folgen der Luftverschmutzung, der saure Regen und die chemischen Unkrautvertilgungsmittel, die leider auch im Wald gesprüht werden. Außerdem zeigen sich natürlich die Auswirkungen einer veränderten Waldwirtschaft, in der schließlich kaum mehr Unterholz und abgestorbene Äste verrotten dürfen – man muß sie verbrennen, um der Borkenkäfer Herr zu werden. Und ein normaler Baumwechsel mit jungem Unterholz und Bäumen aller Altersklassen, die Licht in den Wald lassen, findet kaum mehr statt. Es kann sich so kaum mehr die lockere Humusschicht nachbilden, die das Myzel, das „Wurzelwerk" der Pilze, einfach notwendigerweise braucht. Als unsere Wälder noch „ungepflegter" waren, nicht zuletzt eine Folge des Krieges, fand man Morcheln zum Teil in großen Mengen. Ich entsinne mich an das Jahr 1957, wo ich innerhalb von 1 1/2 Stunden 40 Pfund Morcheln gesammelt habe. Seither bin ich noch oft an diese zufällig entdeckte Stelle gefahren, habe aber nie wieder eine Morchel dort gesehen. Kein Wunder, daß die Morcheln als Hervorbringungen der Götter galten, ebenso unberechenbar wie diese. Das geheimnisvolle Wachsen dieser merkwürdigen Gebilde wurde in Verbindung gebracht mit Thor bzw. Zeus und Jupiter, die über den Donner verfügten. Ganz offensichtlich lag da die Beobachtung zugrunde, daß Pilze nach warmen Gewitterregen am reichlichsten erschienen.

Wenn also die Morcheln frisch heute praktisch nicht mehr auf den Markt kommen, so findet man sie doch getrocknet. Sie stammen aus der Schweiz, aus Frankreich und zum größten Teil aus dem Himalaja. Da sie so wertvoll und teuer sind, fehlt es nicht an Versuchen, ähnliche, aber weniger wertvolle Pilze zu verkaufen.

Ein häufig anzutreffender Ersatz sind die Lorcheln, die vor allem aus Osteuropa angeliefert werden. Obwohl eigentlich in diesem Falle deutlich vermerkt sein müßte, daß es sich um Lorcheln handelt, findet man auf den Packungen meistens die Angabe *Morcheln* in großen Buchstaben, während nur ganz klein (oder sogar überhaupt nicht!) erwähnt ist, daß es sich in Wirklichkeit um Lorcheln handelt. Wenn man jedoch aufpaßt, kann man die beiden Pilzsorten leicht voneinander unterscheiden: Während die Morcheln ein wabenförmiges Aussehen haben, ist die Oberfläche der Lorcheln nur stark gebuckelt bzw. gefältelt. Lorcheln sind zwar durchaus keine schlechten Pilze, im Gegenteil: Frisch gehören sie auf die Tafeln der besten französischen Restaurants. Von der Feinheit des Aromas der Morchel sind die getrockneten Lorcheln jedoch weit entfernt.

Eine weitere Unsitte, eigentlich ein Betrug, ist die geradezu bösartige Unterschiebung von manchen Gastronomen, welche die flachen, ohrmuschelförmigen chinesischen Morcheln, die mit den echten Morcheln nun wirklich gar nichts gemein haben, ganz einfach nur als Morcheln bezeichnen. Durch das Weglassen des Zusatzes „chinesisch" verdienen sie so an einer Portion glatte fünf bis zehn Mark!

Es gibt unter den echten Morcheln mehrere verschiedene Sorten. Am feinsten findet man bei uns die *Spitzmorcheln,* während in Frankreich die *Hohen Morcheln* vorgezogen werden. Beide sind kegelförmig-konisch und haben eine ausgeprägte Spitze. In ihren Vertiefungen findet sich meist Sand, so daß diese Morcheln stets sauber gewaschen werden müssen. Als weniger fein gelten im allgemeinen die gelblichbraunen, auf Wiesen wachsenden, wie Naturschwämme aussehenden *Speisemorcheln,* die sich in manchen Jahren auch ins Unterholz zurückziehen. Sehr selten sind die *Köstlichen Morcheln,* die einen leicht abgerundeten Fruchtkörper besitzen.

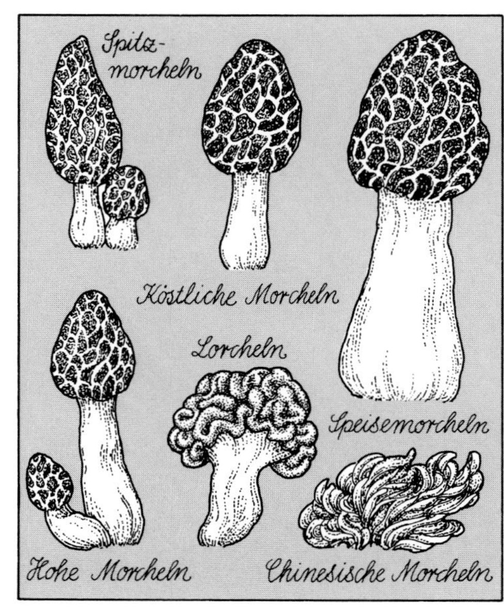

Morcheln und Lorcheln – eine kleine Warenkunde

XVIII. TAFELSPITZ MIT GRÜNER SAUCE

*Von der unendlichen Qualität
der Einfachheit*

Es scheint, daß in deutschen Gasthäusern alles gekochte Rindfleisch einfach *Tafelspitz* genannt wird, weil das eben eine schöne, prestigeträchtige und an die üppige k & k Monarchie erinnernde Bezeichnung ist ...

Dort freilich meint „Tafelspitz" sehr präzise ein ganz bestimmtes Stück Fleisch – nämlich die Spitze, die eigentlich zum Roastbeef gehört, aber in der Keule verbleibt, wenn man diese vom Rumpf trennt. Jeder kann sich vorstellen: So viele edle Tafelspitze, wie angeboten werden, kann es gar nicht geben.

Denn gekochtes Rindfleisch erfreut sich bei uns inzwischen allergrößter Beliebtheit – vor allem Männer entscheiden sich gerne für das kernige Fleisch, das nicht zu fett ist und doch Kraft gibt. *Gekocht* sagt man, aber besser wäre es, von *gesotten* zu reden: Denn nicht sprudelnd darf das Fleisch kochen, sondern sanft muß es gar ziehen. *Siedfleisch* ist denn auch der noch vor wenigen Jahren übliche Oberbegriff, der leider verdrängt wurde.

Zum Sieden eignet sich am besten Ochsenfleisch. Das ist am schönsten *marmoriert,* wie man sagt, um das mehr oder weniger ausgeprägte, elfenbeinfarbene Geäder der Fetteinlagerungen zu beschreiben. Was man in alten Kochbüchern als beste Qualität sehen kann, bekommt man leider heute nicht mehr. Man halte sich deshalb vorzugsweise an Fleisch von *Weidemastochsen,* das es ab und zu, vor allem im Herbst, zu kaufen gibt.

Ansonsten ist gegen ein Fleisch von älteren Rindern (sprich: Milchkühen) nichts einzuwenden, wenn diese gut im Futter standen – das Fleisch soll von gelben Fettadern durchzogen sein, es ist gehaltvoll und wohlschmeckend, allerdings etwas fester als das von jungen weiblichen Rindern, den Färsen. Deren Fleisch ist mit weißlich-elfenbeinernen Fetteinlagerungen marmoriert und stets etwas heller als das leuchtendrote, magere Fleisch von Jungmastbullen. Dies wiederum ist indes als Siedfleisch nicht zu empfehlen, weil es trocken wird und fade schmeckt. Denn, das ist eine Grundregel, nur was fett ist, schmeckt gut und bleibt saftig.

Deshalb werden auch die das Fleisch umgebenden Häute, die Sehnen und Fettpartien nicht vor dem Kochen weggeschnitten, sie geben Geschmack und gelatinösen Saft an Fleisch und Brühe ab. Jeder kann es sich auf dem Teller entfernen, wenn er dieses „Gezadder" nicht mag, das von guten Tieren köstlich kernig und geschmackvoller als jedes Fleisch ist.

Wichtig: In den meisten unserer Metzgereien dürfen nur Filet und Roastbeef lange genug, also zwei bis drei Wochen, abhängen und reifen, nicht jedoch die weniger teuren Stücke – man verkauft sie meist schon in der ersten Woche nach dem Schlachten. Und das tut ihnen nicht gut! Bitten Sie deshalb Ihren Metzger, entweder Ihren Tafelspitz abhängen zu lassen – oder lassen Sie ihn sich vakuumverpacken und zwei bis drei Wochen nachreifen: Der Tafelspitz schmeckt um so besser, je mürber das Fleisch geworden ist.

Die Österreicher, noch mehr die Wiener, haben das gesottene Fleisch zu höchster Vollendung geführt. So bot man in einem spezialisierten Restaurant noch bis zum Krieg 42 verschiedene gekochte Rindfleischgerichte an – heute sind es vielleicht noch 12, was uns in Deutschland allerdings immer noch vor Neid erblassen lassen kann: Bei uns findet man kaum mehr als zwei „Siedfleische": die Ochsenbrust (die freilich fast immer eine Rinderbrust ist), mancherorts auch Brustkern genannt, und eben das, was man den Tafelspitz nennt, aber was oft doch keiner ist.

Fast überall ißt man Meerrettich zum Siedfleisch – mit Recht, denn er paßt köstlich. Auch Salz- oder Gewürzgurken und süßsauer eingelegte Kürbisse, Kirschen oder Zwetschgen schmecken dazu ausgezeichnet. In Wien muß es zwingend eine Eier-Schnittlauch-Sauce sein. Trotzdem haben wir uns für die kräuterwürzige *Frankfurter Grüne Sauce* entschieden – auch wenn sie der gute alte Rat Goethe, was man gerne werbeträchtig behauptet, sicher nicht zu seinem Siedfleisch gegessen hat, denn sie wurde erst um die Mitte des 19. Jahrhunderts erfunden . . .

Tafelspitz und Rindfleischsuppe

Ein ganzer Tafelspitz wiegt etwa 3 bis 3,5 kg und ist natürlich für eine normale Familie mit vier bis sechs Personen zuviel. Trotzdem sollte man nie ein kleineres Stück als von etwa 2 kg nehmen, dazu weitgehend umhüllt von Häuten, Fettschichten und Sehnen.

Nur so bleibt das Fleisch nach dem Kochen wirklich saftig und wird schmelzend zart. Und was übrigbleibt, ist später immer noch die Basis für einen wunderbaren Salat und/ oder für eine Sülze, die sich tagelang hält.

1. Die Markknochen in den Kühlschrank legen, damit das Mark fest wird. Dann das Mark aus den Knochen drücken und in eine Schüssel mit kaltem Wasser legen. Möglichst einen Tag in den Kühlschrank zurückstellen und wässern, damit es schön weiß wird. Ab und zu das Wasser wechseln.

2. Mit den ausgehöhlten Knochen einen großen Suppentopf auslegen. Das Fleischstück obenauf betten – so wird verhindert, daß das Fleisch mit dem heißen Topfboden in Kontakt kommt.

3. Das Gemüse putzen und waschen. Zunächst für die Suppeneinlage einen Teil beiseite tun: Sellerie und Möhren längs auf dem Gemüsehobel in feine Streifen („Gemüsespaghetti"), den hellgrünen und weißen Teil vom Lauch quer von Hand in ebenso schmale Ringe schneiden. Jeweils eine großzügige Handvoll beiseite legen. Das restliche Gemüse möglichst unzerteilt rund um das Fleisch in den Suppentopf füllen.

4. Die Petersilienblätter abzupfen und für später beiseite legen, die Stiele in den Topf geben. Ebenso die Lorbeerblätter und die Gewürze.

5. Die ungeschälten Zwiebeln halbieren, mit ihrer Schnittfläche nach unten auf die mit Alufolie abgedeckte, sehr heiße Herdplatte setzen und fast schwarz anrösten, bevor sie in den Suppentopf wandern – sie geben der Suppe Geschmack und Farbe.

6. Alles nun mit kaltem (!) Wasser gut bedecken und salzen. Ohne Deckel zum Kochen bringen, den Schaum, der sich dabei an der Oberfläche bildet, *nicht* abschöpfen, er wird ohnehin nach einigen Minuten verschwunden sein. Es handelt sich dabei um ausgeflocktes Eiweiß, das dann auf den Topfboden sinkt und dort dafür sorgt, daß die Brühe schön klar bleibt. Allerdings gelingt das nur, wenn das Wasser die gesamte Garzeit über niemals wallend kocht, sondern nur leise siedet.

7. Sobald der Schaum nicht mehr sichtbar ist, den Topfdeckel auflegen und das Fleisch von nun an zweieinhalb bis drei Stunden lang gar ziehen lassen. Die schönsten Stücke vom Wurzelgemüse bereits nach einer knappen Stunde herausfischen und mit etwas Brühe zugedeckt für die Tafelspitzsülze beiseite stellen.

8. <u>Für die Suppe</u>, die wir als Vorspeise servieren, die beiseite gelegten Gemüsestreifen in Salzwasser etwa zwei Minuten'knackig gar kochen, dann sogleich eiskalt abschrecken, damit sie ihre leuchtende Farbe behalten.

9. Das Mark in zentimetergroße Würfel schneiden, auf eine Schaumkelle betten und nur sekundenlang in die siedende Brühe tauchen.

10. Gemüsespaghetti und Markwürfel in Suppentassen oder -teller verteilen, mit der abgeschmeckten, kochendheißen Brühe auffüllen. Gehackte Petersilie darüberstreuen und unverzüglich zu Tisch bringen.

11. <u>Für den Hauptgang</u> das Fleisch quer zur Faser in halbzentimeterstarke Scheiben schneiden, dachziegelartig auf einer vorgewärmten Platte anrichten (damit's hübsch aussieht, den kleinen Fettrand nach oben) und mit etwas Brühe benetzen.

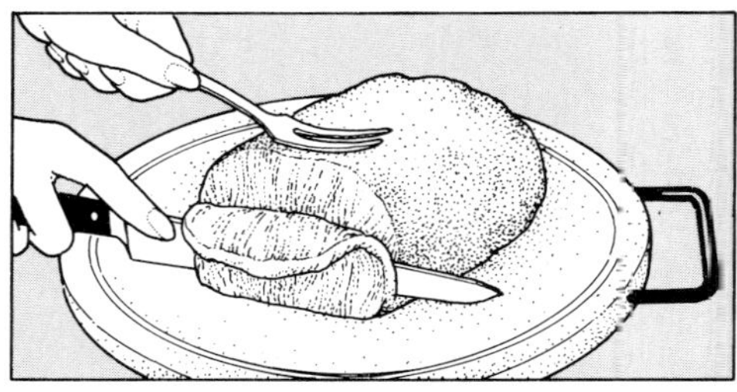

Das Fleisch wird quer zur Faser aufgeschnitten

Beilage: ganz kleine, neue Kartöffelchen, die gut gebürstet und in ihrer Schale gekocht wurden, sowie:

Grüne Sauce

Natürlich gibt es für diese klassische Frankfurter Spezialität (original frankfurterisch: *Grie' Soß* ausgesprochen) fast ebenso viele Rezepte wie Haushalte. Manche nehmen nur saure Sahne und keinen Joghurt, andere verwenden mehr Mayonnaise, wieder andere rühren statt der fetten Crème fraîche lieber etwas magereren Quark darunter. Fest steht indes, daß verschiedene Kräuter hineingehören. Zu Goethes Zeiten werden es Petersilie, Borretsch, Pimpernell, Estragon (oder Dragant, wie man damals sagte), Schnittlauch, das Frühlingskraut Kerbel und natürlich Liebstöckel und Sauerampfer gewesen sein. Heute dürfen ruhig noch Dill, Zitronenmelisse und, warum nicht?, das welsche Basilikum hinzugenommen werden. Sieben verschiedene Kräuter sollten es mindestens sein. Wer mag und hat, packt einfach noch einige mehr dazu.

In Frankfurt und Umgebung kann man die fertige Kräutermischung im Paket kaufen, sie wird täglich frisch von den Gärtnereien zusammengestellt und auf dem Markt wie in Supermärkten angeboten. In allen anderen Regionen muß man den Kräuterstrauß selber zusammenstellen: Je ein handelsüblicher Kräuterbund pro Sorte ergibt etwa die nötige Menge.

Natürlich kann man die Kräuter praktischerweise zusammen mit den übrigen Zutaten allesamt in den Mixer werfen und erhält so eine fabelhafte Sauce. Trotzdem sollte man aber auch einmal die Handmethode ausprobieren: Alle Kräuter sorgsam von Hand so fein wie möglich geschnitten, nicht gehackt, weil so die Zellstruktur zerstört wird und der Saft ausläuft – das ergibt eine völlig andere Konsistenz, einen ganz anderen Geschmack, eine ganz neue Sauce …

1. Die Kräuter verlesen, Stiele entfernen, die Blätter waschen und abtropfen. Mit einem großen Messer sehr fein schneiden. Breite Blätter dafür zuerst längs in Streifen schneiden, dann quer nochmals fein aufschneiden.

2. Die ganzen Eier in gut zehn Minuten hart kochen, abschrecken, pellen und mit dem Eierschneider würfeln: Zuerst in Scheiben schneiden, dann um 90 Grad versetzen und die Schneidharfe noch einmal herunterdrücken. Dadurch entstehen ziemlich gleichmäßige Würfel.

3. Das Eigelb mit dem Senf im Mixer oder von Hand mit dem Schneebesen dick und hell schlagen, dabei das Öl hinzufließen lassen. Sobald die Mayonnaise dick und cremig ist, salzen, pfeffern und mit Zitronensaft würzen.

4. Geschnittene Kräuter, gewürfelte Eier, Mayonnaise, Crème fraîche und Joghurt miteinander verrühren und noch einmal abschmecken.

TIP: Diese Sauce schmeckt übrigens auch herrlich und ganz einfach pur zu jungen Pellkartoffeln, zu Geflügel oder gekochtem Fisch. Sie sollte möglichst frisch gegessen werden, am selben Tag, weil die Kräuter an der Luft oxydieren, braun und bitter werden, und dann natürlich nicht mehr so gut schmecken.

Frühlingsbunter Rindfleischsalat

Übriggebliebener Tafelspitz bleibt mit durchgesiebter Brühe bedeckt im Kühlschrank noch einige Tage lang frisch. Das Fleisch läßt sich in kaltem Zustand wunderbar auf der Aufschnittmaschine in feine

Scheiben schneiden und wird so Basis für einen Salat, den man übrigens je nach Vorräten und Marktangebot immer wieder anders zusammenstellen kann. Einen solchen Salat kann man als Vorspeise servieren, dann gibt es dazu krumiges Brot, oder als ganze Mahlzeit – in diesem Fall passen am besten knusprige Bratkartoffeln dazu.

> ***ZUTATEN FÜR VIER BIS SECHS PERSONEN:***
>
> **300 bis 400 g gekochtes Rindfleisch**
> **2–3 Frühlingszwiebeln**
> **2 Bund Radieschen**
> **3 Stengel Bleichsellerie**
> **250 g grüner Spargel**
> **Schnittlauch**
> **Liebstöckel und Estragon**
> ***Für die Marinade:***
> **4 EL Weinessig**
> **Salz**
> **Pfeffer**
> **1/2 TL scharfer Senf**
> **3 EL Sonnenblumenöl**
> **1 EL Kürbiskernöl (aus dem Feinkost-laden oder dem Reformhaus)**
> **1–2 EL Brühe**

1. Das Fleisch mit der Aufschnittmaschine in sehr dünne Scheiben, diese in breite Streifen schneiden.

2. Das Gemüse putzen und waschen. Die Frühlingszwiebeln quer in halbzentimeter-schmale Ringe schneiden, die Radieschen in dünne Scheibchen hobeln (makellos schöne Blätter beiseite legen) und den Stangensellerie ebenfalls in Scheiben schneiden, die Blätter grob zerzupfen.

3. Den Spargel schälen, die Stiele schräg in zentimeterbreite Stücke schneiden, die Köpfe unzerteilt lassen. In kochendes Salzwasser geben und in zwei bis drei Minuten knackig gar kochen.

4. Die Kräuter abzupfen und fein schneiden.

5. Alle Salatzutaten (auch die beiseite gelegten Radieschenblätter) in eine Schüssel füllen.

6. Die Marinade aus den angegebenen Zutaten in einer Tasse mit dem Schneebesen cremig aufschlagen und darübergießen. Behutsam mischen und sofort servieren.

Tafelspitzsülze

> ***ZUTATEN FÜR VIER BIS SECHS PERSONEN:***
>
> **6 Blatt Gelatine**
> **300–400 g gekochtes Rindfleisch**
> **die beiseite gelegten Gemüsestücke aus dem Suppentopf (falls nicht mehr vor-handen: jeweils ca. 100 g Möhre, Lauch, Sellerie und Zwiebel)**
> **4–5 Cornichons oder Gewürzgürkchen**
> **2 EL Kapern**
> **1 EL eingelegte rosa Pfefferbeeren (Feinkostgeschäft)**
> **ca. 1/2 l kräftige Fleischbrühe**
> **Salz**
> **Pfeffer**
> **3–4 EL Essig**

1. Die Gelatine in kaltem Wasser einweichen.

2. Das Fleisch in knapp zentimeterkleine Würfel schneiden.

3. Die gekochten Gemüse in winzige, höchstens stecknadelkopfgroße Würfel schneiden – falls Sie die Suppengemüse nicht mehr haben: Möhre und Sellerie längs auf dem Gemüsehobel zuerst in dünne Scheiben schneiden, dann aufeinanderstapeln und wieder längs in feine Streifen und schließlich quer in winzige Würfel schneiden. Lauch zuerst längs in Streifen, dann quer in Würfel schneiden. Und die Zwiebel, wie gewohnt, fein schneiden. Alle diese Gemüse für ein, zwei Minuten in kochendes Salzwasser werfen, abgießen, abschrecken, damit sie ihre leuchtende Farbe behalten.

4. Auch die Cornichons fein würfeln und die Kapern, falls es sich nicht um winzig kleine handelt, hacken.

5. Alles in einer großen Schüssel vorsichtig mischen.

6. Die Brühe aufkochen, mit Salz, Pfeffer und Essig kräftig abschmecken – sie sollte ruhig etwas überwürzt schmecken, weil diese Intensität sich nach dem Abkühlen verliert. Auch schluckt die Gelatine Würze.

7. Die gut ausgedrückte Gelatine in der heißen Brühe auflösen und über die vorbereiteten Zutaten gießen. Kurz stehenlassen und noch einmal abschmecken.

8. Von der Brühe eine kleine Schöpfkelle voll abnehmen, den Boden einer kleinen, mit Klarsichtfolie ausgeschlagenen Kastenform damit ausgießen. Kurz in den Kühlschrank stellen und fest werden lassen.

9. Erst jetzt behutsam die restliche Sülzenmasse in die Form füllen. Mit Folie zudecken und zum endgültigen Erstarren in den Kühlschrank stellen.

10. Die Sülze erst am nächsten Tag aus der Form stürzen, diese dazu kurz in heißes Wasser tauchen. Zum Servieren in fingerdicke Scheiben schneiden.

TIP: Als Vorspeise servieren, zum Beispiel mit einer Kräutervinaigrette, in der winzige Radieschenwürfel als Farbtupfer wirken, oder als ganzes Essen – dazu schmecken hervorragend Bratkartoffeln und eine grüne Sauce (siehe oben!).

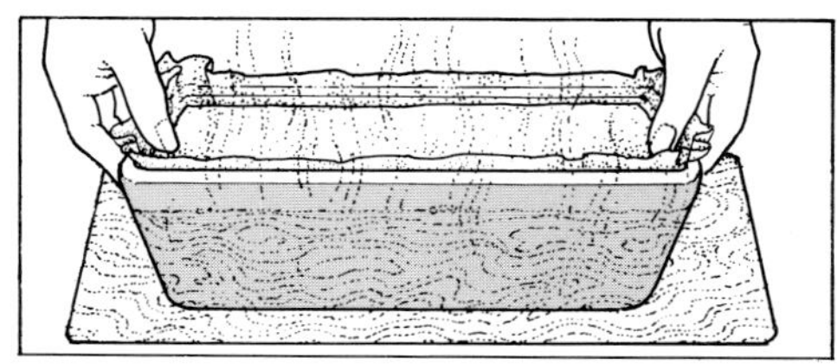

Damit sich später die Sülze leichter aus der Form lösen läßt, schlägt man die Form mit Klarsicht- oder Alufolie aus. Vor dem Stürzen taucht man die Form kurz in heißes Wasser.

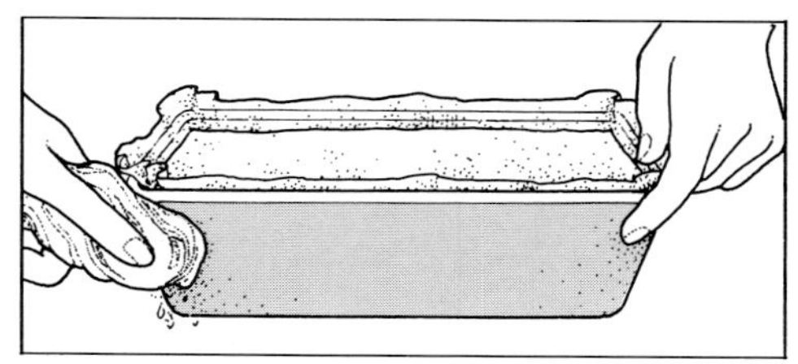

Oder man reibt die Form mit einem heißen Tuch rundum ab, um die Sülze vom Rand der Form zu lösen.

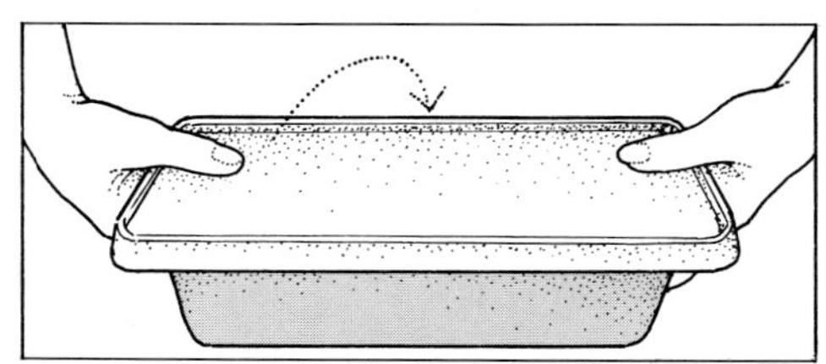

Schließlich legt man eine Platte obenauf und stürzt alles blitzschnell auf den Kopf.

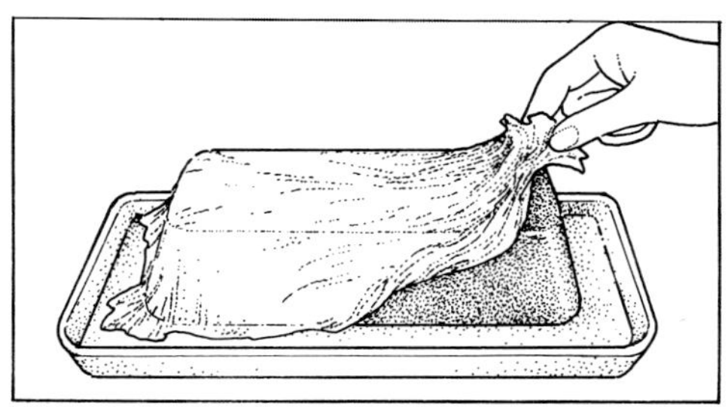

Zum Schluß nur noch die Folie abziehen.

Mandelbiskuit mit Erdbeercreme

1. Weil das Eiweiß am empfindlichsten ist und auf keinen Fall mit Eigelb oder Fett in Berührung geraten darf, wird es als erstes steif geschlagen. Dabei eine Prise Salz zufügen und den Zucker hinzurieseln lassen.

2. Danach kann man mit denselben Schlägern in einer zweiten Schüssel die Eigelb mit dem Puderzucker zu einer dicken, weißen Creme rühren; mit Zitronenschale und Vanille würzen.

Für den Biskuit:
3 Eiweiß
Salz
2 EL Zucker
3 Eigelb
2 EL Puderzucker
etwas abgeriebene Zitronenschale
1 Messerspitze gemahlene Vanille (oder
1/2 TL Vanillezucker)
75 g geschälte, geriebene Mandeln
1 EL Speisestärke
Für Erdbeercreme und -salat:
500 g Erdbeeren
3 EL Zucker
Zitronensaft
2 Blatt Gelatine
1/8 l Sahne
Fürs Anrichten:
Puderzucker zum Bestäuben
Melisse- oder Minzeblättchen
zum Dekorieren

---

3. Geriebene Mandeln und Stärke mischen, die Hälfte davon auf die Eigelbcreme streuen, die andere Hälfte behutsam unter den Eischnee mischen, der dadurch etwas Stabilität bekommt.

4. Jetzt ein Drittel des Eischnees rasch in die Eigelbcreme einarbeiten, dann den restlichen Eischnee nur sehr locker und lose unterziehen.

5. Diese empfindliche Masse auf ein mit Backpapier belegtes Blech geben, auf eine Fläche von 22 × 25 cm verstreichen.

6. Sofort auf der mittleren Schiene in den auf 180 Grad vorgeheizten Backofen schieben und in etwa acht bis zehn Minuten hellbraun backen.

7. Die Biskuitplatte auf ein feuchtes Küchentuch stürzen. Das Papier vorsichtig abziehen – falls dies nicht schadlos geschieht und der Kuchen am Papier haftenbleibt, mit kaltem Wasser einpinseln, damit sich überall der Teig davon löst. Die Teigplatte nunmehr mit Hilfe des Küchentuchs aufrollen: Einfach an der Breitseite anheben – notfalls mit der Hand nachhelfen. Es ist wichtig, daß man dies jetzt tut, weil im heißen Zustand der Teig noch elastisch ist und sich formen läßt, ohne zu brechen. Die Biskuitrolle abkühlen lassen.

8. Die schönsten Erdbeeren für die Garnitur heraussuchen; sie in Scheiben schneiden, mit etwas Zucker und etwas Zitronensaft würzen und zugedeckt marinieren.
Für die Füllung 200 g geputzte Erdbeeren mit einem Löffel Zucker im Mixer pürieren, mit Zitronensaft abschmecken.

9. Die Gelatine in kaltem Wasser einweichen, dann schmelzen. Das geht am einfachsten in der Mikrowelle: 30 Sekunden bei 600 Watt; wer keine Mikrowelle hat, stellt das Schüsselchen mit der ausgedrückten Gelatine ins heiße Wasserbad, bis sie geschmolzen ist. Zunächst mit einer kleinen Portion des Erdbeerpürees, dann auch mit der Restmenge verrühren. Ein, zwei Stunden kalt stellen, bis die Gelatine fest wird.

10. Erst dann die Sahne mit dem restlichen Zucker steif schlagen und gleichmäßig unterziehen.

11. Die Teigroulade vorsichtig aufrollen und die Hälfte der Erdbeercreme auf der Teigplatte verstreichen. Sie wieder vorsichtig zusammenrollen und dick mit Puderzucker bestreuen. Im Kühlschrank vollkommen fest werden lassen.

12. Die restliche Creme in kleine Förmchen verteilen und ebenfalls zum Festwerden kalt stellen.

13. Zum Servieren die Rolle in Stücke schneiden und auf Desserttellern anrichten. Die Creme aus den Förmchen lösen und daneben setzen.

14. Mit dem Erdbeersalat dekorieren. Falls vorhanden, den Teller mit Melisse- oder Minzeblättchen schmücken.

Was trinkt man zum Tafelspitz?

Eine Antwort darauf ist nicht ganz leicht: Es gibt viele gute Möglichkeiten, aber keine ist absolut perfekt!

Auf jeden Fall paßt, gegen den Durst, ein gutes, geschmacksneutrales Wasser – leider wirkt die größte Zahl unserer deutschen Mineralwässer geschmacksverändernd. Suchen Sie sich also eines, mit dem Sie auch in Verbindung mit Wein klarkommen.

Entscheiden Sie sich für einen Wein als Begleiter, so können Sie wählen zwischen Rot und Weiß, es könnte sogar ein gehaltvoller Weißherbst, Rosé oder Rotling (also eine Mischung aus weißem und rotem Traubenmost) sein, wenn er wirklich kräftig, frisch und säurebetont ist.

Rotwein: Er sollte nicht zu schwer sein, ruhig etwas fruchtig-duftig, aber auch ganz trocken und durchaus etwas säurebetont. Tannin ist dagegen weniger angenehm zu einem milden gesottenen Fleisch. Also paßt ein junger, frischer *Trollinger* aus *Württemberg*, ein ebenso gekelterter *Portugieser* aus der *Pfalz* oder *Rheinhessen*, auch ein leichter *Spätburgunder Kabinett* aus *Baden*. Aus Frankreich schlagen wir einen *Beaujolais Villages* vor, aus Italien einen *Valpolicella* oder *Bardolino*, aus der Schweiz einen *Dôle*.

Weißwein: Er sollte einerseits jugendlich und säurefrisch sein, andererseits auch schon geschmacklich gereift, rund und füllig. Wir haben uns für einen nach französischem Vorbild im neuen kleinen Eichenholzfaß (Barrique) ausgebauten *Grauburgunder* von der *Nahe* entschieden, der zwar wegen seines von den hier üblichen Regeln abweichenden Ausbaus nur als Tafelwein klassifiziert, in Wirklichkeit aber eine angereicherte Spätlese ist – kein alltäglicher und auch kein billiger Tropfen, sondern ein mächtiges Maul voll Wein, dank seiner hohen Säure voller Saft und Kraft, dank seines Alters (Jahrgang 87) von gerundeter Fülle. Wir könnten uns weiterhin einen *Weiß-* oder *Grauburgunder* aus *Baden* vorstellen, vor allem vom *Kaiserstuhl*, möglichst ebenfalls im Holzfaß ausgebaut, denn der dadurch entstehende Vanilleton paßt besonders gut zum gekochten Rindfleisch. Gut aber auch eine satte, einige Jahre alte *Riesling Spätlese* aus *Württemberg*, *Franken* oder aus dem *Rheingau*.

Aus *Frankreich* bieten sich ganz unterschiedliche Möglichkeiten an – einige Jahre alte *Riesling* oder *Tokay* aus dem *Elsaß*, *Chardonnay* aus *Burgund* oder dem *Jura*, weißer *Châteauneuf-du-Pape*, *Hermitage* oder *Sauvignon* aus dem *Bordelais*.

In *Italien* verfügt man vor allem im *Friaul,* im *Veneto,* im *Trentino* und in *Südtirol* über die einerseits wuchtigen, andererseits durch elegante Säure bestechenden Weißweine: *Sauvignon, Ribolla Gialla, Tocai, Pinot Grigio, Pinot Blanc, Chardonnay* oder sogar *Riesling* und *Traminer.*

<u>Österreichische</u> *Rieslinge* aus der *Wachau,* die leichteren *Steinfeder-* und die mächtigen *Smaragd*-Weine passen ebensogut wie Spätlesen vom *Grünen Veltliner* – auch sie besonders gut, wenn nicht mehr ganz jung und im Holzfaß gereift.

<u>Anderes:</u> Wer partout keinen Wein mag, weicht vielleicht auf ein herbbitteres *Pils* oder ein *Weißbier* aus. Und schließlich kann man sogar einen wirklich guten, sorgfältig ausgebauten *Apfelwein* (auch herben *Cidre*) dazu servieren.

XIX. Zucchini

*Anbau, Warenkunde und
Rezepte mit Früchten und Blüten*

Schon der Name sagt, daß es sich hier nicht um ein heimisches Gemüse handelt: *Zucchini* ist die italienische, *Courgettes* die französische Verkleinerungsform, jeweils fast nur im Plural vorkommend, von *zucca* bzw. *courge*, was nichts anderes als **Kürbis** bedeutet. Zucchini oder Courgettes sind also „Kürbchen", wie sie auch genannt werden. Von den Kürbissen unterscheiden sich die Zucchini – bei diesem Namen wollen wir bleiben, denn er hat sich doch weitgehend eingebürgert – in wesentlichen Teilen: Einmal braucht die Pflanze zwar Wärme, um sich schnell und gut entwickeln zu können, ist aber längst nicht so hitzeabhängig, wie früher immer geschrieben wurde. Man meinte, Zucchini wachsen nur im mediterranen Raum, versuchte es hierzulande gar nicht erst. Die Schweizer, die sie in venezianischem Dialekt *Zucchetti* nennen, haben als erste damit begonnen, sie nördlich der Alpen zu kultivieren. Sie hatten gute Erfolge, nach einigen Jahren boten auch deutsche Sämereien die großen, kürbiskernartigen Samenkerne an.

Die im deutschen Handel angebotenen, für die deutschen Klimaverhältnisse entwickelten Sorten können der Kälte auch besser trotzen und wachsen schon bei niedrigeren Temperaturen als die italienischen oder französischen – dies sollte man sich unbedingt klarmachen, wenn man Samen aus dem Ausland mitbringt!

Zucchini aus dem Garten:

Mit der Wärmebedürftigkeit hat es allerdings am Anfang und gegen Ende der Wachstumsperiode seine Schwierigkeiten –

im Mai, wenn die Samen zum Keimen in die Erde gelegt werden, ist es bei uns oft noch so kalt, daß ein Schutz notwendig ist. Am besten haben sich Folientunnel oder Plastikhauben bewährt, unter denen sich zunächst der Boden schneller erwärmt und nachts weniger auskühlt, nach dem Auskeimen auch die Triebe und die Blätter einen besseren Schutz finden, vor allem in den Nächten. Und auch gegen die ersten Nachtfröste empfiehlt sich ein leichter Schutz, vorzugsweise ein leichtes Glasvlies oder geschlitzte Wachstumsfolie. Dazwischen braucht man sich im allgemeinen um die Zucchinipflanzen nicht zu sorgen – wenn nicht der Mehltau kommt.

Vor allem bei anhaltend kühler und feuchter Luft, verstärkt durch Trockenheit im Boden, fielen die früheren Zucchinisorten regelmäßig dem Mehltau zum Opfer – die Blätter bekamen einen weißlichen „Ausschlag" und starben ab, die Früchte begannen besonders am Blütenansatz zu schimmeln, schlimmstenfalls gingen die Pflanzen ein. Inzwischen haben sich die Züchter bemüht, mehltauresistente Sorten zu züchten, was ihnen auch einigermaßen gut gelungen ist. In jedem Fall sollte man darauf achten, daß die Zucchinipflanzen vom frühen Morgen an Sonne bekommen und der Morgentau schnell abtrocknet. Weiterhin sollte der Standort luftig sein; ein nährstoffreicher und gut drainierter, also Staunässe ableitender, aber die Feuchtigkeit doch etwas haltender Boden ist ganz wichtig. Zucchini sind nämlich, wie alle Kürbispflanzen, Nährstoff-Fresser, brauchen also einen gut gedüngten Boden – vor dem Legen der Kerne also reichlich Mist oder Kompost einarbeiten! Oder nach Vorschrift des Herstellers mit Volldünger arbeiten.

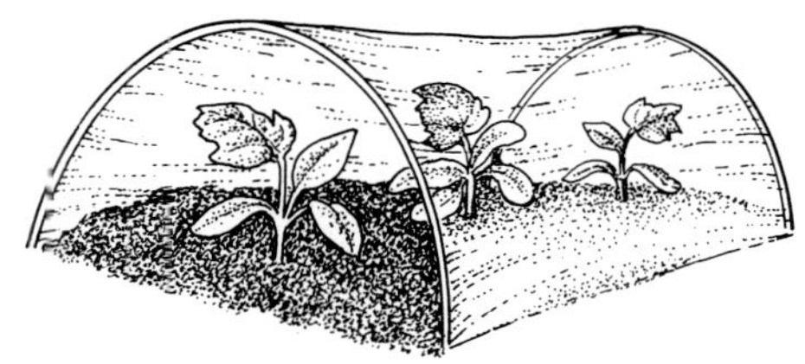

Zucchinipflänzchen unter Folienhaube

In von der Witterung nicht so verwöhnten Gegenden sollte man die Zucchini im Haus vorziehen, im kleinen Gewächshäuschen oder auf der Fensterbank. Frühestens Mitte April einfach in Anzuchttöpfe oder Blumenerde drei Körner legen, mit etwas Erde bedecken, gut durchfeuchten und mit Klarsichtfolie überspannen. Schon nach wenigen Tagen beginnen die Pflanzen zu keimen, und es bildet sich das fleischige Keimblattpaar. Wenn sich das erste richtige, gezackte Blatt voll ausgebildet hat, die stärkste Pflanze stehenlassen, die schwächeren wegwerfen. Nicht umpflanzen, das gibt selten ein gutes Ergebnis. Erst wenn gewiß keine Fröste, möglichst nicht einmal kalte Nächte zu erwarten sind, nach draußen pflanzen, am besten wenigstens ein paar Tage unter schützender Folie halten.

Oft wird empfohlen, Zucchini wie Kürbisse gleich im Komposthaufen anzuziehen, doch scheint uns das nicht unbedingt empfehlenswert, denn die überernährten Pflanzen schießen ins Kraut und tragen weniger Früchte als die exakt versorgten.

Für den Ertrag besonders wichtig ist eine regelmäßige Ernte: Zucchini müssen klein und jung geerntet werden, sonst bildet die Pflanze nicht mehr fortlaufend weibliche, also Früchte hervorbringende Blüten. Dieser Umstand ist nun wahrhaft glücklich, denn Zucchini schmecken um so besser, je früher man sie erntet. Leider ist das in viele Gärtnerköpfe nicht hineinzubringen, und so werden Riesenzucchini mit demselben Stolz angeboten wie gewaltige Kürbisse. Aber die schmecken, anders als Kürbisse, nicht mehr, wenn sie groß sind: Ihr Fruchtfleisch wird trocken, faserig, wattig und kann keinerlei Genuß mehr bieten!

Zucchini sollten nicht länger sein als 15 bis 20 cm, je nach Sorte, und nicht viel dicker als ein Flaschenkorken. Besonders witzig und begehrt zum Füllen sind die runden Courgettes aus Nizza, die auf keinen Fall größer als ein Tennisball werden sollten.

Die Schale – je nach Art weißlich-grün, hellgrün mit dunklen Flecken, dunkelgrün mit gelben oder hellgrünen oder bräunlichen Flecken oder ganz gelb – muß zart und verletzlich sein, damit man sie mitessen kann. Kann man in sie mit dem Fingernagel nicht wie in Butter fahren, lassen Sie die Zucchini liegen . . .

Da die Früchte jung, in ihrem vollen Wachstum gepflückt werden, halten sie sich nicht lang. Also nicht auf Vorrat kaufen, sondern immer frisch. Die Schale muß glänzen, darf keine „müden" Vertiefungen aufweisen. Nicht in den Kühlschrank legen, denn sie vertragen nun wirklich keine Kälte – lieber im Keller oder in einem kühlen Raum aufbewahren.

Wer schon Zucchini im eigenen Garten hatte, weiß, daß man manchmal von ihnen geradezu erdrückt wird: Jede Pflanze bringt dann jeden Tag zwei oder im Spätsommer sogar fünf, sechs Zucchini hervor! Dann denkt man, es hätte doch eine Pflanze genügt – aber normalerweise sollte man für eine vierköpfige Familie schon drei Pflanzen rechnen, denn wenn die Wachstumsbedingungen nicht ideal sind, hat man sonst zu wenig . . .

Zucchini-Variationen:

Aus südlichen Ländern und Holland kommen manchmal ganz kleine Zucchini, nur so groß wie der kleine Finger einer zierlichen Frau, samt Blüte: Sie werden zum Füllen (Fisch- oder Fleischfarce) genommen und nur kurz gedünstet oder gedämpft. Eine edle Beilage zu feinen Gerichten.

Die männlichen Blüten, die nur einen langen, schmalen Stengel aufweisen und keinen verdickten Fruchtknoten, liebt man in südlichen Ländern zum Fritieren – sie werden meist gebündelt verkauft, es gibt sie manchmal auch bei uns. Gärtner wissen, daß sie reichlich blühen, vor allem schon vor den weiblichen Blüten und am Haupttrieb. Da es immer genügend für die Befruchtung anderer Blüten gibt, bzw. Zucchini selbstfruchtend sind, kann man sie auch zum Essen pflücken: Kurz nach dem oder unmittelbar vor dem Aufgehen mit wenig Stiel abknipsen, sorgfältig waschen und trocknen und in Ausbackteig fritieren oder füllen und braten, dünsten oder dämpfen.

Zucchini sind sehr vielseitig zu verwenden, eignen sich zum Füllen, Braten und Dünsten, Schmoren und Kochen, Backen und Fritieren, zum Rohessen und Marinieren, bedingt auch zum Einfrieren und Einlegen.

Zucchini-Cremesuppe

Eine richtige Sommersuppe, die sogar kalt köstlich schmeckt. Wer sie lieber heiß ißt, bereitet sie mit heißer Brühe vor oder erwärmt sie unmittelbar vor dem Servieren im Topf oder in der Mikrowelle.

1. Die Zucchini waschen, vom Stiel- und Blütenansatz befreien, grob würfeln. Basilikumblättern abzupfen und waschen. Knoblauchzehen schälen, Zwiebel grob hacken.

2. Alle diese Zutaten im Mixer pürieren, dabei die heiße oder gekühlte Brühe langsam hinzugießen. Auch das Olivenöl untermixen, schließlich mit Salz und Pfeffer würzen.

3. Erst unmittelbar vor dem Servieren mit Sherry- und Balsamico-Essig abschmecken (macht man das nicht im letzten Moment, verliert die Suppe durch die Säure ihre leuchtendgrüne Farbe).

4. Unterdessen die Brotscheiben in zentimeterkleine Würfel schneiden, in heißer Butter rundum golden anrösten. Wer mag, drückt noch durch die Presse ein bis zwei Knoblauchzehen hinzu, um die Croûtons damit zu parfümieren.

5. Man streut sich die gerösteten Würfel nach Belieben am Tisch über die heiße oder kalte Suppe.

Gebratene Zucchini mit Joghurtsauce

Eine fabelhafte Vorspeise, die man wunderbar vorbereiten kann und die auch eine Nacht auf dem Partybuffet mit Anstand übersteht. Nach dem gleichen Prinzip kann man auch Auberginenscheiben zubereiten und zusammen mit den Zucchini servieren.

1. Die Zucchini längs in dünne Scheiben hobeln. Nacheinander in Olivenöl auf beiden Seiten braten, dabei salzen und pfeffern.

2. Den Knoblauch währenddessen fein hacken; erst gegen Ende der Bratzeit dazwischenstreuen, damit er nicht verbrennt.

3. Zucchinischeiben auf einer Platte anrichten, mit geschnittenem Basilikum bestreuen.

4. Für die Sauce den Joghurt mit zerdrücktem Knoblauch, gehacktem Dill, Zitronensaft, Salz, Pfeffer und Paprika verrühren und kräftig abschmecken.

TIP: Übrigens paßt auch wunderbar frische Minze dazu – statt des Dill feingeschnitten unter den gewürzten Joghurt rühren.

Zu Zucchini paßt fast alles, sogar die gegensätzlichsten Kräuter: Dill wie Basilikum, Estragon wie Kerbel, Zwiebel und Schnittlauch, Chili und Anchovis, Rosmarin und Knoblauch, Olivenöl wie Butter. Kurz: Zucchini sind universal!

Zweiter Vorschlag für eine passende Sauce:

Kräutersauce

1. Knoblauch und Kräuter mit Senf im Mixer pürieren, dabei das Olivenöl zufügen und soviel heißes Wasser, bis die Sauce die gewünschte Konsistenz erreicht hat.
2. Mit Zitronensaft, Salz und Pfeffer abschmecken.
TIP: Diese Sauce hält sich einige Tage im Kühlschrank frisch!

Zucchini-Salat

Ebenfalls eine Vorspeise, die es nicht übel nimmt, wenn man sie bereits eine Weile vorher zubereitet hat. Im Gegenteil, so können die Zucchinischeiben durchziehen und die Marinade schön aufsaugen.

ZUTATEN FÜR VIER BIS SECHS PERSONEN:

4–5 Zucchini
1–2 weiße Zwiebeln
4 EL Weißweinessig
4 EL Wasser
1 gehäufter TL Zucker
Salz
Pfeffer
3 Estragonstengel
3 Petersilienstengel
3–4 EL Olivenöl

1. Die Zucchini quer in dünne Scheiben, die Zwiebeln in feine Ringe hobeln.
2. Essig, Wasser, Zucker, Salz und Pfeffer aufkochen. Zucchini und Zwiebeln zufügen, ebenso die Estragon- und Petersilienstengel, deren Blättchen bereits abgezupft und beiseite gelegt wurden. Einige Minuten köcheln, bis die Zucchini zwar gar sind, aber noch Biß haben.
3. Abkühlen lassen, das Öl und die feingehackten Kräuterblättchen zufügen.

Zucchini-Puffer

Kann man ebenfalls als Vorspeise servieren, etwa mit einer knoblauchwürzigen Joghurtsauce oder als Beilage zum kurzgebratenen Fleisch. Je kleiner die Zucchini sind, desto höher ist der grünfarbene Anteil der Schale, und um so hübscher sehen die Puffer aus.

ZUTATEN FÜR VIER BIS SECHS PERSONEN:

500 g Zucchini
1 Zwiebel
2–3 Knoblauchzehen
zwei Stengel frische Minze
2 Eier
2 EL Mehl
Salz
Pfeffer
Öl zum Backen

1. Zucchini und Zwiebel fein raspeln, den Knoblauch durch die Presse hinzudrücken. Die feingeschnittene Minze zufügen.
2. Eier und Mehl verquirlen, die vorbereiteten Zucchini untermischen. Mit Salz und Pfeffer würzen.
3. In einer Eisenpfanne etwas Öl erhitzen, jeweils einen Löffel Pufferteig darin flachstreichen, die Puffer sollten höchstens knapp handtellergroß sein. Auf beiden Sei-

ten schön knusprig braten. Auf Küchenpapier abtupfen, bevor sie auf einer vorgewärmten Platte angerichtet werden.

Gefüllte Zucchini

Auch gefüllte Zucchini kann man wunderbar kalt wie warm verspeisen. Und sie sind eine stets willkommene Zutat auf dem Partybuffet, eignen sich prima zum Mitnehmen aufs Picknick. Besonders hübsch, wenn Sie verschiedene Zucchinisorten verwenden: gelbe, grüne, runde, längliche, schlanke und ganz dicke, die man quer in Stücke schneidet...

1. Den runden Zucchini oben quer eine Kappe abschneiden, die länglichen Zucchini längs halbieren, den dicken Zucchino in ca. 5 cm lange Stücke schneiden. Runde und Zucchinihälften jeweils aushöhlen, rundum einen zentimeterstarken Rand stehenlassen. Die dicken Zucchinistücke mit einem Apfelausstecher oder Kartoffelbohrer aushöhlen.

2. Das Zucchinifleisch fein hacken und für die Füllung beiseite tun.

3. Die vorbereiteten Zucchini innen salzen und pfeffern, nebeneinander in eine passende, feuerfeste Form setzen, die mit Olivenöl ausgestrichen wurde.

4. Für die Füllung das Brötchen in Wasser einweichen. Gut ausgedrückt zum Hackfleisch geben, ebenso das Ei und das gehackte Zucchinifleisch.

5. Zwiebel und Knoblauch fein hacken und in heißem Öl weich dünsten. Etwas abgekühlt zur Füllung geben.

6. Feingeschnittenes Basilikum, Rosinen und Pinienkerne sowie die zerbröselten

Chilis zufügen. Die Masse mit den Händen gründlich durchkneten, mit Salz, Pfeffer und Parmesan abschmecken.

7. In die vorbereiteten Zucchini füllen, dabei etwas aufhäufen und andrücken. Alles mit Olivenöl beträufeln und nach Gusto mit geriebenem Parmesan bestreuen.

8. Im 250 Grad heißen Backofen zunächst 20 Minuten braten, dann mit Wein oder Brühe übergießen, die Hitze auf 180 Grad herunterschalten und weitere 30 bis 40 Minuten schmoren, je nach Größe der Zucchini, bis alles schön braun gebrutzelt und gar ist.

9. In der Zwischenzeit die Sauce zubereiten: Gehackte Zwiebel und Knoblauch in 2 EL Olivenöl andünsten. Die grob zerschnittenen Tomaten sowie Thymian und Basilikum zufügen. Mit Zitronensaft, einer Prise Zucker, Salz und Pfeffer würzen. Zugedeckt etwa eine halbe Stunde leise köcheln lassen.

10. Alles durch ein Sieb streichen. Schließlich mit dem Pürierstab das restliche Olivenöl einarbeiten, bis die Sauce hell, dick und cremig geworden ist. Abschmecken – eventuell fehlt noch eine kleine Prise Zukker. Getrennt zu den gefüllten Zucchini servieren.

Anmerkung: Natürlich kann man mit der Füllung unendlich variieren. Statt Hackfleisch vom Rind passen die verschiedensten Fleischsorten, angefangen bei Lamm oder Hammel bis zur delikaten Kalbfleisch-, Hühnerfleisch- oder sogar Garnelenfüllung.

Nur zur Anregung hier zwei Vorschläge:

Provenzalische Füllung

1. Die feingehackte Zwiebel mit den durchgepreßten Knoblauchzehen in zwei Eßlöffeln Öl weich dünsten, die gehackte Petersilie untermischen und abkühlen lassen.

2. Erst dann mit den feingeschnittenen Basilikumblättern unter das Hackfleisch mischen. Ei, mit Milch angefeuchtete Semmelbrösel und Gewürze zufügen. Alles gründlich vermengen.

3. Die Zucchini aushöhlen und diese Masse gehackt unter die Füllung mischen.

4. Zucchini damit füllen, nebeneinander in eine feuerfeste Form setzen. Mit dem restlichen Öl beträufeln. Im 250 Grad heißen

Ofen etwa 30 bis 40 Minuten schmoren. Sobald der Bodensatz zu sehr bräunt, mit einem Schuß Brühe oder Wasser ablöschen.

Hühnerbrustfüllung mit Champignons

1. Zucchini halbieren, aushöhlen und das Fruchtfleisch hacken.
2. Zucchinifleisch mit den grob gehackten Pilzen und Schalotten in der Butter mit Thymian weich dünsten, salzen und pfeffern. Die gehackte Petersilie zufügen und alles abkühlen lassen.
3. Das kühlschrankkalte Hühnerfleisch grob würfeln, mit Eiweiß und eiskalter Crème fraîche im Mixer fein pürieren. Die Pilze zufügen und so lange mixen, bis die Pilze zerkleinert, jedoch nicht zermust sind. Die Farce mit Salz, Pfeffer und Cayennepfeffer abschmecken.
4. In die Zucchinihälften füllen. Nebeneinander in eine feuerfeste Form setzen. Mit Olivenöl beträufeln und im Backofen bei 200 Grad eine halbe Stunde schmoren. Falls nicht genügend Saft austritt, soviel Brühe angießen, daß der Bratensatz gelöst wird.

Gefüllte Zucchiniblüten

1. Die Blüten sorgfältig ausschütteln, damit auch wirklich keine Käfer drinnen herumkrabbeln. Bei weiblichen Blüten den dicken, wattigen Blütenstempel entfernen.
2. Zucchini, Champignons, Knoblauch und Zwiebel winzig klein würfeln.

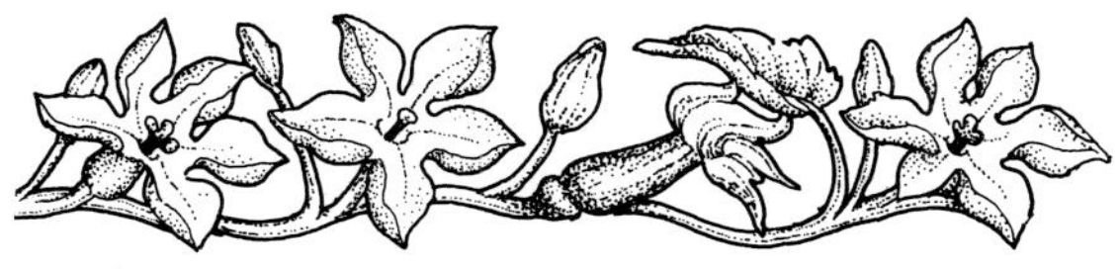

3. In heißer Butter andünsten, salzen und pfeffern. Mit Ei und Crème fraîche und feingeschnittenem Basilikum vermischen. Mit Muskatblüte, Cayennepfeffer und Piment abschmecken.

4. Diese Masse in einen Spritzbeutel füllen; durch die große Lochtülle läßt sie sich damit ganz einfach in die Blüten praktizieren. Nicht zuviel einfüllen, damit nichts herausläuft.

5. Die Zucchiniblüten auf einem eingeölten Siebeinsatz über heißem Dampf etwa acht bis zehn Minuten garen.

TIP: Dazu paßt unsere Tomatensauce oder eine Kräutersauce, wie wir sie für die gebratenen Zucchinischeiben zubereitet haben.

Gebackene Zucchiniblüten mit Petersiliensauce

1. Aus Mehl, Eiern, Salz, Wasser und Öl einen glatten Teig quirlen, der etwa eine Stunde quellen sollte.

2. Für die Sauce Petersilienblätter, gehackte Schalotten und Knoblauch im Öl andünsten. Mit Brühe etwa 20 Minuten unbedeckt köcheln. Salzen und pfeffern.

3. Im Mixer fein pürieren, durch ein Sieb streichen.

4. Unmittelbar vor dem Servieren wieder erhitzen und schließlich mit der eiskalten Butter erneut aufmixen.

5. Die gründlich ausgeschüttelten Blüten hineintauchen, gut abtropfen und schwimmend im heißen Öl golden ausbacken. Auf Küchenkrepp abtropfen und heiß verspeisen.

Gebackene Zucchiniblüten mit Puderzucker

Besonders witzig sind Zucchiniblüten jedoch als Dessert: Dafür wird der Ausbackteig ein wenig gesüßt, außerdem gibt es dazu eine fruchtige Sauce, zum Beispiel aus Erdbeeren, Himbeeren oder reifen Aprikosen.

1. Die Zucchiniblüten ausschütteln, die weiblichen vom wattigen Stempel befreien.

2. Das Butterschmalz in einem geeigneten Topf erhitzen, bis an einem eingetauchten Holzlöffel dicke Bläschen emporsteigen oder bis ein hineingeworfener Brotwürfel rasch unter heftigem Rauschen wieder emporsteigt und sich sogleich golden färbt.

3. Kurz vor diesem Moment sollte der Teig angerührt werden: Mit einer Gabel Eigelb, Zucker und Mehl verquirlen, das eiskalte Wasser zufügen; nicht zu gründlich verquirlen, es dürfen ruhig noch Mehlinseln sichtbar sein.

4. Die Zucchiniblüten eintauchen, abtropfen und ins aufrauschende Fett geben. Sobald sie golden wirken, mit einer Schaumkelle herausheben, auf Küchenpapier abtropfen und auf einer vorgewärmten Platte anrichten. Mit Puderzucker bestäubt servieren.

Dazu schmeckt eine Fruchtsauce, zum Beispiel aus Erdbeeren, die einfach mit dem Pürierstab oder im Mixer püriert werden und mit Zucker nach Geschmack gesüßt.

Zucchini einlegen:

Im Prinzip wie Gewürzgurken, wobei alle nur erdenklichen Würzkombinationen vorstellbar sind. Die Zucchini dürfen dann aber auch nicht länger sein als Gewürzgurken! Am besten nimmt man kleine Gläschen (Babykost). Besonders empfehlenswert ist das Einmachen, wenn die Fröste kommen und man im Garten gerne alles rettet, was zu retten ist.

Hier zwei Rezepte – nach Belieben die Würzung mit Estragon oder Dill und Zwiebeln abwandeln, auch Pfefferkörner, Pi-

ment, ganz wenig Nelken und Chilischoten eignen sich bestens.

Süßsaure Zucchini auf japanische Art: *Etwa 500 g junge, schlanke Zucchini, 2 EL Salz, 2 Knoblauchzehen, 2 cm Ingwerwurzel, 1 EL Zucker, 2 EL Reisessig, 1 TL Sambal Oelek, 1 EL Sesamöl, 2 El Sojasauce*

Zucchini putzen; sollten sie mehr als 2 cm Durchmesser haben, längs halbieren. Außerdem quer in Stücke von etwa 2 cm schneiden. Mit dem Salz in einer Schüssel mischen und eine Stunde marinieren. Durch die Presse gedrückten Knoblauch, feingehackten Ingwer, Zucker, Essig, Chilipaste, Sesamöl und Sojasauce aufkochen. Abkühlen lassen und über die gründlich gespülten, abgetropften Zucchinistücke gießen. Gut mischen und mindestens eine Stunde, besser eine Nacht im Kühlschrank durchziehen lassen.

Essig-Zucchini: *500 g möglichst kleine, nur fingerdicke Zucchini, 4–5 Knoblauchzehen, 1–2 Zwiebeln, 2–3 Chilischoten, 1 Bund Basilikum, 2 TL Pfefferkörner, 1/2 TL Salz, 1 gestrichener TL Zucker, ca. 3/8 l Essig, 1/8 l Wasser*

Die gewaschenen Zucchini in Twist-off-Gläser oder andere Einmachgläser schichten; am besten senkrecht, so passen sie am leichtesten hinein. Geschälte Knoblauchzehen und Zwiebelachtel nach Geschmack, Chilischoten und Basilikumblätter dazwischen verteilen. Pfefferkörner, Salz, Zucker, Essig und Wasser in einen Topf füllen. Aufkochen und heiß über die Zucchini gießen. Am nächsten Tag den Essig abgießen, erneut aufkochen und über die Zucchini gießen. Dies an drei folgenden Tagen wiederholen, dabei stets mit einem Schuß Wasser die verkochte Flüssigkeit ersetzen. Schließlich die Gläser gut verschließen. Die Zucchini halten sich so wie Cornichons mindestens ein Jahr. Das angebrochene Glas muß jedoch rasch verzehrt werden.

Zucchini einfrieren:

Ganze Früchte lassen sich nicht einfrieren, aber das Püree – junge und wirklich zarte Zucchini im Mixer roh pürieren, das Püree sofort ohne weitere Behandlung in Plastikdosen füllen, verschließen und so schnell wie möglich herunterkühlen. Hält sich ohne weiteres ein Jahr; wer mag, gibt noch ein paar frische Basilikumblätter in das Püree. Zum Servieren entweder nur auftauen lassen und kalt oder warm als Suppe servieren, natürlich nach Belieben kräftig abgeschmeckt – mit Salz, Pfeffer, aromatischem Olivenöl extra vergine, Chili, Piment und frischen Kräutern. Sehr gut und obendrein hübsch: Einen Klecks rohes (frisches oder eingefrorenes) Tomatenpüree in die Mitte geben. Oder nach dem Auftauen zu einer „markigen" Sauce zu Fisch oder Fleisch einkochen.

Zucchini und Wein:

Wie zu fast allen Gemüsesorten paßt am besten Weißwein – ein möglichst leichter, fruchtiger und doch neutraler Wein, der nicht zu viel Säure haben sollte. Aus Deutschland *Gutedel, Silvaner* oder *Weißburgunder; Muscadet, Sauvignon* oder ein Landwein aus Frankreich; *Soave, Orvieto* oder *Marino* aus Italien bzw. einer der neuen hellen sizilianischen Weißweine.

XX. KARTOFFELVERGNÜGEN

Ein kulinarisches Universalgenie oder:
die dolle Knolle

KARTOFFELN: LUXUS FÜR DEN ALLTAG

Kartoffeln sind fürwahr keine Mangelware. Diesem Umstand verdanken wir es, daß sie so preiswert sind: ein Vergnügen für jeden Tag. Hier erfahren Sie, worauf Sie beim Einkaufen achten sollten, um Kartoffeln wahrhaft zu genießen.

Die Zeiten ändern sich – Bauern und Kartoffeln inbegriffen. Und man kann mit Gewißheit behaupten, daß ein geläufiges Sprichwort vollkommen veraltet ist und vor der heutigen Wirklichkeit nicht mehr bestehen kann: Der dümmste Bauer hat längst nicht mehr die dicksten Kartoffeln!

Um die zu bekommen, muß der Bauer von heute nämlich ganz schön auf Draht sein: mit modernsten Maschinen die Kartoffeln im Frühjahr legen, im Sommer häufeln und im Herbst roden. Er muß mit ertragreichen, widerstandsfähigen, für viel Geld neu gezüchteten Sorten arbeiten. Er muß ausgewogen düngen und nach immer ausgeklügelteren Vorschriften mit allen möglichen, jedoch möglichst nicht chemischen, sondern züchterischen (krankheitsresistentes Saatgut) oder mechanischen (Hacke!) Mitteln vorgehen gegen Stielfäule, gegen Viren, Fadenwürmer, gegen Kartoffelkäfer und andere Insekten, gegen Unkräuter und Gräser. Kurz: Er muß das ganze Instrumentarium einer hochindustrialisierten und zunehmend wieder traditionellen Landwirtschaft beherrschen, um die Kartoffel zu erzeugen, die der Verbraucher sich wünscht. Das Endprodukt dieser Bemühungen sind unsere geliebten Erdäpfel, von denen wir im Durchschnitt pro Kopf fast tausend Stück in jedem Jahr teils genießen und teils „verbrauchen".

Verbrauchen? Ja, nämlich die sogenannten Wirtschaftskartoffeln werden ans Vieh verfüttert oder verschnapst. Einen weiteren und in hoher Qualität angebauten Teil braucht die Industrie, die für uns allerdings bequemen Genuß daraus produziert: Knabbereien, Chips, Sticks und Pommes frites, Rösti, Knödel, Suppen und Pürees. Und was kommt frisch auf den Markt? Im Prinzip das Beste, was es gibt. Aber leider ist die ebenso unscheinbare wie delikate Kartoffel eine empfindliche Ware, mit der auch mit Sorgfalt umgegangen werden müßte. Da sie aber auf dem alltäglichen Speiseplan erscheint, wird sie als Massenprodukt behandelt, das heißt: stiefmütterlich. Deshalb hier einige kritische Anmerkungen, die Ihnen nicht den Appetit verderben sollen, sondern dazu beitragen wollen, daß Sie nur Gutes auf den Tisch bringen, was Ihrer Familie schmeckt.

Augen auf beim Kartoffelkauf!

Als die Verbraucherzentrale Bayern in Münchener Läden die Qualität der Herbstkartoffeln unter die Lupe nahm, entdeckte sie Schreckliches (und nach allen Erfahrungen sähe es andernorts keineswegs besser aus): 80 Prozent der Proben wiesen Mängel auf! Ein gutes Viertel aller Kartoffeln stuften die Prüfer sogar als „nicht verkehrsfähig" ein – verfault, angeschimmelt oder sogar giftig, weil grün. Der Rest der beanstandeten Knollen war zwar nicht gefährlich, aber ihr Zustand ärgerlich: Sie zeigten Frostschäden (sie schmecken dann süß), schwarze Flecken (geerntet oder sortiert bei zu kaltem Wetter, sie sehen dann unappetitlich aus), die Schale war verschorft oder über Gebühr rissig, einige Exemplare waren hohlherzig oder hatten bereits angetrieben. Wer solche Ware kauft, wird betrogen: viel Abfall, kein Genuß.

Ein Teil dieser Schäden geht auf das Konto der Bauern, für den anderen Teil der Qualitätsmängel muß man aber den Handel verantwortlich machen: Werden die Kartoffeln dem Tageslicht oder starker Neonbeleuchtung ausgesetzt, färben sie sich grün, bilden die Substanz Solanin, die Übelkeit, Erbrechen und Durchfalll hervorrufen kann. Deshalb: grüne Knollen unbedingt wegwerfen, grüne Stellen großzügig wegschneiden!

Lagern die Kartoffeln zu lange im Warmen, treiben sie aus und schmecken nicht mehr. Auch feuchte, weiche, verschrumpelte oder muffig riechende Kartoffeln gehören nicht in das Lebensmittelgeschäft.

Am liebsten gleich groß und ungewaschen

Der größte Teil unserer Speisekartoffeln wird heute in Netzen (dem sogenannten Raschelsack), Plastikbeuteln oder, seit neuestem, in undurchsichtigen Papiertüten abgepackt angeboten, auslesen kann der Händler oder die Verkäuferin möglicherweise schadhafte Ware nicht mehr. Und so müssen die „Einheiten" eben schnell verkauft werden, damit die vom Erzeuger oder Abpacker angelieferte Qualität bis hin zum Kunden erhalten bleibt.

Meist sind die Kartoffeln aus optischen Gründen schon gewaschen, was ihnen aber nicht guttut, denn dabei werden sie leicht verletzt, und das Wasserbad kann die Fäulnisbildung verstärken. Geben Sie ungewaschenen Kartoffeln den Vorzug.

Achten Sie weiterhin darauf, daß die Größe der Knollen einigermaßen gleich ist und die Formen nicht voneinander abweichen, also alle Kartoffeln in ähnlicher Weise länglich oder rund sind – das deutet auf gute Wachstumsbedingungen, erstklassiges Saatgut und wirklich gleiche Kocheigenschaften hin.

Kartoffelsorten und Kocheigenschaften

Sieglinde, Selma und Clivia, Hansa, Granola und Grata, Quarta und Bintje, Aula und Désirée – schön klingen diese Namen! Derzeit werden in Deutschland rund neunzig Sorten Speisekartoffeln angebaut, aus dem Ausland kommen Importe hinzu – wer kennt sich da noch aus? Wer leidenschaftlich gern Kartoffeln ißt, hat meistens eine oder, je nach Verwendungszweck, mehrere Lieblingssorten. Aber über alle kann man gar nicht Bescheid wissen, und so hat man sie in drei Kategorien eingeteilt:

Festkochende Sorten sind die idealen Salatkartoffeln.

Vorwiegend festkochende Sorten machen den größten Teil aller Erdäpfel aus: Sie eignen sich noch als Salatkartoffeln; perfekt gelingen mit ihnen Salz-, Pell- oder Bratkartoffeln. Sogar für ein Püree sind sie eventuell zu verwenden.

Mehligkochende Sorten sind prima für Püree und Knödel, auch als zerfallende Salz- oder Pellkartoffeln.

Diese mehligen Sorten sind in Westdeutschland nach dem Krieg aus der Mode gekommen – vielleicht, weil das klassische Anbaugebiet, die Mark Brandenburg mit ihren leichten Sandböden, nicht mehr zur Verfügung stand. In der DDR hat man sie immer angebaut, und in den neuen Ländern zieht man weiterhin richtig mehlige Sorten vor, die jetzt auch wieder in die alten Länder geliefert werden. Im übrigen wissen die meisten Westdeutschen gar nicht mehr, wie fest und trocken mehlige Kartoffeln sein müssen – zwar mit einer leicht aufgeplatzten Schale, aber dennoch nicht zerfallend und vor allem nicht matschig auf dem Topfboden sitzend, wie das mit den westdeutschen, wahrhaft fälschlicherweise als mehlig bezeichneten Speisekartoffeln nur allzuoft zu geschehen pflegt . . .

Kartoffeln aus kontrolliertem Anbau

Es gibt in Deutschland inzwischen mehrere Organisationen bzw. Firmen, die sich um die Verbesserung der Kartoffelqualität bemühen. Zum Beispiel die *Terra Nova,* eine Organisation, die sich vor allem in Süddeutschland um den sogenannten *kontrollierten Anbau* von Gemüse, darunter auch von Kartoffeln kümmert. Zu den Bestimmungen, nach denen die Landwirte arbeiten, gehört zum Beispiel, daß die Felder weder entlang vielbefahrener Straßen noch in der Nähe von Industriegebieten liegen. Böden, die schwermetallbelastet sind, scheiden aus. Die Pflanzen werden mit so wenig Dünger wie möglich und so wenig Schutzmitteln wie nötig behandelt. Statt dessen setzt man auf krankheitsresistentes, virusfreies Saatgut, Schutznetze gegen Ungeziefer und Hacken gegen Unkraut. Auf den Feldern wird in wechselnder Fruchtfolge angebaut. Ständige Kontrollen garantieren, daß die Vorschriften auch eingehalten und so Produkte erzeugt werden, die tatsächlich schmecken!

Und schließlich gelangen Gemüse und Kartoffeln in umwelt- und produktfreundlichen Papiertüten verpackt zum Verbraucher, statt in Plastiktüten, in denen sie schwitzen und dem Licht ausgesetzt wären.
Unter dem Logo *Terra Nova* wird die festkochende Kartoffelsorte Nicola angeboten, die sich gut für Pell-, Salz-, Bratkartoffeln eignet und, natürlich, für Kartoffelsalat!

Ein Triumph der Bescheidenheit

Man kann also, schaut man sich ein wenig um, alles bekommen, was ein Gourmet begehrt: Trüffeln, „tartuffi", nannten die Italiener vor dreihundert Jahren ahnungsvoll die importierten Knollen, wahrscheinlich wegen ihres äußeren Erscheinungsbildes. „Blaue" Kartoffeln, manchmal im Delikateßgeschäft oder in der Luxusgastronomie zu finden, zeugen davon. Kenner belächeln diesen Vergleich, weil sie den Genuß und den Ernährungswert der Kartoffeln weitaus höher einschätzen als den des edlen Würzpilzes. Ein Hochgenuß überdies, den man sich alltäglich leisten kann, was dann die Kartoffeln doch sehr von der Trüffel unterscheidet. „Erdapfel im Kleid der Felder" sagen die Franzosen poetisch zur Pellkartoffel, das Bild einer noblen Erscheinung pflegend. Mögen wir sprachlich weniger ausdrucksvoll sein – der Wertschätzung der „dollen Knolle" braucht das keinen Abbruch zu tun: Vergessen wir nur nie, stets beste Ware zu suchen, sorgfältigen und phantasievollen Umgang mit ihr zu pflegen und immer im Auge zu behalten, daß es kein anderes Produkt auf der Welt gibt, das man ebenso vielfältig zubereiten kann.

Feine Kartoffelcremesuppe

Je mehliger die Kartoffeln, desto sämiger und sanfter die Suppe!

1. Die Zwiebel häuten und fein hacken. Die Kartoffeln schälen, in Würfel schneiden. Den Lauch putzen und waschen; das Weiße in grobe Ringe schneiden, den hellgrünen Teil fein würfeln und beiseite legen.
2. Möhre und Sellerieknolle schälen, zunächst jeweils auf dem Gurken- oder Gemüsehobel einige feine Scheiben abschneiden, die man erst längs in schmale Streifen, dann quer in winzige Würfel schneidet – es sollte jeweils etwa zwei Eßlöffel Gemüsewürfel ergeben.
3. Den Rest nur grob zerkleinert zusammen mit den Zwiebeln, Kartoffelstücken und weißen Lauchringen in zwei Eßlöffeln heißer Butter andünsten.
4. Mit Brühe auffüllen, das Lorbeerblatt zufügen, die von den Blättern befreiten Petersilienstiele zufügen, schließlich salzen und pfeffern.
5. Zugedeckt etwa zwanzig Minuten weich kochen.
6. Inzwischen die feinen Gemüsewürfel in einem Löffel Butter andünsten, dabei salzen, damit sie ihre leuchtende Farbe behalten.
7. Die weichgekochten Kartoffeln mit dem Pürierstab fein zerkleinern, dabei die Sahne zufügen. Wenn nötig, die Konsistenz mit einem zusätzlichen Schuß Brühe korrigieren.
8. Die Suppe mit Salz, Pfeffer und Muskat abschmecken. Die bunten Gemüsewürfel und die feingehackten Petersilienblätter in die Suppe rühren. In tiefen Tellern anrichten und dampfend heiß zu Tisch bringen.
TIP: Gut passen dazu geröstete, winzig kleine Brotwürfelchen oder kroß gebratene Speckwürfel, die man ganz zum Schluß über die Suppe streut.
Die Suppe wird zum gehaltvollen Eintopf, wenn man die Kartoffelmenge verdoppelt. In diesem Fall darf man mit viel frischem Majoran würzen, auch ein paar Wiener Würstchen hineinschnibbeln . . .

Spanisch Fricco mit Hasenkeulen

Im Kochbuch der berühmten Henriette Davidis (76 Auflagen!), einer der erfolgreichsten Kochbuchautorinnen des letzten Jahrhunderts, gibt es ein herrliches Kartoffelrezept, das sie „Spanisch Fricco" nennt: Kartoffeln und Zwiebeln werden dafür in Scheiben geschnitten, abwechselnd mit Rindfleischwürfeln in eine verschließbare Puddingform geschichtet und mit Sahne

aufgefüllt. Dann wird alles einige Stunden
lang langsam im Wasserbad gesotten, und
wenn schließlich bei Tisch die Form geöffnet wird, entströmt ihr ein unwiderstehlich
köstlicher Duft – alle Aromen haben sich
vermischt und zu einem neuen Geschmack
verbunden. Was das „spanische" an diesem
Gericht ist, verrät sie leider nicht – vielleicht, daß mutig mit reichlich Pfeffer gewürzt wird . . .
Jedenfalls hat uns dieses Rezept zu folgen-
der Variante inspiriert:

1. Die Kartoffeln und Zwiebeln schälen,
auf dem Gemüse- beziehungsweise Gurkenhobel in dünne Scheiben schneiden.
2. Das Hasenfleisch sorgfältig von den
Knochen lösen. Dabei Häute und Sehnen
entfernen. (Aus Knochen und Sehnen, den
sogenannten Parüren, zusammen mit etwas
Wurzelwerk eine kräftige Brühe kochen,
die man als Saucenfond verwenden kann.)

3. Eine hohe Auflaufform von etwa 22 bis
24 cm Durchmesser oder einen entsprechend großen Topf (mit ca. 2,5 Litern Fas-
sungsvermögen) dick ausbuttern. Die Hälfte der Kartoffeln darin ausbreiten und mit
einer Mischung aus dem im Mörser zerrie-
benen Pfeffer, Piment, Wacholder, Muskatblüte und etwa einem gehäuften Eßlöffel Salz (ganz nach Geschmack) würzen.
4. Die Hälfte der Zwiebeln auf dem Kar-
toffelbett verteilen, würzen und schließlich
die ebenfalls mit Salz und der Würzmi-
schung eingeriebenen Hasenfleischwürfel
daraufsetzen. Mit Zwiebeln und schließlich
Kartoffeln zudecken – natürlich jede
Schicht wieder würzen.
5. Sahne und Crème fraîche verquirlen und
darübergießen. Die restliche Butter als
Flöckchen darauf verteilen.
6. Die Form mit einem Deckel oder mit
Alufolie gut verschließen und etwa 3 Stunden in die tiefe Fettpfanne des 220 Grad
heißen Ofens stellen, die mit heißem Wasser bis zum Rand aufgefüllt werden muß.
Ab und zu während der Garzeit prüfen, ob
sich noch genügend Wasser in der Fettpfanne befindet. Dieses Wasserbad ist nötig, damit die Ofenhitze gleichmäßiger verteilt
und der Auflauf vor allem am Boden der
Form nicht zu heiß wird.
7. In der Form zu Tisch bringen, erst dort
die Folie, beziehungsweise den Deckel abnehmen, damit alle Gäste den herrlichen
Duft genießen können.

Beilage: Unbedingt gehört dazu ein Endiviensalat, den man in feine Streifen schneidet und mit Estragon (oder wenigstens mit
Estragonessig) und gewürfelter Zwiebel an-
macht.

Zwetschgenknödel

Eine so gehaltvolle Sache, daß man sie als ganze Mahlzeit servieren sollte. Vielleicht höchstens eine leichte Suppe zuvor – einen Nachtisch kann man sich jedenfalls sparen!

1 kg Kartoffeln (eine mehlige Sorte!)
1 kg Zwetschgen
so viele Stücke (brauner) Würfelzucker
wie Zwetschgen
ca. 100 g Mehl
Salz
1 ganzes Ei
1 Eigelb
75 g Zucker
1/2 TL Zimt
Zum Anrichten:
100 g Butter
100 g Semmelbrösel
100 g zerlassene Butter
250 g Sahnequark

1. Die Kartoffeln in der Schale kochen, pellen, sofort durch die Presse drücken, ausdampfen und ein wenig abkühlen lassen.
2. Die Zwetschgen entsteinen und statt dessen mit einem Stück Zucker füllen.
3. Sobald man den Kartoffelschnee berühren kann, einen Teil des Mehls darüberstäuben. Wieviel man insgesamt benötigt, hängt vom Stärkegehalt der Kartoffeln und ihrer Feuchtigkeit ab. Je weniger Mehl man braucht, desto besser natürlich. Deshalb sollte man den Teig auch nur sehr leicht und rasch vermengen – zu vieles und zu langes Kneten macht eine größere Mehlmenge nötig, und dann wird der Teig später zu fest.
4. Das Mehl am besten mit einer Gabel lose untermischen, das Ei, Eigelb und die Salzprise zufügen.
5. Den fertigen Kartoffelteig sofort verarbeiten, nicht mehr ruhen lassen: Eine Rolle daraus formen, davon dünne Scheiben abschneiden, in die man jeweils eine Zwetschge einwickelt. Die Kartoffelhülle muß so dünn wie nur möglich sein, dennoch die Frucht vollkommen umschließen.

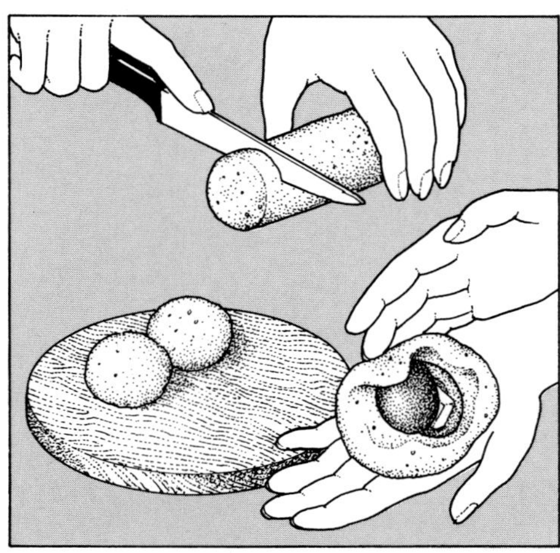

Rolle schneiden und Knödel formen

6. Die Zwetschgenknödel in leise siedendem Salzwasser etwa fünf Minuten sanft ziehen lassen. Abgetropft auf einer Platte anrichten und mit Zimtzucker bestreuen.
7. Außerdem reicht man dazu in Butter geröstete Semmelbrösel, von denen man sich bei Tisch nach Belieben über seine Portion streut, haselnußbraune zerlassene Butter und kühlen Sahnequark.

TIP: Nach demselben Rezept bereitet man Marillenknödel zu; statt Zwetschgen nimmt man „Marillen", so heißen in Österreich Aprikosen.

Bratkartoffeln

1. Die Kartoffeln pellen und in gleichmäßige, etwa 1/2 cm dicke Scheiben schneiden. Am besten gleich in die Pfanne fallen lassen, in der das Bratfett bereits erhitzt ist. Sie sollte so groß sein, daß alle Scheiben nebeneinander liegen können. Bei guter Hitze auf beiden Seiten im fast rauchenden Fett umwenden, damit sich die Oberfläche sofort verschließt. Dann die Hitze drosseln und auf mittlerer Stufe die Scheiben golden braten. Zwischendurch salzen und pfeffern.
2. Wenn gewünscht, nach dem Anbraten die in Ringe geschnittenen Zwiebeln hinzufügen und mitrösten. Die anderen genannten Würzzutaten jedoch erst gegen Ende der Bratzeit samt dem Eßlöffel Fett in die Pfanne geben, damit sie nicht anbrennen und das Aroma nicht verfliegt. Würzen Sie nur mit Zwiebeln, geben Sie den Eßlöffel Fett erst ganz zum Schluß, unmittelbar vor dem Servieren hinzu und lassen ihn nur eben schmelzen, um die Kartoffelscheiben damit zu aromatisieren.

Engadiner Maluns (oder „Fränkischer Bröselschmarrn")

Die Kartoffeln müssen dafür zwei oder sogar drei Tage vor der Zubereitung gekocht und bei Zimmertemperatur (bitte nicht im Kühlschrank!) gelagert werden, damit sie wirklich vollkommen abgebunden haben und absolut trocken sind.

1. Kartoffeln pellen und auf der Rösti-Raffel in Späne hobeln. Mit soviel Mehl mischen, bis sie völlig trocken wirken – je mehliger die Kartoffeln sind und je länger sie abbinden konnten, desto weniger Mehl ist nötig.
2. Eine große Eisenpfanne mit etwas Butter ausstreichen, die Kartoffelspäne darin bei nicht zu starker Hitze unter geduldigem Rühren rösten, bis sie wie goldene Flöckchen glänzen. Zwischendurch salzen. Die restliche Butter haselnußbraun werden lassen, über die Maluns gießen, gut mischen und unverzüglich servieren.
TIP: Zu der Bündner Spezialität schmecken gut gedünstete Apfelschnitze und gemischtes Backobst oder Apfelmus, man kann sie aber auch als Beilage zu saucigem Fleisch (Ragouts oder Gulaschs) servieren.

Goldtaler

Pellkartoffeln vom Vortag in halbzentimeterdicke Scheiben schneiden und nebeneinander in heißem Schweineschmalz langsam golden braten. Nach etwa 20 Minuten wenden, auch auf der anderen Seite ebensolange knusprig backen, bevor sie schließlich erneut gedreht und noch einmal sanft 10 Minuten lang gebraten werden. Ein Kartoffelrezept, das einiger Geduld bedarf, die jedoch danach reichlich belohnt wird. Denn die Goldtaler sind dann ein Gedicht: außen knusprig, innen schmelzen sie auf der Zunge.

Rösti

ZUTATEN FÜR ZWEI PERSONEN:

5 mittelgroße, am Vortag gekochte Kartoffeln
2 EL Rösti-Schmalz (siehe unten)
Salz

1. Die Kartoffeln grob raffeln. In einer Pfanne einen Eßlöffel Schmalz erhitzen und unter ständigem Wenden die Späne braten, bis sie fast golden wirken. Dann noch etwas salzen.

2. Mit dem Spachtel zu einem oder zu mehreren flachen Kuchen oder Küchlein zusammenschieben und festdrücken. Das restliche Schmalz dazugeben und die Rösti braten, bis sie unten dunkelgolden sind und schön zusammenbacken. Mit Schwung wenden und auch die zweite Seite golden braten.

Rösti-Schmalz – aber hausgemacht: Für die Rösti nimmt man am besten ein speziell dafür gemachtes Fett aus 100 g Schweineschmalz, 50 g Butter, 1/2 Zwiebel, 1/2 Apfel und einem Stück Brot, das einen guten Teil des möglicherweise zu starken „schweinernen" Geschmacks wegnimmt. Zusammen aufsetzen und 1/2 Stunde leise köcheln lassen, dann abseihen und bis zum Gebrauch kalt stellen.

TIP: Wollen Sie Rösti-Schmalz auf Vorrat bereiten: Das Fett hält im Kühlschrank zwei bis drei Wochen, bis zur nächsten Rösti-Mahlzeit.

Zu einer Mahlzeit mit Rösti paßt sehr gut Bier oder ein trockener Weißwein.

Die Getränke

Zunächst gilt es noch einmal festzuhalten, daß wir kein Menü servieren wollen und daß die vorgestellten Rezepte eigentlich in eine andere Speisenfolge gehören. Denn in einem Menü sollten sich die Hauptzutaten ja niemals wiederholen . . .

Zur Feinen Kartoffelsuppe trinkt man eigentlich gar nichts. Eventuell kann man, ist sie Auftakt eines festlichen, mehrgängigen Menüs, ein Glas trockenen *Sherry*, vorzugsweise eine helle Variante, dazu reichen, also einen *Fino* oder *Manzanilla*. Oder auch einen weißen *Vermouth dry*.

Bereitet man die Kartoffelsuppe dicker zu und serviert sie mit Würstchen als Haupgericht, paßt ein unkomplizierter trockener *Weißwein* oder *Bier*.

Zum Spanisch Fricco servieren wir einen vollmundigen, duftigen *Rotwein* aus Spanien, etwa aus *Navarra* oder dem *Rioja*-Gebiet, der einerseits zum Wild paßt, andererseits den pfeffrigen, intensiven Aromen genügend Würze entgegensetzen kann. Je nach Geldbeutel und Geschmack einen jüngeren Wein, „Crianza" genannt, oder eine „Reserva", eventuell sogar eine „Gran Reserva".

Und natürlich Wasser gegen den Durst!

Zu den <u>Zwetschgenknödeln</u> schlagen wir einen Wein mit natürlicher Restsüße, aber ausgeprägter Säure vor – ideal ein *Eiswein*, der fast immer über beides verfügt (es muß nicht unbedingt ein *Riesling* sein, auch *Rieslaner, Scheurebe* oder *Silvaner* eignen sich bestens), oder eine *Beerenauslese*. Besitzt eine gute Spätlese oder Auslese genügend Säure, paßt sie nicht minder gut – nur säurearme Weine haben gegen die ausgeprägte Säure der Zwetschgen (oder Aprikosen) keine Chance: Sie würden nur plump und pappig wirken.

Sie können zu den Knödeln aber auch sehr gut eine Tasse *Kaffee* servieren!

XXI. Die knusprige Ente

*Ein festlicher Vogel, ein schnelles Menü
und passende Weine*

Wir haben uns wieder ein Menü ausgedacht, dessen einzelne Bestandteile sich in aller Ruhe vorbereiten lassen, damit die Hausfrau nicht total abgehetzt und völlig entnervt an der festlichen Weihnachtstafel Platz nehmen muß.

Vorspeise:
Bunter Wintersalat mit Garnelen

Die Zutaten stehen mit Folie abgedeckt bereit: die Salatblätter und Kräuter gewaschen und zerkleinert, die Garnelen geputzt und entdärmt, die Marinade angerührt – unmittelbar vor dem Servieren wird dann nur noch der Salat gemischt, auf Tellern angerichtet und mit den rasch gebratenen Garnelen garniert.

Hauptgericht:
Gebratene Ente
mit Ofenkartoffeln und Bayrisch Kraut

Die Ente muß natürlich rechtzeitig, also zweieinhalb bis dreieinhalb Stunden vor dem Essen, in den Ofen geschoben werden (je nach Größe); die Kartoffelbeilage wird dem Rezept gemäß einfach darunter in den Ofen geschoben und macht dann überhaupt keine Mühe mehr. Und das Bayrisch Kraut kann man ruhig schon am Vortag zubereiten; denn es schmeckt, wie Sauerkraut, aufgewärmt noch mal so gut!

Dessert: Amarettospeise

Diese ebenso einfache wie verführerische Kreation schließlich sollte ein paar Stunden kalt stehen, damit die Mascarponecreme wieder fest wird. Allerdings: Man sollte die Creme nicht schon am Vortag zubereiten, weil sonst die Mandelmakronen zu sehr aufweichen.

*

Wer ein bißchen vorplant und alle Zutaten rechtzeitig und nach einem praktisch gegliederten Einkaufszettel besorgt – die Ente unbedingt vorbestellen und den Wein frühzeitig auswählen –, kann also eigentlich gar keine Probleme mehr haben . . .

Bunter Wintersalat mit Garnelen

Hierfür brauchen Sie von vielen Salatsorten eine kleine Menge – die kaufen Sie natürlich nicht extra ein, sondern die Blätter und Stangen werden sozusagen von einem allgemeinen Vorrat für die Weihnachtstage abgezweigt . . . Anders dagegen die Garnelenschwänze: Die sollten Sie frühzeitig suchen, denn nicht immer gibt es sie roh, außerdem schnellen die Preise vor den Festtagen für solche Luxusartikel erfahrungsgemäß in die Höhe – besser also bereits Wochen vorher gute Tiefkühlware auf Vorrat kaufen!

1. Die verschiedenen Salatsorten putzen, verlesen und, wenn nötig, in Streifen schneiden oder in Stücke zerzupfen. Petersilienblätter von den Stengeln zupfen, Schnittlauch in schmale Röllchen schneiden. Stangensellerie und Champignons in dünne Scheiben schneiden, die Pilzscheiben sofort in etwas Zitronensaft wenden, damit sie nicht braun anlaufen.
2. Aus dem restlichen Zitronensaft, Sherryessig, Salz, Pfeffer und drei Eßlöffeln Olivenöl eine Marinade rühren.

3. Die Garnelen, wenn erforderlich, aus ihrer Schale lösen, sie längs halbieren und den nunmehr freiliegenden Darm herausziehen und entfernen (siehe Seite 46). Im restlichen Olivenöl rasch unter ständigem Rühren braten; erst wenn sie sich eben rosa färben, den feingehackten Knoblauch darüberstreuen (er würde, gäbe man ihn am Anfang dazu, verbrennen und bitter schmecken).

4. Die Garnelen salzen, pfeffern und schließlich mit dem Balsamessig beträufeln.

5. Die Salatblätter in der Marinade wenden, gut abgetropft auf vier Tellern verteilen.

6. Die Garnelen mit der restlichen Marinade beträufeln und auf dem Salatbett anrichten. Sofort servieren, dazu Baguette (Stangenweißbrot) reichen.

Gebratene Ente mit Ofenkartoffeln

Auf die ausgezeichnete Qualität der Ente sollten Sie Ihr Hauptaugenmerk richten: Unbedingt rechtzeitig bei einem Geflügelproduzenten oder guten Händler bestellen! Leider werden auch die Enten heute zu schnell mit Kraftfutter gemästet und zu früh geschlachtet. Dann haben sie ein weiches, mageres Fleisch und keinen kernigen Geschmack. Gute Enten müssen Auslauf haben, damit sich die Muskeln richtig ausbilden können und sie nicht nur das vorgegebene Futter, sondern auch Gräser, Würmer, Käfer usw. fressen können. Sie sollen auch kein gemahlenes Kraftfutter mit Sojaschrot und anderen stark eiweißhaltigen und daher das Muskelfleisch schnell aufbauenden Komponenten bekommen, sondern ausschließlich Körner, Weizen und Mais. Dafür müssen sie in freier Natur auch die Steinchen finden können, die in ihrem Magen auf die Körner wirken wie Mühlsteine, sie unter der Arbeit der Magenmuskeln regelrecht zu Mehl vermahlen. Und sie müssen ein Alter erreichen, in dem sie Fett ins Muskelgewebe einbauen – nur fettes Fleisch schmeckt wirklich gut! Solche Enten, wenigstens 12, besser 15 Wochen alt, sind doppelt so schwer und kosten natürlich erheblich mehr als die billigen 9-Wochen-Enten – umgerechnet auf den Preis des eßbaren Anteils sind sie dennoch günstiger. Und ein echter Genuß!

1. Den Ofen auf 250 Grad vorheizen.
2. Die Flügelspitzen der Ente abschneiden, zusammen mit dem Hals und den Innereien beiseite legen. Daraus kochen wir später eine Suppe.
3. Die Ente innen und außen mit Salz und Pfeffer einreiben. Die feingewürfelten Zwiebeln und eine ebenso kleingehackte Möhre zusammen mit einigen Salbeiblättern in den Entenbauch stecken. Die Öffnung mit einem Zahnstocher verschließen. Dann die Ente gut zusammenbinden oder „dressieren" (vgl. Seite 38).
4. Die Ente mit der Brust nach oben auf den Rost über die Fettpfanne in den auf 250 Grad vorgeheizten Backofen schieben. Die Fettpfanne mit Brühe füllen. Die Ente zunächst 35 bis 40 Minuten anbraten.
5. Dann die Ofenhitze auf 180 Grad herunterschalten. Die Ente auf den Bauch drehen und weitere 45 bis 50 Minuten braten.
6. Inzwischen Kartoffeln und Möhren schälen, in mundgerechte Stücke schneiden.
7. Die gesamte Flüssigkeit aus der Fettpfanne in einen Topf abgießen. In der Fettpfanne statt dessen die vorbereiteten Kartoffeln und Möhren verteilen. Salzen, pfeffern und Salbeiblätter dazwischenstreuen. Mit ca. 3/4 l Wasser knapp bedecken. Die Ente wieder auf den Rücken drehen und über der Fettpfanne in den Ofen schieben.
8. Beides eineinhalb Stunden weiter bei 180 Grad braten, dabei immer wieder mit der Flüssigkeit aus der Fettpfanne begießen – und darauf achten, daß auch die Gemüsestücke benetzt werden. Zum Schluß jedoch wird kaum mehr Flüssigkeit vorhanden sein, weil alles aufgesogen und verdampft ist.
9. Zehn Minuten, bevor gegessen werden soll, die Oberhitze im Ofen verstärken oder, wenn vorhanden, den Grill einschalten. Die Ente mit Salzwasser einpinseln und noch einmal scharfer Hitze aussetzen, damit die Haut schön kroß und knusprig wird.
10. Für die Sauce den zu Beginn abgegossenen Bratenjus so gut wie möglich entfetten – zuerst vorsichtig abgießen, eventuell mit Hilfe einer sogenannten „Fett-mager-Terrine" (s. S. 39). Ein dünner Fettfilm schadet jedoch nichts, hilft später, die Sauce zu binden.
11. Die Flüssigkeit auf mittlerem Feuer etwas einkochen. Aus der Fettpfanne zwei Kartoffelstückchen zufügen. Mit dem Mixstab fein pürieren. Vor dem Servieren noch mal aufmixen, damit die Sauce Stand erhält.
12. Die Ente schließlich auf einer Platte anrichten, Kartoffeln und Möhren drumherum verteilen und zusammen mit der Sauce zu Tisch bringen. Dazu schmeckt:

Bayrisch Kraut

1. Welke und beschädigte Außenblätter des Krauts abbrechen und wegwerfen. Den Kohlkopf halbieren, in fingerbreite Streifen schneiden, dicke Blattrippen dabei entfernen oder ganz flach schneiden. Die Zwiebeln fein würfeln.
2. Würfelzucker in etwas Wasser auflösen und zum blonden Karamel kochen. Mit Es-

sig ablöschen. Sobald er eingekocht ist, das Schmalz zufügen und den winzig klein gewürfelten Speck darin angehen lassen.

1,5 kg Weißkraut
2–3 Zwiebeln (je nach Größe)
3 Stückchen Würfelzucker
3 EL Wasser
2 EL Weinessig
2 EL Schweineschmalz
50 g luftgetrockneter Speck in dünnen Scheiben
1 TL Kümmel
1 Glas trockener Weißwein

3. Den gehackten oder zerdrückten Kümmel sowie die Zwiebeln zufügen. Kurz andünsten und schließlich den Kohl untermischen.
4. Sobald alles gut vermischt ist, mit Weißwein ablöschen und ca. 20 Minuten im offenen Topf leise dünsten, dabei immer wieder rühren, damit auch obenliegendes Kraut mit dem Topfboden Kontakt bekommt.

Amarettospeise

ZUTATEN FÜR VIER PERSONEN:

3 Eigelb
3–4 EL Zucker
250 g Mascarpone (italienische, dreifach konzentrierte Sahne, die als „Frischkäse" bei uns angeboten wird)
4 EL Amaretto-Likör
150 g Amaretti

Amaretto ist ein Likör mit Bittermandelgeschmack, Amaretti sind ebenfalls mit Bittermandel gewürzte Mandelmakronen, die man fertig kaufen kann.
1. Eigelb und Zucker dick und cremig schlagen. Erst, wenn der Zucker sich vollkommen aufgelöst hat, den Mascarpone zufügen und schließlich den Mandellikör.
2. Die sahnige Creme abwechselnd mit den Mandelmakronen in eine Schüssel füllen und bis zum Servieren kühl stellen.

Unser Tip zur Resteverwertung: Zu guter Letzt entsteht am nächsten Tag aus dem abgegessenen Entengerippe und den Innereien eine gehaltvolle Suppe:

Entenbrühe mit Entenklößchen

Für die Brühe:
Flügelspitzen, Hals, Karkasse (Gerippe) der Ente, außerdem Magen und Herz
1 dickes Bund Suppengrün (bestehend aus 1 Möhre, 1 Lauchstange, 1/4 Sellerieknolle und 1 Zwiebel)
je 1 TL Pfeffer- und Pimentbeeren
Salz
Für die Klößchen:
ca. 100 g gegartes Entenfleisch
die Leber der Ente
1/2 altbackenes Brötchen
1 kleine Zwiebel
1 EL Butter
Petersilie
1 Eigelb
Salz
Pfeffer
Majoran

1. Die Zutaten <u>für die Brühe</u> in einen ausreichend großen Topf füllen, dabei das Gerippe zerkleinern, damit es überhaupt hineinpaßt. Suppengemüse putzen und grob zerkleinern. Mit Wasser großzügig bedecken, Gewürze zufügen und mindestens zwei, ruhig auch drei Stunden lang leise sieden. Schließlich durch ein Sieb filtern und beiseite stellen.

2. <u>Für die Klößchen</u> das Entenfleisch und die Leber zusammen mit dem eingeweichten, gut ausgedrückten Brötchen im Mixer oder elektrischen Zerhacker fein zerkleinern.

3. Die feingehackte Zwiebel in heißer Butter weich dünsten (eventuell eine Minute zugedeckt in der Mikrowelle), die feingehackte Petersilie zufügen und zusammenfallen lassen.

4. Zusammen mit dem Eigelb unter die Fleischmasse rühren. Mit Salz, Pfeffer und Majoran kräftig abschmecken.

5. Kleine Klößchen formen und in der leise siedenden Brühe sanft etwa fünf bis acht Minuten lang gar ziehen lassen.

Übrigens: Die Klößchen lassen sich auch wunderbar einfrieren – am besten zunächst auf einem Tablett nebeneinander anfrieren. Sobald sie fest geworden sind, in Plastikbeutel oder Gefrierbehälter umpacken. So kann man nach Bedarf einzelne Klößchen entnehmen, die nicht nur in der Suppe köstlich schmecken, sondern mit Kartoffeln und Sauerkraut eine eigene Mahlzeit bilden können.

Die Weine

<u>Zum Salat</u> mit Garnelen paßt prächtig ein *Weißburgunder Spätlese trocken,* also ein Wein, der gleichzeitig über ausreichend Säure verfügt, um dem Salatdressing Widerpart leisten zu können und über genügend Fülle, um dem süßlichen Aroma der Garnelen zu entsprechen.

Der Wein wird im Eiskübel serviert, damit er eher zu kalt als zu warm ins Glas kommt – dort erwärmt er sich schließlich schnell!

Eiskübel: Das heißt, in einem entsprechenden Behälter ist Eis und vor allem so viel Wasser, daß fast die ganze Flasche davon bedeckt ist. Nur ein paar Eiswürfel am Boden kühlen die Flasche nicht!

Der Wein sollte im übrigen vorher schon gekühlt sein. In diesem Fall kann man auch die preiswerteren, nicht immer sehr schönen, aber zunehmend angebotenen Gefäße aus Ton oder doppelwandigem, also isolierendem Plastik verwenden, in denen die Kälte des Weines konserviert wird.

<u>Zur Ente</u> trinken wir einen *Bordeaux,* und zwar ein gutes Château aus einem mittelprächtigen oder guten Jahr (1991 empfahl sich ein *1987 Pichon-Longueville, Comtesse de Lalande* aus Pauillac/Médoc/Bordeaux). Kein billiger, aber ein durchaus preiswerter Wein, frisch und fruchtig, nach Gewürzen und Waldbeeren duftend, gehaltvoll und mit dem kräftigen Röstgeschmack der Ente prächtig harmonierend.

Wir haben den Wein *dekantiert,* das heißt: in eine Karaffe umgefüllt. Man macht das einmal, um den Wein zu „lüften", ihm also den Sauerstoff zuzufügen, den er braucht, um seine ganze Pracht entfalten zu können. Bei jungen Rotweinen rundet diese Prozedur die vielleicht noch zu kräftige Säure, der Wein „altert" ein wenig. Bei älteren Weinen „erfrischt" das Dekantieren, allerdings nur für kurze Zeit. Außerdem können eventuell vorhandene störende Düfte verströmen, und man trennt den Wein durch das Umgießen von einem eventuell vorhandenen Bodensatz, dem Depot.

Das Dekantieren geschieht am besten vor einer Kerze, die erkennen läßt, wenn der Wein nicht mehr klar durch den Flaschen-

Wein dekantieren

hals läuft. Um das Depot sauber trennen zu können, sollte der Wein bereits ein oder zwei Tage vorher aus dem Keller geholt und stehend sich setzen können und gleichzeitig auf die berühmte Zimmertemperatur gebracht werden.

Zimmertemperatur: Diese Temperaturangabe wurde im 19. Jahrhundert entwickelt – damals hatte ein Eßzimmer höchstens eine Temperatur von 18 Grad – im „Stechlin" von Fontane kann man nachlesen, daß das Eßzimmer für eine festliche Gelegenheit gar nur auf 16 Grad aufgeheizt werden soll. Zimmertemperatur bedeutet also keinesfalls das heute übliche Maß von 20 bis 22 Grad!

Zum Dessert leisten wir uns, wenn's weihnachtlich-festlich sein soll, eine Flasche *Sekt* oder *Champagner*. Man könnte aber ebensogut einen Wein mit natürlicher Restsüße servieren, etwa eine reife deutsche *Auslese, Beerenauslese* oder einen *Eiswein,* wenn dieser nicht zuviel Säure aufweist; oder einen italienischen oder französischen *Dessertwein (Vino Santo; Sauternes, Montbazillac, Muscat).*

TIP: Der Einkauf und der sensible Umgang mit Wein ist nicht ganz einfach – aber man kann das relativ rasch lernen, wenn man sich an gute Händler und vor allem im Restaurant an die speziell für den Wein zuständigen Kellner hält, die Sommeliers. Sie können ihre Weine kenntnisreich und sensibel erklären, auf spezifische Eigenschaften hinweisen und raten, wie man auch für die heimische Tafel Wein richtig auswählt.

Der Sommelier

In den letzten Jahren tauchte dieser französische Begriff immer häufiger international auf – *Sommelier* wurde früher mit „Beschließer" oder „Kellermeister" übersetzt, heute beläßt man es beim französischen Wort und bezeichnet damit denjenigen, der sich in einem Restaurant um den Wein kümmert.

Während in Frankreich und Italien die fachlich fundierte Beratung von Restaurantgästen durch einen speziell ausgebildeten Kellner, dem auch der Einkauf, die Lagerung und das richtige Servieren des Weins obliegt, längst gang und gäbe ist, tut man sich bislang in Deutschland noch ein wenig schwer mit diesem Beruf. Nur in Spitzenrestaurants gibt es einen Sommelier – inzwischen mit großem Erfolg auch einige Sommelières, die beweisen, daß die weibliche Nase, von Jugend auf geschult durch den kritischen Umgang und die Beurteilung von Parfüms und Duftnoten in Kosmetika, der männlichen leicht überlegen ist.

In vielen kleineren der guten Restaurants ist freilich der Patron selbst derjenige, der sich mit dem Wein auseinandersetzt, der einkauft und seinen persönlichen Geschmack zum Maßstab für die Weinkarte macht. Oberkellner und Bedienung können dann meist kaum beraten.

Andererseits gibt es nicht wenige Oberkellner, die sich aus Liebe zum Wein und ihrem Aufgabenbereich sozusagen selbst zum Sommelier ausgebildet haben – nicht die schlechtesten oft, denn Erfahrung und vieles Probieren ist stets die beste Grundlage für ein fundiertes Beratungswissen.

Von der deutschen Sommelier-Union konnte das Land Baden-Württemberg inzwischen gewonnen werden, zusammen mit der Hotelfachschule in Heidelberg eine Sommelier-Schule zu eröffnen, in der eine einjährige Ausbildung in Kellerwirtschaft, Weinbau, Sensorik, Riechtraining für Nase und Gaumen sowie die gekonnte Vermählung von Speisen und Weinen zum staatlich geprüften Sommelier führt. Denn nur wenn er alles rund um den Wein, von der Erzeugung bis zur Entwicklung in der Flasche, richtig versteht, und nur wenn er weiß, wie die Speisen zubereitet werden und wie die Sinnesorgane zusammenwirken, kann der Sommelier der erwünschte Mittler zwischen Winzer und Gast sein.

Freilich setzt das auch eine gewisse kulinarisch-gastronomische Kultur voraus, die sich bei uns nur sehr zögerlich herausbildet: Einerseits muß der Sommelier herausfinden, was der Gast in etwa wünscht, welche Ansprüche und Vorlieben er hat und wieviel Geld er auszugeben bereit ist, andererseits muß der Gast das Gefühl haben, daß seine Vorstellungen verstanden und richtig umgesetzt werden, schließlich muß er Vertrauen in das Können und die Ehrlichkeit des Sommeliers (und des Wirts) haben, darf nicht das Gefühl bekommen, ihm werde etwas aufgedrängt. Ein nicht ganz einfacher Dialog, der noch von viel Mißtrauen begleitet wird. Nur wenn der Sommelier den Gast mit sicherem Wissen, freilich auch Charme und guten Umgangsformen, überzeugen kann, wird der den Rat annehmen – und einen optimal zum Essen passenden Wein genießen können. Ein Sommelier ist also dann gut, wenn er den Gast gleichzeitig behutsam und bestimmt (aber nicht rechthaberisch) zu einer richtigen, dem Geschmack und dem Geldbeutel angemessenen Entscheidung führen kann.

Käse als Abschluß

Man könnte zwischen Hauptgericht und Dessert noch einen Käsegang einschieben – die Franzosen vergessen dies eigentlich nie und fahren gut damit: Käse schließt den Magen, wie es so schön heißt. Gleichzeitig, und das ist für uns viel wichtiger, regt er die Verdauung an und sorgt dafür, daß die zuvor so reichlich genossenen Kalorien nicht zu sehr ansetzen. Einen Großteil ihrer alerten Schlankheit haben unsere Nachbarn also nicht etwa einer Zügelung ihres Appetits zu verdanken, sondern der Tatsache, daß sie noch ein wenig mehr essen als wir, nämlich Käse. Allerdings nicht irgendeinen, sondern einen möglichst guten, naturbelassenen – vorzugsweise einen oder mehrere der in letzter Zeit immer wieder in den Mittelpunkt des Interesses gerückten Rohmilchkäse.

Da die ganze Weihnachtszeit über die diätetischen Vorteile eines vernünftigen Käsegenusses auf der Hand liegen – wer will schon über die Festtage zunehmen? – hier ein paar Überlegungen zu diesem Thema.

Käse und Wein

Ideale Partner, daran zweifelt niemand, sind Wein und Käse im allgemeinen zueinander. Doch was ist ein idealer Partner im besonderen? Da ist's nicht anders als bei den Menschen: Was für den einen Wunschbild bedeutet, stößt den anderen ab, was die eine als kräftig liebt, empfindet die andere als dominierend. Aber die sprichwörtliche Gewißheit, daß jedes Töpfchen auch sein Deckelchen finde, gilt ebensogut für unsere kulinarische Partnerschaft zwischen Wein und Käse.

Den idealen Wein zu finden ist kein leichtes Unterfangen, zumal in Supermärkten selten jemand zur Beratung da ist. Deswegen sollte man über ein paar Merkmale Bescheid wissen, um die richtige Wahl treffen zu können und einen guten Wein zu finden. Es bestimmen immer zwei Dinge den Begriff gut: Gut soll der Wein, durchaus subjektiv, zum Käse passen, gut soll aber auch seine objektive Qualität, also der Wein für sich allein, sein.

Erstens: Es gibt Erfahrungswerte, welche Weine zu welchen Käsesorten passen. Generationen von Gastronomen und kulinarischen Schriftstellern, Fachleuten und Amateuren haben sich darum immer wieder Gedanken gemacht.

Zweitens: Wer ein Etikett richtig lesen kann, wird kaum jemals hereinfallen – beachten Sie dazu die Ausführungen auf den Seiten 133–135.

Zunächst müssen Sie sich darüber klar werden, welchen Wein Sie wählen – zu einer **Käseplatte** oder einem **kleinen Büfett** wird man nur einen Wein bereitstellen, der dann zu mehreren Käsesorten passen muß. Das wird im allgemeinen ein leichter bis mittelschwerer Rotwein mit nicht allzuviel Gerbstoff sein: ein deutscher Spätburgunder, Trollinger oder Portugieser; französische Landweine, natürlich leichte, einfache Burgunder, Beaujolais, einfache Bordeaux-Weine, fast alle Weine aus dem Süden und Südwesten; aus Italien die Weine Südtirols und des Trentino, einfache Chianti, Dolcetto und Barbera aus Piemont. Bardolino, Valpolicella; fast alle Rotweine des Balkans; aus Spanien die Weine des Valdepeñas und Penedes, aber auch ein junger Rioja.

Zu einem **großen Büfett** sollte man zwei oder mehrere Weine zur Aswahl vorsehen, einen der zuvor genannten Rotweine und, je nach Käseangebot (ob Blauschimmel-, Weich-, oder Ziegenkäse; siehe unten), edelsüßen oder einen frischen, trockenen Weißwein.

Zu einer **anspruchsvollen Käseplatte** oder zu einem **alten Käse** passen die großen Weine aus dem Rioja (Reserva), auch Lagenweine aus Bordeaux, Côtes-du-Rhône und Burgund, die großen italienischen Weine (Chianti riserva, Brunello di Montalcino, Cabernets aus dem Friaul, Amarone, Barolo und Barbaresco) sowie Spitzengewächse aus Übersee (Kalifornien, Australien, Südafrika, Chile).

Gibt es einen **Blauschimmelkäse**, so neigen Sie vielleicht zu einem edelsüßen Wein, einer Auslese oder Beerenauslese. Dieser Wein darf aber nicht zu viel Säure haben – ein deutscher Riesling wäre zu aggressiv. Darum sollten Sie eher zu französischen

Weinen (Sauternes, Monbazillac, Anjou), zu deutschen Auslesen aus Neuzüchtungen (Ehrenfelser, Huxelrebe, Ortega) oder zu säureärmeren Sorten, etwa einem Kaiserstühler Ruländer, greifen.

Zu **Weichkäse mit Schimmelrinde** und **Ziegenkäse** sollte es Weißwein geben. Wählen Sie ganz nach persönlicher Vorliebe trockene, halbtrockene oder sogar milde Weine aus. Eher säurereiche Gewächse (Rieslinge von Mosel/Saar/Ruwer oder aus dem Rheingau) benötigen auf jeden Fall eine gewisse Abrundung durch Restzucker, weil sie sonst den Käse sich nicht entfalten lassen. Weine aus Baden und dem Elsaß, aus der Schweiz und aus Österreich, Land- und Qualitätsweine aus Frankreichs Süden, aus Italien oder Spanien hingegen bringen weniger Säure mit und passen deshalb fast immer.

Rezeptverzeichnis

Stichwortverzeichnis